振兴之路

谢君君 著

新时代海南自由贸易港
乡村振兴实践
模式研究

上海人民出版社

本书出版受到海南师范大学马克思主义学院学科出版经费资助。

本书为国家社科基金高校思政课研究专项"本硕博《习近平新时代中国特色社会主义思想概论》'阶梯式'教育教学一体化研究"（项目批准号：22VSZ018）的阶段性成果。

目 录

第一章
绪 论

一、问题的提出

近代以来,关于乡村建设的思潮和运动曾竞相迭起,脉绪不决。从20世纪30年代的乡村建设到建国后的"上山下乡"运动,从改革开放后的新农村建设再到党的十九大提出的乡村振兴战略,乡村建设在看似曲折的道路上蹒跚前行,并产生不同的乡村建设思想和社会实践模式。回顾中国乡村建设的历史脉络,1929年卢作孚最早提出"乡村建设"一词,并提出乡村现代化的思想;梁漱溟作为乡村建设的领军人物,在当时复杂的社会背景下,希望寄托于乡村建设以拯救我们的国家,他认为乡村建设是在乡村建立新的组织构造,创造新文化,并逐渐扩大为一种新的社会制度。另一位乡村建设代表晏阳初认为当时乡村的主要问题是"愚、穷、病、私",提议通过整合乡村教育、医疗卫生、乡村组织和乡村经济来实现乡村社会建设。建国后,毛泽东提出的人民公社制度希望通过乡村革命来实现乡村的发展,并把新农村建设思想的立足点转变为社会主义国家工业化建设,希望通过农村支持城市,尽早实现"四个现代化"。改革开放后,由于以城市为中心发展理念的城镇化战略推进,三农问题日益凸显,随之出现了乡村衰败和凋敝问题,学者开始反思乡村传统发展模式以及乡村建设发展的新路径。有学者提出城乡融合发展战略,也有学者提出乡村振兴应包括乡村产业活力、乡村文化魅力、乡村治理结构、重构城乡平等互补格局和乡村政策保障机制等,于侃华提出应从农民的需求为切入点,构建"人——技术——乡村"逻辑的发展路径。徐勇、邓大才、贺雪峰等从国家与社会理论提出村庄精英是乡村复兴的主体,要鼓励精英回流,支持民间组织、改革现行教育体制等方式实现乡村振兴,学者王勇提出应破除乡村发展的体制机制,建立城乡要素自由流动,完善市场机制、推动地权和乡村自治组织来实现乡村振兴。在实践路径上,经济学家茅于轼在山西农村试图用市场的办法来实现乡村扶贫;经济学家林毅夫提出从加强乡村的基础设施建设开拓农村市场服务,以促进经济的健康发展。学者王金海提出从资本驱动模式来实现乡村振兴,包括乡村金融和资本投入等方式。还有一部分学者提出以农民产业发展、乡村旅游、文化软实力等方式助推乡村振兴。可以说,关于乡村振兴的学术讨论一直贯彻于新中国的建设进程,成果颇丰。

2017 年,党的十九大提出实施乡村振兴战略。提出要坚持农业农村优先发展,按照产业兴旺、生态宜居、乡风文明、治理有效、生活富裕的总要求,建立健全城乡融合发展体制机制和政策体系,加快推进农业农村现代化,这为我国下一阶段的乡村振兴指明了方向。但各地区乡村资源禀赋各异,经济发展水平、区位优势各不相同,如何结合自身优势探索出一条适合自身的乡村建设发展之路,这既需要有指导性的乡村建设思想,又需要各地积极地探索实践。我国学界对乡村建设思想的争论主要集中在乡村建设的内涵与实施边界、乡村建设的核心是文化建设还是经济建设、乡村建设是回归传统还是走城镇化之路、乡村建设是以农民为木还是以村庄木位等。从乡村建设的历史发展进程来看,乡村建设在实践中不断总结经验并凝聚共识,如梁漱溟认为乡村建设的内涵应该是中国新文化的建设,它是中国传统文化与西方文化的交融并蓄;贺雪峰认为新农村建设应突出文化软实力的建设。但大多经济学家认为乡村要纳入城镇化的进程,提高农业和农民的收入水平是解决乡村振兴的关键因素,他们建议通过市场的手段,利用金融资本的投入和产业融合等方式实现乡村振兴。在乡村建设的主体上,以晏阳初为代表的乡村建设者认为,乡村建设要以农民为中心,农民是乡村建设的主体,尊重农民的需求是实现乡村振兴的根本,如华中师范大学的"黄梅村试验"和"天村试验",他们认为要提高农民的政治参与度,在农民增收和维权上保障农民的利益;还有一种观点认为农民是弱者(以温铁军、贺雪峰、何慧丽为代表),由于自身社会地位和历史条件限制,农民不能维护自身的权力,需要有人为他们代言,应当建立起农民自治组织,乡村建设应以村庄自治组织为核心,尊重村庄的传统文化和地方性知识等。

与此同时,乡村建设思想如何与地区实践紧密结合、探索出一条具有中国特色的乡村发展之路成为学界的热议焦点,学界涌现出以温铁军、贺雪峰、徐勇、邓大才、何慧丽等为代表的新乡村建设代表人物,他们以地区乡村发展的实践个案为基础进行乡村振兴研究,这日益成为学界的热点。研究热点基本都围绕乡村建设的理论范式思辨、乡村建设中的乡村治理、乡村产业发展、乡村文化建设、乡村生态、乡村传统文化重构等方面。关于乡村治理方面的研究近年来日趋显现,如徐建的《西部少数民族地区乡村治理问题研究》、吕蕾莉的《西北民族地区村庄权力结构下的乡村精英与乡村治理能力研究——对甘青宁三省民族村的考察》等。从研究区域来看,主要集中在我国中部、西部、南部、东部和北部的农村区域,以湖北、陕西、山西、河南等地农村为主要调研区,目前关于新时代海南地区乡村的研究相对较少,且缺少精品力作。总体而言,对于落后地区乡村建设的内涵是应该趋同于一般的城乡一体化建设理论和路径,还是应该探索一条自我特色发展的实践路径,有待学界进一步探讨。同时,广大乡村地区的民族特色、文化传统和乡村治理是否具有一定的特殊性和外源性,也需要进一步深入讨论和研究。

海南是一个多民族聚居的省份,少数民族呈现出大杂居、小聚居的分布特征。由于历史和其他多方面的原因,海南少数民族大多居住在贫困落后地区和生态环境保护区,乡村分布广泛,且呈现不平衡、不充分发展的状态。建国初期,由于生产力落后,海南五指山地区的少数民族还保存着传统的"田亩制"集体公社生活方式。1988 年,海南建省后,国家开始重点扶持并成立经济特区,海南的经济社会得到了快速发展,2010 年,国家批复推进海南国际旅游岛建设,海南经济社会发展进入快车道。但由于交通闭塞、人力资源匮乏,传统文化观念一时难以扭转,部分民族地区的贫困并未能有效缓解。党的十八大以后,海南坚持以习近平新时代中国特色社会主义思想为指引,把精准脱贫作为重要的抓手,花大力气聚焦于落后贫困地区,选派一大批扶贫干部进驻基层,从体制机制等方面聚焦于民族地区的扶贫攻坚,使贫困地区的人口绝对数量不断下降,但国家贫困县农村脱贫人口的稳定性较差,贫困人口返贫的压力仍然存在。从 2011—2015 年的统计数据来看,海南国贫县主要集中在民族地区,其农村贫困发生率分别为 19.2%、12.2%、12.5%、15.9%、14.4%,到 2020 年,贫困发生率降到 0.01%,基本实现全面脱贫目标。但由于广大乡村地区脱贫攻坚任务的复杂性,乡村内生性的能力尚未形成,巩固脱贫攻坚成果还存在反复波动的可能性。与此同时,贫困人口不断的外向型迁移也给城市就业带来了一定的压力,由于海南省城镇化率还相对较低,再加上经济产业相对单一,其人口就业吸纳能力相对于发达地区还存在较大的差距。

2020 年 6 月,《海南自由贸易港建设总体方案》颁布,海南开始在全岛分步骤、分阶段推进自贸港政策,围绕着"贸易自由便利、投资自由便利、跨境资金流动自由便利、人员进出自由便利、运输来往自由便利、数据安全有序流动"的制度要求,计划在 2050 年建成具有国际影响力高水平的自由贸易港。与此同时,党的十九大之后,海南省结合自身发展的区位优势,积极推进"美丽乡村"和"百镇千村"计划,在民族地区集中开展以精准扶贫为策略的乡村建设,取得了较为明显的成效,但离"产业兴旺、生态宜居、乡风文明、治理有效、生活富裕"的总要求还有一定的差距。同时,由于海南城乡发展不平衡、不充分,乡村区域范围广,城乡人口长期保持着较为稳定的流动趋势,乡村区域劳动力不足、产业结构相对落后、产业发展良莠不均问题仍然长期存在。

在海南自由贸易港建设的新时代背景下,海南经济社会发展再次赶上了历史机遇期,但海南民族地区的乡村发展不能仅限于乡村场域,而应放置在城乡协调发展的大场域中来思考,如何对接自贸港的政策体系,创新发展方式,借鉴国外自贸港的乡村建设经验,实现海南民族地区乡村的可持续性高质量发展,这是一个亟待深入研究和探讨的新课题。在海南自贸港建设的新时期,如何统筹谋划好海南乡村振兴发展,建设美丽乡村,需要我们有针对性地未雨绸缪,做好制度设计和路径探索,防止乡村建设走入历史的误区;特别是海南民族地区的乡村发展如何契合自贸港的制度设计,我们既要借鉴国际自贸港的建设经验,又不能简单地趋同复制发达地区的乡村建设之路;同时,还要深度挖掘海南自身特有的制度优势和区位文化特色,探索出一条区别于国内其他沿海乡村地区的特色发展之路。这不仅是乡村振兴发展战略在海南的具体实践要求,也是海南自贸港建设的应有之义。

二、研　究　综　述

(一) 国外相关研究

自第二次世界大战结束以后,西方资本主义社会的经济发展也面临着城乡发展不平衡的问题,特别是乡村发展的滞后问题一度受到主流经济学家的关注,以刘易斯和克鲁格曼为首的经济学家提出的"中心—外围"理论,其核心思想是乡村建设的发展首先是服务于城市和工业发展的需要,也就是目前我国建设中所推行的城乡二元结构,这导致城市主导农村的城乡发展不平衡。恩格斯、李嘉图和库兹涅茨也提出过城乡融合发展的理念,从第三产业产值、就业和收入的结构性关系上,强调了乡村建设发展的价值和重要性。到20世纪80年代,全球发达国家和发展中国家都经历或正在出现乡村衰退和乡村危机的迹象,关于乡村建设和乡村振兴的研究再次盛起,其中,美国学者格兰德温提出应尊重农民的创业精神,约翰逊提出要发展农村金融,格林提出要充分发挥政府的乡村主体作用,川手督也证明了乡村复兴和改革组织在日本乡村振兴中发挥的主体作用;伍德、野中章久等分别对东亚地区、克罗地亚等地区的乡村振兴计划和实践经验进行了总结。从亚洲地区的乡村建设来看,20世纪70年代的韩国新村运动和日本的造村运动取得了较好的示范效应,韩国通过政府主导,在资源导向、产业扶持、培育乡村社团组织、突出文化旅游特色等方面,引领农民发展优势生态产业,鼓励农民发展第三产业,利用农村周边的生态资源发展旅游业,推动农村第一、二、三产业深度融合,打造出生态宜居的标准示范村庄,不断缩小城乡差距,走出一条值得借鉴的乡村发展之路。①日本的造村运动以特色农业农产品发展为主线,通过土地所有权与经营权、耕种权的分离来扩大日本农村的经营规模,调动农民积极性,提升土地资源的利用效率,着力打造"一村一品",拓展乡村休闲旅游产业,重视农业发展的法律法规体系保障与改革发展的同步推进,同时组织建立农村协会社团组织,对乡村农产品和品牌进行规划、通过各项优惠政策和金融补贴吸引农民返乡创业,打造具有特色产品、绿色建设、休闲旅游的新乡村。②在乡村振兴理论研究上,麦克劳林等从乡村发展和全球治理的角度提出了一些可行性的建议。总的来说,相关研究成果颇丰。

(二) 国内关于乡村的相关研究

1. 乡村研究的理论范式

从现有乡村研究的文献来看,乡村建设的研究视角呈多元化,如从经济

---

① 罗馨茹.韩国新村运动对我国乡村振兴战略的借鉴[J].南方农机,2022,53(02):111—113.
② 郑兴明.乡村振兴的东亚经验及其对中国的启示——以日本韩国为例[J].兰州学刊,2019(11):200—208.

学、社会学、政治学、历史学等多维角度进行研究。其研究方法也呈现出多元取向,如制度研究、结构研究、功能主义、系统分析、精英主义、马克思主义和现代化理论等,但总的来说,大致可归纳为理性主义、结构主义和文化理论的三大研究范式。从理性主义范式来看,它以个人理性为基本假设,将乡村建设发展归因于个人行动者的理性,如胡荣的《理性选择与制度实施》,以及姚洋、王淑娜、项继权等的研究。结构主义研究范式以制度和政治、农村群体为研究对象,追求因果解释,坚持整体主义和普适性结论;通过对国家和社会分析框架引入乡村并延伸出国家建构主义理论,把乡村建设的决定因素归因为社会结构,包括制度结构、权力结构和文化结构等。如徐勇的《非均衡的中国政治:城市与乡村》,以及王铭铭、于建嵘、吴毅、杜赞奇、杨雪冬、王绍光、黄辉祥等的研究。文化理论范式以乡村人民的生活方式、意义系统和价值观为研究对象,通过实地调查和个案观察,如借用吉尔茨的地方性知识和福柯的微观权力来理解乡村,但容易陷入"文化决定论"的窠臼。如费孝通的《乡土中国》、梁漱溟的《中国文化要义》,还有黄宗智、张忠礼等的作品。有学者也试图通过整合三种研究范式来研究乡村,如邓大才提出的社会学研究范式,认为乡村建设受理性、文化、结构和社会化等多种因素的影响,是其共同作用的结果。

2. 近代乡村建设思想脉络的转变

近代乡村建设思想经历从乡村救国到乡村革命再到乡村建设的思想转变。1929 年,卢作孚最早提出"乡村建设"一词,并提出以经济建设为中心和乡村现代化的重要思想。梁漱溟作为乡村建设的领军人物,在当时复杂的社会背景下,希望寄托于乡村建设以拯救我们的国家,认为乡村建设是在乡村建立新的组织构造,创造新文化,并逐渐扩大为一种新的社会制度。另一位乡村建设代表晏阳初认为,当时乡村的主要问题是"愚、穷、病、私",提议通过整合乡村教育、医疗卫生、乡村组织和乡村经济来实现乡村社会结构的建设。建国后,毛泽东提出的人民公社制度希望通过乡村革命来实现乡村的发展,并把新农村建设思想的立足点转变为社会主义国家工业化建设,希望通过农村支持城市,尽早实现"四个现代化"。改革开放后,新农村建设思想得到了进一步解放,随着家庭联产承包责任制的推进,以及农民主体和农村经济活动的释放,农村经济体制和社会保障体系被纳入乡村建设。但随着改革开放的深入,社会主义建设的中心由农村转移到城市,乡村社会建设的滞后使得"三农问题"日益凸显,特别是市场经济的逐利性和工具性,使得农民的农产品产量开始剧减。为此,2005年十六届五次全会提出建设社会主义新农村的主要内容即生产发展、生活宽裕、乡风文明、村容整洁、管理民主,体现了乡村经济、政治、文化、生态、社会五位一体的统一。党的十九大后,乡村建设思想得到了进一步深化,从新农村建设转变为乡村振兴的全面战略。从乡村建设的主体来看,大致经历了以知识分子为主体的乡村建设、以地方社会组织为主导的乡村改进,以及中国共产党主导下的乡村建设探索。

3. 乡村建设路径的探索

改革开放后,由于以城市为中心发展理念的城镇化战略推进,三农问题日益凸显,并导致乡村衰败和凋敝,学者开始反思乡村传统发展模式以及思考乡村建设发展的新路径。有学者提出城乡融合发展战略①,也有学者提出乡村振兴应包括乡村产业活力、乡村文化魅力、乡村治理结构、重构城乡平等互补格局和乡村政策保障机制等②,于侃华提出应从农民的需求为切入点,构建"人—技术—乡村"逻辑的发展路径。徐勇、邓大才、贺雪峰等从国家与社会理论的角度,认为村庄精英是乡村复兴的主体,要鼓励精英回流,支持通过成立民间组织、改革现行教育体制等方式实现乡村振兴③,学

---

① 张尚武.重塑乡村活力——基于一个实践教学案例的战略思考[J].小城镇建设,2014,(11):28—30.
② 温铁军等.农业现代化的误区[J].财经界,2014,(31):40—45.
③ 徐勇等.村民自治:理论与实践的创新[J].华中师范大学学报(人文社会科学版),2007,(06):1.

者王勇提出应破除乡村发展的体制机制,建立城乡要素自由流动,完善市场机制、推动地权和乡村自治组织来实现乡村振兴①。在实践路径上,经济学家茅于轼在山西农村试图用市场的办法来实现乡村扶贫②;经济学家林毅夫提出从加强乡村的基础设施建设开拓农村市场服务,以促进经济的健康发展③。学者王金海提出从资本驱动模式来实现乡村振兴,包括乡村金融和资本投入等方式④。还有一部分学者提出以农民产业发展、乡村旅游、文化软实力等方式助推乡村振兴。总的来说,研究成果使乡村振兴的内涵和实践路径更加丰富。

4. 乡村研究的核心观点及研究方法

近代以来,关于乡村建设的思想一直争论不断,统一的乡村建设思想未能形成。其争论的焦点主要集中在乡村建设的内涵与实施边界、乡村建设的核心是文化建设还是经济建设、乡村建设是回归传统还是走城镇化之路,以及乡村建设是以农民为本还是以村庄本位。在历史发展的进程中,中国学者在乡村建设实践中不断总结经验并凝聚共识。如梁漱溟认为乡村建设的内涵应该是中国新文化的建设,是中国传统文化与西方文化的交融并蓄;贺雪峰认为新农村建设应突出文化软实力的建设,这不仅是最有意义的事情,也是成本最低、效果最好的方式。但大多经济学家认为乡村要纳入城镇化的进程,要提高农业、农民的收入水平是解决乡村振兴的关键因素,他们建议通过市场的手段,利用金融资本的投入和产业融合等方式实现乡村振兴。在乡村建设的主体本位问题上,一直以来都有争论。以晏阳初为代表的乡村建设者认为乡村建设要以农民为中心,农民是乡村建设的主体,尊重农民的需求是实现乡村振兴的根本,如华中师范大学的"黄梅村试验"和"天

---

① 王勇.乡村衰败与复兴之辩[J].规划师,2016,32(12):142—147.
② 茅于轼.危机中的农村经济和金融[J].中国农村信用合作,2009,(09):16—18.
③ 林毅夫.新发展格局下的乡村振兴战略[J].今日科技,2022,(04):22—24.
④ 王金海.苏南地区农村普惠金融对农业现代化的影响研究[J].商业文化,2022,(23):78—79.

村试验",认为要提高农民的政治参与度,在增收和维权方面保障农民的利益。还有一种观点认为农民是弱者(以温铁军、贺雪峰、何慧丽为代表),不能维护自身权利,需要有人为他们代言,应当建立起农民自治组织,乡村建设应以村庄自治组织为核心,尊重村庄的传统文化和地方性知识。从研究方法来看,主要有经济学的计量统计方法、社会学的民族田野调查方法、历史学的文献分析法、政治学的系统分析方法等。

(三) 关于自贸港乡村建设的相关综述

1. 国外自贸港乡村建设的相关研究

由于不同国家的开放程度、港口的自然禀赋和经济发展水平均有差异,各国对自贸港的研究重点主要聚焦于城市,对乡村建设的研究鲜少。国际自由贸易港的发展已有几百年历史,遍布世界各地的自由贸易港促进了国际自由贸易的发展,见证了全球经济的崛起和腾飞。目前,世界上主要的自由贸易港有中国香港港、新加坡港、德国汉堡港、荷兰鹿特丹港、开曼群岛及英属维尔京群岛等,这些自由贸易港各自代表的形态不尽相同,不同的自贸港有不同的特点和发展路径。赫瓦曼认为,在斯里兰卡,农村女工尝试通过到其他国家的自由贸易港进行务工获得身份认同,这体现了经济全球化的背景下农村人口、特别是女性跨国到自由贸易港务工所带来的影响和作用①。

2. 国内海南自贸港乡村振兴的相关研究

从 20 世纪开始,海南就着手进行美丽乡村的建设工作。在近年的发展中,美丽乡村也取得了建设性的成果,使得海南的农村发生了翻天覆地的变化。习近平总书记于 2018 年 4 月 13 日在庆祝海南建省办经济特区 30 周年大会上发表的重要讲话明确支持海南全岛建设自由贸易试验区,并逐步

---

① Sandya Hewamanne. Stitching Identities in a Free Trade Zone: Gender and Politics in Sri Lanka [M]. Philadelphia, Pa: University of Pennsylvania Press, 2008.

探索、稳步推进中国特色自由贸易港的规划建设,逐步建立自由贸易港政策和制度体系。在此背景下,海南的乡村振兴面临难得的发展机遇并被赋予新的要求,为海南自由贸易港的乡村振兴提供指引的方向。学界关于海南自由贸易港乡村振兴有一些积极探讨,如邢小丽阐述了海南乡村旅游业发展优势与战略性作用,分别从旅游模式、旅游资源、旅游群众基础、旅游文化、旅游人性化五个方面,论述经济贸易区基础上的乡村旅游市场经济发展趋势并总结了启示。汪一敏和康阳提出了自由贸易港与海南乡村振兴协同发展的建议,即合理利用海南自由贸易港国际化开放性政策,坚持创新农产品加工业和服务业的发展模式;加强国际农业交流合作,扩大农产品流通范围;开设国际化农村技术院校;建立新型农业"试验区",从而解决在乡村产业发展不充分,乡村发展内生动力不足等问题①。成秋英认为,海南自由贸易港的乡村振兴,人才是关键,要通过相关引才、留才政策吸引一批具有家乡情怀、愿意扎根守土的大学生返乡创业,开展公益活动、参与农村公共事务等,从而促进农村经济发展、推动农村社会建设,使他们成为乡村振兴的一支重要力量②。随着海南自由贸易港建设的推动,海南农村基层社会获得了巨大的发展,但农村基层社会治理的体系还不完善。刘双佳和邓琼飞提出要构建共建共治共享的社会治理格局,必须充分发挥多元治理主体的作用,要在基层党组织、政府、社区、法治、社会组织、村民自治等方面体现出自身特色,最终形成党委领导、政府负责、社会协同、公众参与、法治保障的完善的社会治理体制③。

3. 海南自贸港乡村振兴发展模式的探索

党的十九届五中全会提出要"优先发展农业农村,全面推进乡村振兴",

① 汪一敏,康阳.自由贸易港建设背景下海南乡村振兴实现路径研究[J].商业经济,2023,(01):147—148,155.
② 成秋英.海南自由贸易港建设背景下扶持大学生返乡创业研究[J].新东方,2022,(01):12—16.
③ 刘双佳,邓琼飞.国际自由贸易港建设背景下海南农村基层社会治理发展的趋势[J].农村·农业·农民(A版),2022,(03):31—32.

要实现乡村产业振兴、文化振兴、人才振兴、组织振兴。自此全国各地因地制宜,涌现出许多新的模式,构建了一幅幅美丽的乡村振兴画卷。在海南建设自由贸易港的背景下,海南的乡村振兴也开始探索新发展模式。从乡村产业振兴的角度出发,促进经济发展的产业融合发展模式。许积福从自贸港视角研究海南省农村产业融合,运用农业产业化经营理论、农业多功能理论、农业产业链理论进行分析,明确这些理论在海南省农业发展的过程中所起到的作用,从而探索产业融合的发展模式①。例如琼海市大路镇是海南世界名优花果示范基地,通过整合土地资源,助推产业转型升级、推广新兴技术,培育特色产业以及鼓励外出人才返乡创业,助力脱贫攻坚的产业融合的发展模式,从而实现产业升级化、科技化以及人才化②。孙冬硕认为,旅游开发与旅游活动在传承旅游目的地地域与民族文化中有重要推动作用③。陈小妹和张紫薇认为海南省作为中国自由贸易新领地,拥有得天独厚的发展机缘。建设海南自由贸易港也给海南省美丽乡村建设带来了新的发展机遇,在整合资本的基础上,发挥区位资源优势,大力推进艺术乡村建设,推动海南自由贸易港背景下乡村文旅发展的新业态和新发展模式④。例如会山镇加脑村就是文旅小镇发展模式和文化传承型发展模式,将"生态景观＋苗族文化＋乡村旅游"的理念与少数民族特色村寨"五位一体"建设总要求有机融合,因势入景,成功打造了人文景观、苗族文化中心和苗家茶屋等景点,不断丰富特色村寨的文化内涵,同时借助发展乡村旅游,有效实现了文旅融合和乡村振兴。袁慧敏和谭晓东以海南盆景园艺大观园为例,分析海口江东新区的地域特色、区位交通、产业布局等资源,从乡村振兴、设

---

① 许积福.自由贸易港建设背景下海南省农村产业融合发展研究[D].海南大学,2022.000376.
② 资料来源:中共琼海市大路镇委员会文件,2018 年 8 月 6 日。
③ 孙冬硕.自由贸易港建设背景下海南旅游活动中黎锦传承方式探索[J].产业创新研究,2022,(11):48—50.
④ 陈小妹,张紫薇.海南自由贸易港背景下乡村文旅发展新业态——以海南省海口市芳园村为例[J].旅游纵览,2022,(08):76—78.

计理念、建设内容详细阐述规划设计的运用,通过设计实践进行海南田园综合体设计规划研究,从而发展壮大乡村旅游相关产业,积极促进乡村振兴①。岳子清和赵婷提出,随着我国城镇化进程加快,城乡差距不断加大,乡村发展建设逐渐受到关注,如何实现城乡统筹发展、城市带动乡村、城乡经济一体化等成为热点内容。他们认为"田园综合体"是解决城乡二元发展的重要手段,以海南省三亚市海棠湾区国家"水稻公园"规划设计为例,探索田园综合体的发展模式与策略②。金铄认为,乡村体育产业发展是我国体育事业发展中的薄弱环节。在此环境下,中国海南省的乡村排球文化氛围浓厚,是实现乡村文化振兴、乡村产业振兴的有利推手,乡村排球的发展有利于乡村体育的振兴③。宋世英和李江涛从乡村振兴战略背景和海南民俗体育旅游资源分析入手,剖析了海南以节庆型发展模式为代表的引导型民俗体育旅游发展模式、以生态型发展模式为代表的对称型民俗体育旅游发展模式、以景区型发展模式为代表的依附型民俗体育旅游发展模式,以期为促进海南民俗体育旅游高质量发展提供理论支撑④。关丽雅也提出了只有抢抓乡村振兴的发展机遇,大力推动乡村体育旅游产业发展模式创新,才能不断提升乡村体育旅游产业的发展水平⑤。例如屯昌新兴镇坡陈村盖起了一家新武馆,着力开发坡陈村的体育旅游产业,还扶持一批村民将自家空余的房屋改建成民宿,让游客在欣赏武术的同时,又能更深入地体验乡村的自然田园风光⑥。探索适合海南自由贸易港乡村振兴的发展模式,从而使乡

① 袁慧敏,谭晓东.海南田园综合体设计规划研究——以盆景园艺大观园为例[J].城市住宅,2021,28(05):203—204.
② 岳子清,赵婷.田园综合体乡村规划发展模式与策略研究——以三亚市海棠湾区国家"水稻公园"规划设计为例[J].城市建筑空间,2022,29(07):58—61.
③ 金铄.海南乡村排球发展的现状与社会价值研究[A].中国班迪协会、澳门体能协会、广东省体能协会.第七届中国体能训练科学大会论文集[C].2022:210—213.
④ 宋世英,李江涛.乡村振兴战略背景下海南民俗体育旅游发展模式[J].当代体育科技,2022,12(22):103—106.
⑤ 关丽雅.乡村振兴下海南乡村体育旅游发展现状及途径研究[J].西部旅游,2022,(08):7—9.
⑥ 资料来源:海南广泛开展农民体育健身赛事活动[N].海南日报,2018-8-6.

村为海南自由贸易港的经济发展提供助力。

4.海南自由贸易港乡村振兴的主要观点

党的十九大就明确提出了坚定实施乡村振兴战略,在 2018 年 2 月《中共中央国务院关于实施乡村振兴战略的意见》的文件中就确立了乡村振兴战略的"四梁八柱",是实施乡村振兴战略的顶层设计。乡村振兴战略最根本的内涵就是要实现"产业兴旺、生态宜居、乡风文明、治理有效、生活富裕"。当时对海南来说,实施乡村振兴战略是打赢脱贫攻坚战的需要,是适应中国社会主要矛盾的转化、解决发展不平衡不充分问题的需要,也是推动全域旅游发展的需要。2018 年 4 月 13 日,海南明确建设自由贸易港,这为海南的乡村振兴提供了新的机遇和挑战,自此海南开始在自由贸易港乡村振兴的道路上进行摸索。关于海南自由贸易港乡村振兴如何进行发展,学界也给出了不同的观点。梳理近年文献发现,坚持党的集中统一领导、以党建引领乡村振兴已成为共识。唐尧指出,在海南自由贸易港的背景下,通过分析法定机构促进乡村振兴战略落实基层的实践逻辑,提出落实党建引领农村基层自治、完善农村基础设施建设以及防止返贫三种路径,促进农村基层自治、基建完善以及产业振兴①。例如三亚市天涯区区委、区政府认真贯彻落实中央、省、市关于脱贫攻坚工作的安排和部署,始终把脱贫攻坚作为重要政治任务和重点民生工程来抓,坚持以"党建＋"为主体,激发组织动能,发动引领广大人民群众,多措并举,不仅保质保量完成脱贫攻坚工作,全面小康也跑出了加速度。乡村振兴战略的实施,加上海南拥有得天独厚的、优美的自然环境,对乡村旅游的经济发展具有很强的引导性。为此,耿松涛和张伸阳以海南乡村旅游业的典型代表为对象,提出乡村旅游高质量发展的机制与实践模式,进一步探索乡村振兴中乡村旅游高质量发展的作用与意义②。金铄、

---

① 唐尧.海南自贸港背景下法定机构推动乡村振兴对策[J].当代县域经济,2023,(02):46—49.

② 耿松涛,张伸阳.乡村振兴视域下乡村旅游高质量发展的理论逻辑与实践路径[J].南京农业大学学报(社会科学版),2023,23(01):61—69.

陈小妹和张紫薇还分别指出,可以将乡村的体育、文化与旅游相结合,创造不一样的旅游新体验。海南省第八次党代会报告提出全面推进乡村振兴,明确要"加强乡村治理,推动移风易俗,建设文明乡风。吸引致富带头人、返乡创业大学生、退役军人等各类人才在乡村振兴中建功立业"。从文化振兴的角度,郭志东、詹兴文和陈小妹认为海南省全面推进乡村振兴必须把传统乡贤文化智慧与现代社会发展要求相结合,通过整合乡贤智慧和乡贤资源,不断实现自我创新,在新形势下发展海南乡贤文化,助力海南自贸港建设①。黎旺认为在乡村振兴背景下,优秀乡土文化传承能够促进乡村教育、构建和谐乡村、体现乡村符号、服务乡村经济②。从产业振兴的角度,侯利阐述了海南基于乡村振兴战略的提出,制定相应的发展对策,与当前乡村振兴的发展模式有效结合在一起,实现对不同土地资源的有效开发与利用,其中重要的发展模式之一为共享农庄③。从人才振兴的作用角度出发,周萍借助舒适物理论研究海南省乡村振兴人力资本开发的现状,找出主要问题及原因,并提出相应对策,在乡村形成人才、土地、资金、技术汇聚的良性循环,推动海南省农村的现代化发展,确保广大农民能抓住海南自贸港建设带来的机遇④。邝华敏通过分析中职休闲农业人才培养存在的问题,提出相应改革措施,为新形势下中职学校休闲农业专业人才教改实践提供借鉴,培养高素质人才,发展休闲农业,助推乡村振兴战略⑤。

通过分析研究文献可知,海南自由贸易港的乡村振兴发展模式作为探讨国家战略向基层具体落实的主题,具有与时俱进、因地制宜的实践特征。学术

① 郭志东,詹兴文,陈小妹.统筹发挥乡贤文化在海南乡村振兴中的作用[J].今日海南,2022,(08):58—60.
② 黎旺.探析乡村振兴背景下优秀乡土文化传承的路径[J].文化月刊,2022,(05):119—121.
③ 侯利.乡村振兴背景下的乡村产业融合发展路径分析[J].农村经济与科技,2022,33(06):108—110.
④ 周萍.舒适物理论下海南乡村振兴人才吸引力的综合研究[J].山西农经,2022,(09):36—38.
⑤ 邝华敏.乡村振兴战略背景下中职学校休闲农业专业人才培养模式研究[J].智慧农业导刊,2022,2(22):97—99,103.

界主要从推进产业振兴、人才振兴、文化振兴、生态振兴和组织振兴等方面进行研究。但乡村振兴发展模式并没有放之四海而皆准的模式,需要具体情况具体分析,因地制宜创新发展,因此在地域上具有分散性和地方化的特点。

(四) 关于乡村振兴实践路径的相关研究

乡村振兴战略是解决中国现代化进程中"三农"问题的总体方案,也是新时代指导乡村发展的指南。学者们普遍认为,乡村振兴战略的实践路径,需要在体制机制创新、农村土地制度改革、产业融合发展及城乡一体化发展等四个方面进行研究。

1. 从乡村振兴的体制机制创新方面

改革创新是乡村振兴的动力,破除阻碍乡村振兴发展的体制机制是实现乡村振兴的最根本途径。李权昆认为,当前我国乡村产业发展面临着机制不完善等体制性障碍,需要从深化要素市场改革、健全农产品质量安全保障体系、健全农业科技创新体制机制和农村生态环境治理体制、完善政府决策机制和政策执行机制等方面着力,创新相关体制机制,实现乡村产业兴旺的目标[1]。为了保障乡村振兴的实施和可持续发展,调动全社会广泛参与乡村振兴,张军建议在国家层面上制定"乡村振兴法",编制乡村振兴规划,设置乡村振兴机构,采取主要领导负责制;在制度层面上以市场经济为基础,以彻底破除城乡二元结构为突破口,创新乡村振兴体制机制[2]。雷琼认为,运行良好的乡村治理机制能有效提升资源配置效率,增强农村发展活力,形成公平有序的乡村发展环境,因此优化和创新乡村治理制度对实现乡村共同富裕有重大意义[3]。在中国快速推进城镇化的进程中,乡村人力资

---

[1] 李权昆.乡村产业兴旺的目标与体制机制创新路径[J].内江师范学院学报,2021,36(06):59—66.

[2] 张军.乡村价值定位与乡村振兴[J].中国农村经济,2018,(01):2—10.

[3] 雷琼:乡村实现共同富裕的现实内涵、困境与制度创新:基于乡村治理视角[J].广东财经大学学报,2022,(04):44—55.

源向城市单向流出,给乡村发展带来了前所未有的挑战。为了解决这个问题,王文强指出,需要以破除二元户籍制度为前提促进城乡人才合理流动,以构建风险防控机制为重点加强对下乡返乡创业的支持,以创新有效激励机制为动力推动人才智力服务乡村,以完善教育培训机制为关键促进乡村人才培养,以激发主体积极性为保障强化乡村人力资本投资,从而激活乡村人才振兴的内在动力,引导更多的人才智力汇聚到乡村振兴的洪流中来①。乡村振兴是乡村旅游大发展的重要机遇,乡村旅游是乡村振兴的重要途径,但乡村旅游在发展中也出现了缺乏统一规划、重复建设、盲目投资等问题。薛丽华通过分析乡村旅游体制机制问题,给出了国家层面组建乡村旅游管理委员会和组建各级乡村旅游办公室两条优化现存乡村旅游体制机制的建议②。

2. 从深化农村土地制度改革方面

激活农村土地要素也是乡村振兴战略的重要实践路径。学者们对如何深化农村土地制度改革、激活农村土地要素进行了深入探讨。农村土地制度改革的主要领域在农村承包地、集体建设用地、宅基地三大方面。农村土地制度的优化与否,是深入实施乡村振兴战略的关键。金文成认为,必须扎实推进农村土地各项改革,落实农村土地"三权"分置制度,依法赋权确权、稳妥活权、规范行权,稳定和完善农村土地承包关系,提高农村土地资源配置效率,基本构建符合社会主义市场经济发展要求的农村土地制度框架和政策体系③。唐任伍认为,要深化农村体制机制创新和改革,应运用现代科学技术加快推进农业现代化,注入先进文化活化乡村精神建设、现代乡村文明,打破城乡经济社会二元体制构建城乡命运共同体,建立现代乡村治理体

---

① 王文强.以体制机制创新推进乡村人才振兴的几点思考[J].农村经济,2019,(10):22—29.
② 薛丽华.乡村振兴背景下乡村旅游体制机制创新研究[J].旅游纵览(下半月),2019,(16):51—52.
③ 金文成.深化农村土地制度改革,赋予农民更加充分的财产权益[J].农业经济与管理,2022,(06):23—25.

系,实现乡村治理体系和治理能力现代化,这是实现乡村振兴的路径①。辛馨和林琦认为,要实现农村土地制度改革深化的成果惠及所有农户,需坚持农村土地制度改革深化,赋予农民更加完整的承包经营权,完善土地征收补偿机制,建立完善的宅基地退出机制②。刘翘楚和张星星认为,农村土地综合整治在一定区域内按照土地利用总体规划确定的目标和用途,推动田、水、路、林、村综合整治,改善农村生产、生活条件与周边环境,推进城乡一体化进程的系统工程,在乡村振兴中有着重要意义③。农村土地改革与乡村振兴之间有着密切的联系,实施有效的农村土地制度改革举措可以有效推动经济发展和产业建设。因此,张翼认为需重视农村土地改革相关优化路径及现实对策研究,以农村土地改革的方式进一步推动乡村经济发展及产业振兴,促使乡村尽快完成现代化建设④。

3. 从乡村产业融合发展方面

产业融合即在产业与农村功能、空间整合融合的基础上,通过促进三大产业共同发展来培育新型农业经营体系,最终实现农业产业转型升级与农村社会的可持续发展。乡村振兴的出路在于促进乡村产业的融合发展,发展农村新产业、新业态,推进产业融合,培育农村发展新动能。产业融合路径要以农民为中心,以农村资源要素流动为目标而展开。因此,胡霄芳建议,要实现乡村产业振兴,基本的途径就是走乡村产业融合发展之路。农村产业融合发展道路是实现乡村振兴的重要措施⑤。陈秀枝认为三产融合发展是实现农村产业兴旺、助推乡村振兴战略的重要措施。三产融合的快速

---

① 唐任伍.新时代乡村振兴战略的实施路径及策略[J].人民论坛·学术前沿,2018,(03):26—33.
② 辛馨,林琦.深化农村土地制度改革对农户收入影响及机制分析[J].山东农业工程学院学报,2021,38(08):1—5.
③ 刘翘楚,张星星.农村土地综合整治助推乡村振兴的路径研究[J].山西农经,2020,(02):60+62.
④ 张翼.浅析农村土地制度改革与乡村振兴[J].南方农业,2021,15(12):147—148.
⑤ 胡霄芳.乡村振兴背景下农村产业融合发展路径[J].合作经济与科技,2022,(21):20—22.

发展取得了一定成效,但也存在诸多问题。鉴于此,三产融合发展要重视规划引导、加快体制机制创新,加快培育新型经营主体、优化利益联结机制,强化生产要素支撑、提升产业融合质量①。肖咏嶷等通过理清数字经济对农村产业融合发展的作用机理,探寻数字经济赋能下农村产业融合推动共同富裕的有效路径,用好数字经济这把"双刃剑"来推动农村产业融合在振兴乡村经济中发挥最大化效用,提升"三链"耦合度,使农业经济提质增效,带动农民就业增收,从而稳步迈向共同富裕②。要推动农村三大产业融合发展,还需要促进资本、技术等生产要素由城市向农村流动。叶兴庆认为振兴乡村需要大量资金投入,要从财政、金融、社会资本等多个渠道筹集,所以要建立健全有利于各类资金向农业农村流动的体制机制,就是要改革财政支农投入机制和加快农村金融创新③。在乡村产业融合发展的过程中,基层党支部建设能够为其提供必要的制度保障和组织保障。田永江认为,随着"党支部领办合作社"的提出,乡村产业振兴、文化振兴有了新的组织形式,这有助于更好地彰显基层党组织所具有的整体部署、创新引领作用④。服务乡村振兴战略是职业教育在新时代的历史使命。农村三产融合是实现乡村产业兴旺和富民增收的主要着力点。职业教育服务农村三产融合既是巩固脱贫攻坚成果、弥补农业现代化短板的主要举措,也是农业发展提质增效的必然选择。为此,赵国锋和王仙先建议提升乡村人才素质,整合区域资源,系统谋划三产融合;农技培训助力龙头企业,激发三产融合,打造产业集群;调整专业设置,实现专业链、人才链与产业链有效衔接;职教赋能乡村产业发展,拓展农业功能,破解融合壁垒⑤。

① 陈秀枝.乡村振兴战略下农村三产融合发展研究[J].农机市场,2022,(12):40—42.
② 肖咏嶷,夏杰长,曾世宏.共同富裕目标下数字经济促进农村产业融合发展的机理与路径[J].山西师大学报(社会科学版),2022,49(06):68—76.
③ 叶兴庆.新时代中国乡村振兴战略论纲[J].改革,2018,(01):65—73.
④ 田永江."党支部领办合作社"在推动乡村文旅产业发展中的策略研究[J].农村.农业.农民(B版),2022,(08):29—32.
⑤ 赵国锋,王仙先.职业教育服务农村三产融合发展研究[J].教育与职业,2022,(16):91—96.

4.从城乡一体化建设方面

学者们普遍认为,城乡一体化发展既是乡村振兴战略的实践基础,也是乡村振兴战略的实践路径。促进城乡要素双向流动是实施乡村振兴的根本路径。城乡融合发展是推动乡村振兴实现共同富裕的必由之路。在乡村振兴背景下,周韬认为需要树立城乡等值发展理念,激发农村内生发展动力,构建以中心乡镇、县城、各类城市为载体的城乡空间体系,提升空间品质,打造城乡产业协同发展区,不断加强城乡发展软环境建设,营造良好的创新创业氛围,将后发优势转化为城乡融合的强大动力,推动经济社会高质量发展[①]。随着我国经济实力的不断上升,城乡一体化战略构想也在有条不紊地持续推进,城乡一体化的落实将会显著改善乡村落后的局面。因此,对于乡村地区较为突出的土地问题和社会保障问题,彭毛多杰和肖长东认为相关部门应该制定出更加惠民利民的政策,并将其落到实处,真正解决好乡村农民失地后的就业和生活保障问题。推动乡村现代化建设的战略措施包括:落实相关城乡发展政策,加快乡村基础设施建设,推进城乡产业深度融合,打破城乡之间的人才壁垒[②]。工业化和城镇化主导下的农村在异化的发展主义大潮中出现诸多问题,"三农"问题更加凸显,城乡发展不平衡加剧。王振等人认为,乡村振兴战略要真正把乡村放在与城市平等的地位,城乡一体化发展,就是要将乡村置于和城市等同的地位,重新认识乡村发展的多元价值特征,统筹城乡协调发展,发挥制度、技术和城乡资源结构差异和农村人才优势,实现乡村振兴[③]。在国内经济大循环的背景下,各区域经济主体都要协调一体化参与到经济发展中,保证生产、交换、消费的循环运行,

① 周韬.乡村振兴背景下西北地区城乡融合发展动力机制与实现路径[J].中国西部,2022,(05):67—74.
② 彭毛多杰,肖长东.乡村现代化建设的经济增长机制与战略实施——基于城乡一体化视角的研究[J].农业经济,2022,(08):30—32.
③ 王振,齐顾波,李凡,史博丽.乡村振兴战略的背景和本土化优势——基于对发展主义的反思[J].贵州社会科学,2018,(04):163—168.

而城乡长期的二元经济结构造成了城乡分割与发展不协调,无法实现"国内大循环"生产要素的充分流动。面对这个问题,杨振丽尝试从政府政策扶持、数字经济推动、土地经营管理等方面为城乡一体化发展提供更多的思考路径,从而提出针对性建议,推动城乡一体化发展,畅通国内大循环①。黄祖辉认为通过城市化发展可以解决城市化和农村现代化双重滞后的问题,实现乡村振兴战略和城市化战略的双重驱动和有机衔接。乡村振兴战略在具体实施过程中应从区域新型城镇化战略和乡村差异化发展的实际出发,消除城乡二元结构这一最大制约因素②。乡村振兴工作是推动农村地区新发展的重要契机,在整个发展过程中,必须要动用一切可动用的资源来推动乡村振兴的新发展。王世锋建议,首先通过城乡均衡发展的方式,带动农村地区的进步和发展,同时也可以促进城市健康持续的发展;其次在整个城乡融合发展的过程中,积极推动科技创新,是城乡融合发展推动乡村振兴的重要动力,有利于促进城乡一体化高质量发展,这也是建设新农村的重要着力点,以此为农村地区的经济发展增添活力③。

从以上文献分析来看,自党的十九大提出乡村振兴战略以来,乡村振兴日益成为了学界研究的热点问题。以温铁军、贺雪峰、徐勇、邓大才、何慧丽等为代表的新乡村建设代表人物日益涌现。研究热点基本都围绕乡村建设的理论范式思辨、乡村建设中的乡村治理、乡村产业发展、乡村文化建设、乡村生态、乡村传统文化重构等方面。还有关于乡村治理方面的研究,如徐建的《西部少数民族地区乡村治理问题研究》、吕蕾莉的《西北民族地区村庄权力结构下的乡村精英与乡村治理能力研究——对甘青宁三省民族村的考察》等。对于乡村建设的内涵建设是应该趋同于城乡一体化建设理论和路

① 杨振丽.国内大循环背景下城乡一体化发展存在的问题及对策[A].河北省公共政策评估研究中心.第十一届公共政策智库论坛暨"新发展格局国际学术研讨会"会议论文集[C].河北省公共政策评估研究中心:燕山大学文法学院,2022:135—139.
② 黄祖辉.准确把握中国乡村振兴战略[J].中国农村经济,2018,(04):2—12.
③ 王世锋.城乡融合发展视角下推动乡村建设的思考[J].农业技术与装备,2022,(10):89—90,93.

径,还是应该走一条自我特色发展的实践路径,还有待进一步的深入研究。同时,乡村地区的文化传统、乡村治理是否有着一定的特殊性和外源性,也需要进一步的深入讨论和研究。研究区域主要集中在我国中部、西部、南部、东部和北部的农村区域,以湖北、陕西、山西、河南等地农村为主要调研区。目前关于海南自贸港建设以来的乡村研究相对较少,且缺少精品力作。党的十八大以来,海南全省投入大量资源到乡村脱贫攻坚工作中,取得了令人瞩目的成绩,特别是广大民族贫困地区,发生了翻天覆地的变化。在党的十九大后,海南省结合自身发展的区位优势,集中于乡村贫困落后地区实施以精准扶贫为策略的乡村振兴战略,并提出"美丽乡村"和"百镇千村"的实施计划。在新的历史时期,海南乡村面临新的历史机遇,但如何建设美丽乡村,该走怎样的发展路径,还有待在深入研究后笃定未来的发展方向,特别是在自贸港建设背景下,海南乡村振兴不能简单地趋同于全国其他地区的农村建设,应该充分发挥自贸港的政策资源禀赋优势,挖掘其自身特有的文化特色和区位优势,有针对性地统筹谋划,从体制机制创新、农村土地制度改革、产业融合发展和城乡一体化等方面进一步拓展深入,才能防止乡村建设的同质化倾向,建设具有独特地域特色的海南美丽乡村。

三、研究内容

(一)具体研究区域、对象和内容

本书的研究对象为县域范围内的乡村振兴,主要针对海南全域具有标志性的乡村进行深度调研,了解城乡协调发展规划、乡村振兴的具体实践路径,特别考察特色乡村发展的模式,总结分析其主要经验做法、产生的主要成效以及经验启示。调研的区域涵盖海南东、中、西部县市,包括海南东部的琼中、中部的五指山、保亭;西部的白沙、南部的陵水等乡村,也包括海南少数民族贫困乡村,试图以详实的调查数据呈现海南乡村振兴的具体情况。调研村庄将根据不同地域、不同特点、发展程度不一等方式进行筛选。主要调查人群包括村委会成员、村庄精英分子、村庄中层农民阶层、村庄外出打工人群、村庄贫困群体、村庄无业人员等进行摸底调查,调查方式包括集体访谈和个人访谈相结合,并填写问卷调查,进行资料收集。

由于海南广大乡村发展的差异性以及城乡发展的不平衡,在前期文献资料研究的基础上,本书试图对海南省脱贫攻坚和乡村振兴的历史脉络进行梳理,对海南建省以来的乡村发展进行总体性概述。特别是海南自由贸易港建设总体方案出台后海南乡村振兴发展的具体定位和实际举措。同时,参考比较国际自贸港城乡发展模式中的有益经验,深度调研海南自贸港乡村振兴的具体实施,分析当前乡村振兴存在的问题,总结提炼海南乡村振兴的中的实践创新和特色优势,并针对性地提出意见建议。

一是乡村振兴路径的理论溯源与比较分析。针对目前已有的乡村振兴思想的理论梳理,对相关文献进行深入研究,总结乡村建设思想的理论渊源,并进行比较分析,梳理乡村振兴发展的理论基础。

二是国际自由贸易港的城乡发展模式梳理。总结梳理当前国际自由贸易港城乡发展的有益经验,分析彼此的不同点和特色优势,为海南自由贸易港乡村发展提供有益借鉴。

三是海南自由贸易港乡村振兴的发展定位。对海南自由贸易港的国家战略进行深入解读,阐释新时代海南自由贸易港建设的核心内涵和总体原则,进一步梳理海南自由贸易港乡村振兴肩负的时代使命。

四是海南自由贸易港乡村振兴发展的历史脉络及基本情况。梳理海南建省以来乡村脱贫攻坚和乡村振兴发展的历史脉络,总结分析海南城乡发展不平衡、不充分的历史原因和具体现状。对十八大以来,海南自贸港乡村振兴的具体措施进行梳理,概述海南自贸港乡村振兴发展的基本概况。

五是海南自由贸易港乡村振兴发展的具体实践模式。由于历史原因和现实条件,随着海南省城镇化建设、百镇千村发展规划和美丽乡村建设的不断推进,海南乡村得到快速发展,但全省乡村发展存在一定的差异性,发展不平衡、不充分问题仍然存在。有些乡村通过整体迁移、外向型移民等方式进行了重新整合,农民的生活方式由于外部环境的变化发生了改变,乡村社会结构处于一种较为松散或者各自为政的原子体状态,产生了一些新的问题和发展困境;还有些乡村由于政府扶持到位,村民主动发展意愿强烈,乡村自治组织不断发展,集体产业规模不断壮大,在乡村特色旅游、乡村产业融合等方面进行了有益探索。本书试图对海南乡村振兴发展的具体模式进行系统梳理总结,为海南乡村振兴发展提供有益的经验参考。

六是海南自贸港乡村振兴发展存在的问题及政策建议。综合以上研究分析,系统总结海南乡村发展的成功经验和不足,对海南乡村振兴发展的具体模式进行系统梳理,提炼影响乡村发展的制约因素,包括外部的政策环境和内部的结构困境和利益冲突,根据乡村振兴发展的具体情况,提出有针对性的意见建议。试图从海南乡村发展的实际出发,根据制约乡村发展的影响因素,从村民的主体发展意愿为切入点,探寻适合当地民族发展的可行性发展路径,探索构建起以当地政府、乡村村委会、乡村团体自治组织、村民家庭多元主体的乡村治理机制,从外部的政策环境、内部的结构性调整等方面提出保障乡村发展的制度措施,并结合海南乡村发展的不平衡和差异性实际,构建起差异化的乡村振兴发展模式和实践路径。

(二) 研究思路

本研究试图为海南乡村振兴发展提供可供参考的政策保障措施。首先,了解海南乡村发展的历史脉络和实际概况,其次,通过文献分析,了解目前国内外乡村振兴发展的主义理论和实践路径,特别是比较国际自贸港乡村建设发展的具体经验。再次,是深入海南乡村地区进行实地调研,了解乡村发展的基本状况、乡村治理方式、乡村发展的模式等,并通过开放式的群体访谈和个别访谈了解影响乡村振兴发展的内外部原因,再通过分层抽样的方式进行问卷调查,提取研究样本和主要影响因素并进行系统分析。最后,总结分析影响海南乡村发展的主要困境,并针对性地提出相关政策措施。

(三) 研究方法

一是文献研究。运用文献研究法对国内外乡村建设发展的理论进行梳理,通过对关键词民族地区、乡村建设、乡村发展、乡村振兴、乡村治理、乡村产业融合、乡村传统文化、乡村教育等进行检索,汇总分析已有文献资料,提炼海南乡村振兴发展路径的研究思路。重点是深入了解乡村振兴的内涵和外延、特色和实践路径的理论基础,探寻基本概念之间的逻辑关系。

二是数据统计与实地访谈相结合。对调查收集到的一手数据和官方统计数据进行汇总,分类进行统计分析。并结合实地调研的开放式访谈内容进行比对,结合量的分析和质的研究,从两方面验证研究假设,并在实际研究中不断调整最初研究设想。

三是比较研究方法。运用比较研究法对国际自由贸易港乡村建设的思想和路径进行比较,找寻不同路径之间的差异和共同点,并与海南的乡村建设思路进行比较,以找寻共同点和海南的自身特色优势。

(四) 研究重点

一是对海南乡村地区的问卷数据和访谈资料进行汇总分析,以期详细了解海南乡村地区发展的实际情况。二是收集海南省 1988—2018 年乡村相关统计数据进行分析,了解海南城乡一体化进程及发展趋势。三是对海南"百镇千村"实践经验的总结。通过资料收集海南百镇千村、美丽乡村建设的实施情况,系统总结海南乡村振兴发展的具体实际模式,为进一步探索乡村振兴路径提供参考。

（五）创新点

一是理论创新。通过对乡村振兴的理论梳理,试图从乡村建设的主体角度去体察乡村建设发展的实践路径。乡村建设应该契合乡村主体的利益诉求和发展需要。不能通过所谓"主动的善意"去代替乡村主体的自我选择。

二是实践创新。海南作为全国第一个自由贸易港,其后发的政策优势逐步显现,作为自由贸易区自由贸易港背景下的乡村,更应该成为自我创新和实践的新标杆,如何发挥政策优势,结合自身发展需要探索出一条乡村振兴的新路径,是本研究的应有之义。

第二章
国际自由贸易港的城乡发展模式

  21世纪以来,随着全球产业化和数字信息技术的不断发展,全球生产要素的国际分工深入各个国家的产品工序层面,不同国家和地区之间的贸易往来日益紧密,全球产业链出现了深度融合的发展趋势,尤其是世界贸易组织(WTO)和自由贸易协定(FTA)所形成的由西方发达国家所主导的贸易自由化,倒逼全球发展中国家融入全球产业链,推动形成了国际货物、服务和投资的一体化贸易新规则。但由于不同国家的发展水平不均,西方发达国家所推广的高标准国际贸易规则必然会对发展中国家的金融市场、服务贸易和行业发展带来一定的挑战。因此,各国为适应国际贸易规则,深入融入全球化的产业链,开始从贸易规则的开放转向制度平台的设计,自由贸易港正是全球国际贸易发展的必然产物。

  从全球范围来看,自由贸易港属于特殊经济区的多种类型之一。特殊经济区包括保税区、出口加工区、经济特区、自由贸易区、自由贸易港等多种形式。全球大多数自由贸易港都以港口为依托,具有典型的"境内关外"的特点,地理区域面积相对较大,允许国际货物自由流动,同时服务于国际、国内两个市场,以制度对接国际经贸规则,构建起全球化经贸网络格局,实现货物、资金、人员等生产要素的便利化流动。目前,全球范围内典型的自由贸易港大致划分有三种类型,第一种是综合型自由贸易港,以香港、新加坡为典型,主要实行减税制和低税率制度,绝大多数商品实行免税,具有海、空、港基础设施优势,突出贸易物流、金融、专业服务、旅游等多个支柱产业,形成港城一体化融合发展模式;第二种是港口服务经济型的自由贸易港,以荷兰鹿特丹、比利时安特卫普港为典型,通过高度智能化的港口基础设施、高效率和多布点的物流园区为国际转口货物贸易提供税收优惠服务;第三种是国际中转自由贸易港,以迪拜港、巴拿马科隆港为例,它们实行全球绝无仅有的免税政策,免除个人和企业所得税、海关税和商业税,同时将海港、物流和航空城高效联结起来,形成联结海运、陆地和空运的多式联运网络,促进港城一体化的发展,成为国际货物贸易流动的主要枢纽。虽然自贸港在当前可以大致分为三种发展模式,但无论哪种都已经成为了当今世界积累生产要素、促进经济发展的载体。世界各国的自由贸易港虽然在功能作用和发展定位上由于国别和区域优势而存在一定的差异,但其共性特征都是围绕着注重市场开放、贸易便利、投资自由以及经贸制度国际化进行制度设计的。从全球自由贸易港的发展模式来看,随着自由贸易港内贸易、资金、信息流量的不断扩大,自由贸易港的功能定位已经开始从单一低层次的自由贸易向集贸易、工业制造、科技研发、服务于一体的多元功能转化,并呈现出从较小区域的向较大区域转移,信息化、网络化、港城一体化,以及城乡一体化融合发展的趋势转变。为更好地借鉴其他国家的实践经验,本章选取了与海南较为接近的两个区域的实践模式,以期为海南自由贸易港的城乡发展提供参考借鉴。

一、新加坡模式

新加坡地处东南亚腹地,毗邻马六甲海峡,处于南海出入印度洋的海上交通要道,位于马来西亚半岛南端,地理位置优越。新加坡全国土地面积仅724.4平方公里,全国人口570万人,是世界上人口密度最高的国家之一,也是一个拥有多元文化的移民国家。在殖民统治时期,新加坡经济历来以转口贸易为基础。1965 年建国后,新加坡退出马来西亚联邦,其进口替代工业化失去了马来西亚市场,迫使新加坡做出新的战略选择,当时正值西方工业化国家处于第一次产业结构调整时期,它们将大批的劳动密集型出口产业向发展中国家和地区转移,新加坡适时抓住机遇,开始产业转型,从以转口贸易为基础的畸形经济结构转变为以制造业为中心的贸易、交通、金融、旅游与国际服务业全面发展的多元化经济结构;在制造工业方面,从原来的初级产品加工转变为以电子电气工业、炼油工业化工材料为中心的门类齐全、生产技术比较先进的制造工业体系,并以出口替代工业转向出口工业化。经过几十年的发展,新加坡目前已成为亚太地区国际金融、国际贸易、国际航运和国际服务业中心。

(一) 新加坡自由贸易港发展的几个阶段

18 世纪初,英国将新加坡作为殖民地建设,新加坡自由贸易港的建设历史可以以其英国殖民地贸易站为起点。但是从其作为国家主体的自由贸易港发展历程而言,新加坡大致经历了以下几个发展阶段。

第一个阶段是以开放为导向的出口型经济转型期(1965—1979 年)。在此期间,新加坡依托自由贸易港的区位优势,在港区设立了 4—6 个自由贸易园区,提供税收优惠政策、采取放宽外汇管制和鼓励外资银行在新加坡设立分部,推动金融业发展,吸引外国总部落户等措施突出鼓励发展出口型工业,并以此带动对外贸易、交通运输、通讯、金融和旅游业等部门的发展,在上述政策的带动下,逐步形成了以制造业为中心的贸易、交通、金融、旅游五大经济支柱。在此期间,新加坡国内生产总值的平均增长率高达 10% 左右,并逐步建立起以港区带动城市中心发展的模式。

第二个阶段是 20 世纪 80 年代到 90 年代末,属于开放型经济结构形成期。在这期间,由于第二次石油危机导致资本主义经济陷入全面衰退,之后又转入低速增长,西方资本主义国家开始实施贸易保护主义政策,新加坡既面临着出口贸易萎缩又面临着国内劳动力供应紧张的问题。为应对复杂的国内外环境,新加坡着力于开放型经济形态,主动融入全球化经济体系,并根据全球化经济需求,试图鼓励发展技术集约型出口工业,发展以高科技技术为核心的工业革命,建立一系列长、中、短期的政策和措施体系,主要围绕降低企业经营成本,优先发展国际服务业,为促进高技术发展提供配套优惠政策,并大力吸引高科技创新公司和人才落户新加坡,出台系列政策扶持和鼓励高科技技术公司,如给予科技工业公司 50% 的投资补贴、加倍享受所得税优惠等激励措施等,逐步建立起技术集约型和知识集约型工业体系,加速了工业产业部门的机器化、自动化和信息化进程。截至 90 年代底,新加坡发展成为国际性、区域性服务中心,并扩大了离岸金融业务,成为世界排名第一的集装箱货运港、亚洲地区第二大电脑和电脑软件产品输出国,逐步形成了以服务业和制造业并重的经济结构。随着城市的不断发展,快速增长的人口给城市造成极大负担,为解决城市发展瓶颈,新加坡在 80 年代开始推动乡村发展,并成立了统筹城乡发展的专门机构"组屋"发展局。该部门充分发挥政府政策作用,广泛吸收社会各种资源,实行由政府统一规划、集中居住,形成有学校、图书馆、医院、体育馆、休闲公益场所为一体的组屋社区计划,由乡村社区管委会、居民委员会等基层组织作为执行机构,动员各种社会资源,加速城乡一体化的进程。

第三个阶段是从 21 世纪初至今,新加坡成为全球化和区域经济一体化的经济枢纽。20 世纪 90 年代末,由于亚洲金融危机爆发,全球经济发展出现了不确定性。新加坡为了区域经济安全,积极参与经济全球化和区域经济一体化进程,依托自贸港的制度优势和区位优势,积极推动全球自由贸易合作协定,与全球主要经济体签订双边和多边自由贸易协定,打破制度和税制的壁垒,推动生产资源要素的全球流动,并致力于打造东南亚和全球产业发展的经济枢纽。在这期间,新加坡完善城乡一体化的制度设计,大力发展基础设施建设,加强乡村社区组屋文化和乡村精神建设,使城市建设融合乡村文化和传统乡村韵味,在推动乡村祖屋社区建设的过程中使城乡一体化进程不断加快,乡村逐渐融入城市发展产业链,城乡资金、项目、人才流动顺畅,并日益形成港、城、乡一体化的发展模式。截至 2010 年,亚洲开发银行显示,新加坡的城镇化率已达到 100%,基本解决乡村发展问题①。

从新加坡的发展历程来看,它立足于自身区位优势和本地经济社会发展需要,紧扣全球化产业化和区域一体化进程,一直坚持推行自由贸易政策,深入融入世界市场体系,并积极推进东南亚区域一体化和双边贸易协定,把自己打造成世界经济发展的核心枢纽和关键节点。它的主要做法包括:一是积极争取更多的跨国公司在新加坡设立地区总部,吸引高科技企业和人才落户新加坡,并鼓励跨国公司把新加坡打造成国内基地;二是鼓励本国企业依托资源和区位优势打造世界一流企业,帮助本国企业进入国际市场;三是积极推进结构调整和产业升级,优先发展国际服务业和高科技产业,重视制造业的升级换代;四是高度重视高科技领域,加速经济产业从技术引进型向创新型转变;五是加强基础设施建设,积极推进城乡一体化;六是进一步拓展国际发展空间,加快区域一体化进程和双边贸易协定的签订。

(二) 新加坡城乡结合发展模式

新加坡位于马六甲海峡的咽喉,作为连接东西方的必经之路,在世界贸易不断发展的过程中成为世界重要的交通枢纽。作为一个东南亚岛国,新加坡四面环海,土地面积小但人口稠密。随着全球化进程的加快,新加坡利用其得天独厚的地理优势,大力发展航运、转口贸易、金融与旅游等产业迅速发展经济并成为了世界性的大都市,将制造业和服务业作为经济发展的"双引擎"。新加坡的同城化趋势是以港、城发展为中心,带动乡村融入一体

---

① 梁淑华.3 种典型农村社区管理模式对比研究[J].世界农业,2015,(01):42.

化进程,并成立专门的经济发展局,涵盖文化、教育、卫生、医疗、商贸、宗教事务、财政、劳动、社会保险和建筑等各部门,自上而下通过行政推动,按照发展规划有序推进;同时,把公民咨询委员会纳入决策机构,兼顾市民发展需求。在具体执行上,依托社区管理委员会、邻里委员会、社区发展委员会和居民委员会执行政府的社区发展规划和政策措施。在过去的50年里,新加坡逐步实现了城市化进程,如今,传统意义上的城乡划分以及农村与农民的界定在新加坡已经没有完全区分。由于新加坡的土地面积小,在城市化过程中,发展工业级服务业大量占用耕地,使得农业在新加坡的经济发展中所占的比例不足1%,农业用地也大都集中在西北部的林厝港。蔬菜、水、食品等大多都依赖于从周边国家诸如中国、马来西亚等进口。在经济结构中,所占份额极少的农业项目,如园艺种植、家禽饲养、水产和蔬菜种植,也倾向于以发展高科技含量与高产值的热带经济作物为主。

在城乡发展过程中,新加坡十分注重对农村社区的发展规划。一是发展组屋计划,统筹解决人屋矛盾。新加坡在建国几十年中能够迅速摆脱贫穷与动荡,实现人民安居乐业,组屋制度在其中功不可没。在建国初期,由于新加坡人多地少,住宅十分短缺,很多民众不得不居住在生活环境艰苦、卫生条件差、拥挤闷热的木屋"甘榜"中。恶劣的生存环境以及种族隔阂使得民众冲突频发,不仅形成了长期的社会隐患,同时也影响了区域经济发展。因此,解决住房问题成为影响新加坡城市发展的重要瓶颈。20世纪60年代,新加坡兴建住房的速度远低于快速增长的人口,超过150万的人口没有固定的住所。在此基础上,新加坡政府先后颁布了《新加坡建屋与发展法》等一系列法律来完善住房保障的法律体系。1960年,设立了新加坡建屋发展局,首先从低收入及中收入的人群开始,逐步提供一定的保障性住房,到1964年逐步发展为租售结合。但由于大部分百姓无法负担买房费用,新加坡政府通过征地补偿以及推出公积金等方式来缓解购房问题。随着民众生活水平的提高,市民对于房屋的要求也越来越高,政府从70年代开始对组屋计划进一步完善，如通过增加多种房型、提高房屋质量、更新外观设计等方式来满足居民需要，同时，在这一阶段，政府也意识到了配套设施的重要性，逐步在住所附近配备医院、学校等场所。到了 20 世纪 80 年代，新加坡政府的组屋计划已经使得至少 50% 的居民住进了新屋，一定程度上缓解了住房矛盾，实现大多数市民"居者有其所"。此后，新加坡在组屋计划的推行中，更加注重居住质量以及解决居民就业问题，既要让居民住进去，又要实现留得住，通过创造就业机会保障居民收入，才能留得住人。因此，政府在新组屋建设的周边开设工厂，提供就业岗位，以提高居民收入、改善生活状况。此外，组屋计划在实行的过程中也十分注重公平。相较于占少数的高收入者而言，租屋计划针对低收入群体出台了一定的购房优惠政策，同时，政府还提供一定的津贴、补助金等让他们以更低的价格购入房屋，这在一定程度上拉低了民众之间的收入差距。居民的认同感也随着组屋计划的不断完善而不断提高。亚洲开发银行的调查数据表明，2010 年新加坡的组屋社区已经彻底替代农村社区，城市化率达到 100%，这也意味着新加坡的农村社区开始退出历史发展舞台。从城市外围到城市内生活环境再到休闲设施建设及绿化建设，组屋计划借鉴英国城市发展经验，从解决基础住房再到注重生活质量，不断改善民众的居住质量，提供美丽和谐的生活环境，推动了城乡一体化的发展。

二是完善农村社区管理机构，建设和谐社区。组屋计划的发展使得民众解决了基本的住房保障，但是为了更好地管理居民，政府摸索出了一套农村社区管理模式，将政府部门与社区组织相结合。政府部门涵盖多方面包括教育、医疗、卫生、宗教、文化等多个基础民生部门，由这些部门来负责整体规划制定社区的发展规划与管理，同时负责各种具体事物的执行。社区组织则可以细分为决策、执行、辅助三大机构。公民咨询委员会作为决策机构及最高机构，负责同政府各个部门之间进行沟通。执行机构包括社区管理委员会、邻里委员会、社区发展委员会、居民委员会。这四个委员会的主要职能是上下联通,做好协调沟通,一方面倾听民众心声并向上传达,另一方面向下执行决策,既执行政府的发展规划、政策举措等,也代表居民将意见反馈给决策机构,以便适时调整政策。此外,还设立了妇女、青年、华族、印度族、马来族执行委员会以及宗教、体育康乐委员会,将执行机构的工作内容细分下来,各自辅助完成相应的具体工作。新加坡社区建设中的成功经验是充分发挥政府在社区中的积极作用,使社区治理在政府的引导下不断规范化和法制化。在多年来的实践过程中,新加坡城乡一体化建设不曾出现拆迁或与物业的矛盾引发的冲突,基层社区治理井然有序。

三是保护和振兴乡村传统文化,发扬"甘榜精神",实现互助共进。在新加坡这座"花园城市"中,一幢幢高楼林立早已取代以往的村庄,村民一家一户住进高楼,一扇扇防盗门将以往的邻里情隔绝在外,虽然居住环境得到了改善,可是人与人之间的距离却被不断拉远。以往在乡村中那种邻里熟络、互相照顾的生活成为众多人的回忆,现实中的疏远也让人们愈加怀念以往患难与共、同甘共苦的乡村精神。此外,新加坡是一个多民族移民国家,不同民族中的文化习俗以及宗教信仰复杂。1964年因种族冲突造成的流血事件深刻影响着新加坡的政府及民众,此后新加坡政府一直致力于构建种族和谐社会,设立种族和谐日、施行多元民族主义政策,"共同价值观"理念、"一个民族、一个国家、一个新加坡"的国家理念不断树立,并广泛吸引不同社会团体作为政府辅助机构,形成了融合传统和现代的国家基层治理体系。为了构建自由、平等、宽容的社会价值氛围,新加坡政府出台了系列举措,如通过新闻报刊、社会宣传的方式来弘扬以往的"甘榜精神",并在此基础上更好地凝聚民众,使其积极参与社区建设,市民即使住在高楼也能冲破铁门的束缚,以往邻里之间常来常往、彼此照顾、团结互助的生活氛围得以恢复。当然,仅仅依靠宣传是远远不够的,新加坡政府还在各个社区中设立了民众联络所,作为邻里沟通的重要桥梁,既提供各式各样的娱乐设施,也不定期举办各式各样的活动及兴趣班,让社区中不同年龄、不同民族、不同信仰的居民都能够充分参与进来，加强社区居民之间的交流与沟通，营造友好和谐的社区氛围。在社区活动的基础上还形成了许多志愿和慈善活动，鼓励市民在社区中助老爱幼、发挥自身余力，不断完善各种方便社区居民的基础设施，使得整个社区亲如一家，一改往日的疏离与冷漠，形成团结友爱、互帮互助的良好氛围。这不仅维护了基层社会的稳定，也极大地提高了居民的幸福度。

四是创新产业发展，开辟都市农业，注入高科技。放眼新加坡，几乎看不到农田。人多地少的特点，造就了新加坡城市农业发展的特殊结构。虽然新加坡农业所占份额较少，但政府十分重视科技农业，大力发展经济作物，以高产值农产品为主。围绕核心产业突破发展，将科技与农业充分融合，再利用核心产业带动其他产业的发展。1980年，新加坡政府创立了一个科技园，并陆续成立了许多促进农业生产发展的科研机构，即基础食品、食品技术等研究中心。以高科技含量的现代化农业园为载体，以实现高产值为目标，应用最新的科技不断突破常规农业生产力的高集约型农业科技园，包括胡姬花、观赏鱼、蘑菇等不同类型的农业产品。创意环保型农场充分利用农场的土地资源，将太阳能、风能作为动力，采用封闭灌溉技术最大程度地减少用水，并创造性地使用垂直种植技术，使农场生产力得到了极大提高，尤以天鲜农产为主，其生产力增长了五倍。除此之外，新加坡政府还在郊区以及城内部分区域建立小型农业生产地，产品既可满足周边的需要，也可利用客源优势发展农业旅游，使农户获得可观的收入。

（三）新加坡城乡发展的主要特点

1. 政府主导，自上而下推动

在城乡一体化发展进展中，新加坡根据人多地少、自然资源少、经济具有强外向性的特点，创新城乡发展新路径，突出表现在新加坡政府的统筹规划、积极引导和有效治理。在城市化发展过程中，新加坡政府发挥着主导作用,在社区治理中十分注重政府与社区的结合,使政府与社区紧密结合在一起的社区组织已经成为政府的体制内的一部分,并作为政府的末端执行者开展相关工作,形成了大政府小社会的治理模式。在具体的实施过程中,新加坡政府作为主导者,统筹分配具体事务,创新制度体系,强调权责明确,通过管理的规范化和制度化实现城乡社区融合的高效治理,在执行过程中也会根据具体情况及时调整相应的政策,与时俱进地创新社区治理。这都是基于新加坡自身特殊的历史文化传统、小城市经济体和独特的经济发展模式形成的,它适应了新加坡的城乡发展需要,并在社区治理过程中发挥出了积极作用。但是,这种模式仅适用于新加坡自身特殊的发展需要。

2. 规划在前,产城互动

新加坡政府在城乡建设规划过程中突出表现出布局的前瞻性,始终坚持以长远的眼光来谋发展,既重视人民的诉求,也积极聘请权威专家进行科学的概念性规划。1971 年,新加坡政府在谋划发展概念时就着眼于未来发展的框架,此后每隔 5 年时间都会根据时代的发展变化进行进一步优化,并按照未来规划的方向进行布局。通过概念确定未来发展的方向,再利用分阶段的规划来实现目标。政府通过实施组屋计划解决了民众的住房问题之后,开始逐步构建产城互动、产城融合的新模式,以发展产业为驱动,完善相应公共设施配套,进一步缓解土地紧张,集约优势资源发展经济,并提供大量工作岗位。20 世纪六七十年代新加坡规划的裕廊工业区,占地大约 5 000 公顷,是产城初步融合的成果,内部划分为居住、轻重工业三大功能区,不仅包括了工业设施,还涵盖着居住、教育、休闲等的相应配套设施。到了 2000 年以后,纬一科技园的占地面积达到了两万公顷,由政府和私企共同打造开发逐步开始实现产城深度融合发展的示范区,该区域交通便利、大学林立、医疗条件完备,形成了极具现代化特色的产城深度融合发展空间。

3. 坚持绿化,建设宜居城市

新加坡有着"花园城市"的美誉,在不足 700 平方公里的土地上绿化面积占到了 50％，覆盖率更高达 80％，是"小而美"城市的典范，由此可见新加坡政府对生态环境治理的重视程度。首先，政府充分利用城市空间，在每一寸土地上都用绿植来装点，无论是道路两侧还是立交桥上都随处见绿，甚至连停车场都要充分利用，铺设透气砖来生长绿草。仅仅利用平面空间"见缝插绿"还不够，新加坡将绿化做到了极致，从平面到立体，从地面到屋顶，从空中花园到大厦外立面，让绿色和混凝土相伴相存。作为垂直绿化代表作的皮克林宾乐雅酒店俨然已经成为了独具特色的地标，生动地体现着人与自然和谐共生的环保理念。其次，创新公园构思。新加坡目前拥有超过300 家公园和 4 个自然保护区，每个镇区建有 10 公顷的公园，居民住宅每隔250 米建有一处 1.5 公顷的公园。且新加坡公园绿地系统规划基本上每10 年就会编制一次，每 5 年还会重新审查和微调。在建设邻里公园、自然保护区、街边公园等公共设施的基础上，新加坡政府还通过建设宽 6 米的绿色廊道将各个公园串联起来，使居民既可以步行或骑车感受绿色氛围，也可以便捷地通往公共交通站点。新加坡拥有丰富的植被，一部分原因是受地理位置热带气候的影响，更重要的是在建国初李光耀政府提出了社区园艺计划，鼓励居民自己购买绿植种子，在任何一个公共空间种植。此后，政府也积极宣传将生态环保的思想深深烙进每一位新加坡市民的心中，使人人行动建设绿化，这也成就了如今新加坡城市被绿植环绕的盛景。

二、香 港 模 式

香港是中国的特别行政区，地处中国南部、珠江口以东，与中国澳门隔海相望，北与深圳市相邻，南临珠海市万山群岛，区域范围包括香港岛、九龙、新界和周围 262 个岛屿，陆地总面积 1 106.66 平方公里，海域面积1 648.69 平方公里，截至 2019 年，总人口达 750 万人，是世界上人口密度最高的地区之一。香港自由贸易港的历史悠久,其作为欧洲、非洲通往东南亚的航运要道以及中国内地与世界经济往来的重要桥梁,在 100 多年的发展历程中,逐渐从单一的转口贸易转变为经济结构多元化的自由贸易港。1997 年回归祖国后,实行"一国两制""港人治港""高度自治"的基本国策。经过几十年的发展,香港已经成为世界著名的自由贸易港和国际性大都市,也是国际金融、贸易、航运中心和国际创新科技中心。其通过积极奉行不干预政策,营造自由通航、自由贸易、自由投资、金融开放的良好环境,使香港成为国际著名的自由贸易港。香港自由贸易港属于典型的港城一体化发展模式,其突出政策特色表现在:一是在投资市场准入上,不限制外资股比和禁止行业,为经营主体提供高效便捷的服务;二是在自由贸易上,除饮酒、碳氢油及甲醇外,所有货物免征关税,跨境贸易自由便利;三是优惠的税收,设定普通企业所得税 16.5%,对离岸贸易免征间接税、利得税、预扣税和印花税等;四是在离岸金融上,坚持开放性原则,最大限度放宽本地金融市场准入,允许内外资享受同等待遇;五是积极奉献"小政府、大市场"的行政监管模式,重视市场监管和风险防范,给予本外地企业充分的自主权,避免行政干预,强化政府的引导作用。同时,香港自由贸易港依托于中国内地大市场,搭建起"一带一路"沿线国家高度开放的贸易网络,致力于区域经济合作一体化的进程,具有重要的示范作用。

(一) 香港自贸港的发展阶段

经过几十年的发展,香港自由贸易港经历了几次重要的产业转型,从以转口贸易为主的产业结构转型到以制造业为主的多元化发展格局,到 20 世纪 90 年代,随着劳动密集型产业的大规模内迁,香港开始转向以服务业为主导的产业转型,并积极发展高科技产业,形成了以资讯科技、生物技术、材料技术和环保技术四大领域为主的重点发展方向。在城市化发展的进程中,香港兼顾港城一体化发展方向,通过 9 个市镇建设群把港、城、乡村串联起来，形成了产业发展链条的集群。在乡村建设上，既尊重乡村的历史文化遗产和生态环境，又把乡村群体纳入城市化发展的进程，从政府主导、精英阶层推动，再到本地居民的自发参与，香港乡村发展经历了从农业生产到乡村消费的转变，实现了城市资本对乡村社会经济空间的重构，实现了港、城、乡一体化。在当前我国城市化和工业化进程中，乡村出现的生产要素非农化、老龄化、空心化、环境超载化、城乡发展失衡等问题，可以学习和借鉴香港乡村转型的实践路径，进一步推进城乡的融合发展。

香港自贸港的发展大致可以划分成四个阶段，分别是转口贸易型、加工贸易型、综合型和跨区域综合型阶段。第一个阶段是1841年香港开埠至1949年，也被称为转口贸易型自贸港阶段。在第一阶段中，香港的经济发展主要依赖于转口贸易。1841年英国侵占香港岛后，为了方便获得廉价的原料和劳动力等，将中国作为其商品销售市场，帮助其进一步扩张资本主义殖民版图，不久便开始实施自贸港政策。借助这一政策，香港的航运、造船、码头、银行等行业开始逐步兴起，改变了以往以渔业、盐业为主的产业结构发展模式。此时外国的资金以及国内的部分资金都汇集于此，由于封建的清王朝对关税不够重视以及自身力量的不足，不仅外国船只可以自由进出，而且进出港口的物品都享受免征关税的政策。此时的香港自贸港施行"极不干预政策"，凭借其位于国际主航道、背靠东亚经济腹地的地理位置优势以及政策的倾斜，逐渐成为了一个自由通商的门户口岸和转口贸易发展的极佳之地，吸引着外来船只向中国倾销商品，发展货物贸易。第二次世界大战后，香港以其卓越的表现成为了世界公认的最自由的经济体，货物价格完全取决于市场的调控。

第二个阶段是1950—1978年的加工贸易型自贸港发展阶段。在这一时期，中国被西方国家孤立打压，但此时香港仍处在英国管治之下，它承接了发达国家向外转移的劳动密集型产业。一方面，香港经济的迅速发展吸引了大量外来人口涌入香港，使其拥有低成本的廉价劳动力优势，且有内地以及东南亚国家的资金汇入；另一方面依赖自贸港自身的政策优势——进出口自由、低税率、港口便利等，香港的本地市场不足、工业基础落后、自然资源匮乏等问题迎刃而解。自由贸易政策使得香港拥有了先进的港口仓库设备，实现了航运业货柜化。但随着制造业在香港的迅速发展，工业初步发展形成了大进大出、两头在外的加工贸易格局，以转口贸易为主的产业结构也逐步随着本地加工贸易棉纺轻工业的兴起逐步转向以制造业为主。1970年，香港的制造业产值占总产值的30.9%。转口贸易则降至19.6%，开始向经济多元化转型。

第三个阶段是1979—1997年的综合型自贸港阶段。1978年，中国开始实行改革开放的政策，在这一时期亚太地区不断发展经济并呈现出一体化的趋势。劳动密集型产业在香港经过一段时间的发展后逐渐开始转型升级，部分劳动密集型产业开始迁入内地。到1980年，香港已经成为了国际贸易、金融、制造业、港运、信息、旅游中心为一体的多元发展模式。服务业在生产总值中的比重不断上涨，到1980年该比重达到67.5%，制造业所占比重则不断下降。1986年，香港抓住机遇，以单独关税区的名义加入《关税与贸易总协定》，利用优惠政策大力提升发展工业化水平。金融服务行业在这一时期搭上政策和国际形势的快车道飞速发展。随着工业化的发展，香港形成了以工业、外贸、金融、旅游、运输、通讯及建筑等行业为支柱的多元化经济结构。自贸港所提供的自由通商、通航、通讯、兑换和人员进出的便利等，为工业、贸易、金融、房地产、旅游、信息等行业提供优质的贸易服务，这一时期的香港在经济发展中大放异彩，经济地位大大提高，成为新的国际金融中心和综合型自由港，也因其创造的经济发展奇迹被誉为"亚洲四小龙"之首。但这一时期的香港经济也暴露出一系列的问题，一是由于部分劳动密集型工业迁往了内地，香港的就业岗位数量开始下降，同时由于人口的不断增长，进而影响到了整体的社会就业水平。二是香港虽及时把握促进制造业转型升级，但由于此前一直发展劳动密集型工业，科技含量较低，且掌握高科技的专业型知识人才较少,制造业转型升级发展不畅,经济上的转型升级和科技水平发展不平衡,使得香港的国际竞争力受到阻碍。

第四个阶段是 1997 年至今的跨区域综合型自贸港阶段。这一时期,香港终于回归了祖国的怀抱,开始进一步加强同内地的协同合作。明清以来,香港就同澳门等同属于广州府,珠三角湾区经济发展十分繁荣。1994 年,时任香港科技大学校长吴家玮提议建设深港湾区。香港进一步同内地加深经济联系,尤其是同珠三角区域内的各个地区协同发展进一步分工合作。凭借着地理位置的优势,香港和内地特别是珠三角区域的分工合作深入发展。香港是内地最重要的转口港和内地企业最重要的离岸集资中心,二者互为最大的外商投资来源地。在金融服务方面,香港成为首个境外人民币结算中心。由于香港经济持续稳定发展,金融法律和法规健全,与国际标准接轨,税收优惠,境外对人民币的需求增加,为香港成为人民币离岸中心创造了良好条件。在鼓励新兴产业发展方面,为减少对金融业和地产业的依赖,香港特区政府创建了 6 个新的"支柱产业"(环保产业、检测认证、医疗服务、教育服务、文化及创意产业、创新与技术产业)和一个科技园(香港科技园),作为经济增长的长期领域。在跨区域发展方面,香港于 1995 年成为世界贸易组织的创始成员之一,是亚太经济合作组织的积极参与者,也是亚洲发展银行和世界海关组织的正式会员,为自贸港的继续发展创造了条件。[①]

(二) 香港自贸港城乡发展模式

在港城一体化的发展上,香港虽然是世界最自由的经济体和最具竞争力的城市之一,却有四分之三的土地是乡村,香港的都市区主要集中在香港岛和九龙半岛,面积约 130 平方公里,占全港面积约 90% 的新界内陆地区及离岛地区内绝大部分是丘陵山地和农田村落[②]。包括 24 个郊野公园和

---

① 王胜,康拜英,韩佳,等.香港自贸港发展浅析与借鉴意义[J].今日海南,2018,(5):25—29.
② 南雪倩,姚婕.香港城市规划与乡村保护[J].北京规划建设,2016,(3):6—8.

22个自然保护区(共443平方公里,覆盖了香港约40%的土地),占全岛面积90%的新界离岛地区,绝大多数是丘陵山区和农田村落。20世纪50年代后,随着香港自由贸易港建设的加快,乡村人口逐步向城市中心转移,乡村种植业和渔业逐渐衰落;90年代后,随着城市化的进程加快,人口急剧向城市转移,处于郊野公园内的77个村落基本处于荒芜状态。为缓解港九和九龙城市人口的压力,香港开始在新界乡村地区实施新市镇的建设规划,把占总人口48%左右的居民向荃湾、沙田、屯门、大浦、粉岭、元朗、天水围和将军澳迁移,经过近40年的发展,香港逐渐由单一的都市变成一个由多个城镇组成的港城发展体,即以香港港九母城为核心、9个市镇为副中心、再向新市镇的乡村过渡的"三级城镇体系"。同时充分照顾乡村生态资源、高标准规划"花园城市",把城市和乡村进行融合起来,保护好乡村的历史文化遗产,通过交通把生态花园和城市各中心串联起来,探索出城乡协调发展的新模式,让人民既能在城市生活,又能享受良好的生态和休闲出处。①

一是强调规划引领,高标准推动城乡一体化建设。自1841年英国政府代表宣布香港成为自由贸易港以来,其位置优势越发明显,带动了城乡区域经济的发展,其城乡发展主要经历了以下几个时期。一是1945—1970年战后工业化快速发展时期,香港开始从转口港向工业化过渡,拓展市区中心,进行新一代市镇开发,推行公屋政策等规划制度带动城乡发展。二是在1971—1984年经济多元化发展时期,以推行十年建屋计划、二代新市镇开发和乡村保护作为城乡发展的主要策略。三是1985—1997年服务经济成熟发展时期,城市发展的规划重心开始从新市镇调整转向到市区、此时新市镇开发已经发展到了第三代,又新推出了长远房屋策略。四是1997年至今,是香港迈向国际都会的发展时期,香港在这一时期坚持多生态保育策略,大力提升整个乡村地区的基础设施建设,进一步改善乡村生活状况。自

① 吴振兴.香港政府在乡村城市化中的作用与特点[J].中国农村经济,2001,(9):77—80.

20 世纪 50 年代开始,香港借助全球工业化和资本主义发展的东风,以及独特的地理位置优势和自由贸易港的政策优势,使得出口、制造业突飞猛进,成为了国际贸易中心。但是占香港大部分土地的乡村却发展落后,农业经济利润低,农民生活十分艰苦。为进一步提高收入、改善生活质量,许多乡村的青壮年劳动力开始走向城市。与此同时,由于自贸港政策的优势,多地外向型移民也纷纷涌入香港,使得作为城区的香港岛和九龙半岛人口激增,人地矛盾不断激化,极大地阻碍了香港的发展。为了缓解这一困境,香港政府开始实行"十年建屋计划",20 世纪 70 年代,港英当局为了获取土地,推出"丁屋政策"①,把尚未开发的新界纳入政府规划以解决城区土地不足的困境,②该时期的这些举措极大地缓解了城区的住房、人口矛盾,也进一步加剧了地区贫富分化。1973 年新界拓展署成立,香港新市镇的建设开发进程开始,香港结合经济发展需要并根据地区实际情况,借鉴英国新市镇发展的"自给自足"和"均衡发展"两大原则来规划新市镇的开发与建设。③在规划新市镇的过程中,香港坚持高标准的发展目标,遵循以下原则:第一,建设一个均衡发展、自给自足的社会,以满足居民的基本需要;第二,提供不同类型的住宅、就业机会、购物场所及各种设施;第三,建设一个便于居民融洽相处、有强烈归属感的社区;第四,为居民日常工作、学习、生活提供方便及必要的交通设施;第五,高效率地运用资源;第六,建设切合香港实际、具有吸引力的新市镇。在具体的实施过程中,新市镇的土地部分来自劈山填海,并且按照新市镇划定的范围在周边建设绿化带,完善居民基础设施建设,经过了三个阶段的新市镇开发建设,为占当时香港总人口 42% 的 180 多万新市

---

① "丁屋政策"是 20 世纪 70 年代,港英当局为了征用土地,规定年满 18 岁,父系源自 1890 年代新界认可的乡村男性原居民,每人一生可申请一次房屋权,即认可范围内建造一座最高三层(上限为 8.22 米高),每层面积不超过 700 平方呎的丁屋,无需向政府缴付地价,允许符合条件的居民在乡村建设房屋。
② 君都.新界土地博弈[J].沪港经济,2014,(8):46—47.
③ 李蓓蓓.香港的新市镇建设论析[J].华东师范大学学报(哲学社会科学版),1996,(3):43—47.

民提供了居所。20 世纪 70 年代初期,第一阶段新市镇计划拓展了荃湾、沙田和屯门这三个新市镇;70 年代后期,第二阶段新市镇计划建成了大埔、粉岭、上水以及元朗四个新市镇;第三阶段新市镇计划于 80—90 年代开始,发展了将军澳、天水围和东涌三个新市镇。九个新市镇的建成使得香港的空间结构从之前的以九母城为单中心周边延伸转向多核心发展,形成了母城—新市镇—墟镇①的"三级城镇体系"。新市镇计划利用获得的大量土地,兴建了大量的廉租房和商品住房,既带动了当地房地产经济的发展,也推动了城乡一体化的进程,吸引了大量市民向九大新市镇搬迁,到 2010 年,47%的香港人口分布在九大新市镇,极大地扩张了香港城市的范围,城区面积不断扩大、人地矛盾有效缓解为香港发展工业促进转型、优化经济结构提供了重要契机。加工制造业逐渐从传统市区搬迁到新市镇,传统市区则更集中于发展金融服务业。对于新市镇而言,产业的搬迁提供了新的就业机会,使其吸引力不断增加,这在一定程度上推动了新市镇的经济发展。

二是坚持生态理念,保护乡村历史文化遗产,促进可持续发展。在香港不断发展工业化与城镇化的过程中,乡村被动地卷入这一浪潮,20 世纪 70 年代,随着新市镇的开发,由于乡村经济发展缓慢,许多年轻人纷纷迁往新市镇,大量的乡村劳动力流失,进而造成乡村种植业、渔业等产业经济逐步下降,粮食产量从 1970 年的 19 000 余吨锐减到 1979 年的 350 吨。同时,由于海外贸易以及水质污染案等原因,滨海地区渔业和盐业也逐渐下行,以此为生的滨海村落的经济也受到负面影响,人口外流,物质景观逐渐衰败②。人口的不断迁移也使得乡村的文化逐渐被淡化,宗教、祭祀、方言、特色习俗等在城镇经济快速发展的过程中面临着消失的危险。20 世纪 70 年代,在推行新市镇建设的过程中,港英当局坚持绿化与生态保护并重,将占香港面积约 40%的乡村地区列为郊野公园,并通过立法加以严格保护。同

---

① 墟镇即由传统集市发展而来的小城镇,新市镇计划有效加速了香港的城镇化进程。
② 李晨曦,何深静.后生产主义视角下的香港乡村复兴研究[J].南方建筑,2019,(6):28—33.

时，在新市镇规划中加强休闲设施建设和绿化覆盖。例如，《香港规划标准与准则》规定，休憩用地不得少于每人 1 平方米，静态休憩用地的 85％须栽种花木，其中 60％的土地须种植大树。这些人性化的规划和措施，为新市镇居民创造了更为适宜的居住环境。为了保护乡郊生态资源在城市化过程中免遭破坏，优化城市的环境质量，使市民获得更多清新自然的休闲游乐场所，港英当局在 1976 年制定了《郊野公园条例》，先后划定了 23 个郊野公园和 15 个特别保护区，面积达 400 平方公里，遍布全港各处，其范围包括风景宜人的山岭、丛林、水塘和海滨地带，如大帽山、八仙岭、马鞍山、狮子山、西贡半岛、城门和大榄植林区、石梨贝水塘区及大屿山等。①香港的乡村文化保护也有值得借鉴的经验，政府在规划建设中尽可能保留具有本土特色、历史价值的建筑，对于可能造成的威胁也及时征询当地居民的意见。1989 年港英当局发布了《乡郊规划及改善策略》，对不同的乡村因地制宜、对症下药，一一进行保护发展，其中主要包括由社会精英组织推动保护的荔枝窝（Lai Chi Wo）、村民自发保护的盐田仔（Yim Tin Tsai）、零碎型保护的大澳村（Tai O Village）、乡村绅士化的南丫岛（Lamma Island）。荔枝窝在银行赞助下，高校、实验室、协会共同规划发展方案，在保护粮食安全的前提下，发展生态农业以提高农业收入，保护香港乡村文化遗产——客家文化，提供城乡差别的生活方式吸引城镇居民前来游玩体验乡村绿色生活，开发生态旅游项目，通过"去农业化"乡村逐步向旅游业、生态农业、房地产业等多元化发展。盐田仔是一个集体信仰宗教的村落，在同客家文化磨合的过程中形成了独特的文化、村民作为盐田复兴发展的忠实支持者与坚定践行者，在自发组织保护的过程中深度挖掘本地特色的客家和宗教文化，突出保护现有特色资源，其中圣约瑟教堂还曾获得联合国教科文组织亚太区文物古迹保护杰出项目奖。村民在配合传统自然的生态风貌中，进一步发展村庄旅

① 吴振兴.借鉴香港政府推进乡村城市化的成功经验[J].特区理论与实践，2001，(10)：62—64.

游业,筹建游客中心,设置多样化的旅游项目接待观光团体,如生态农业以及盐业示范区等。大澳村曾是主要的军事要塞和渔盐产地,有着独特的水上疍家文化、特色建筑高跷屋,渔村文化博物馆是其发展的特色旅游资源,由此所发展的旅游产业也带来了较好的经济效益。但政府规划发展方案同村民的发展诉求不一致,存在着较大的分歧,这导致大澳村的复兴策略是零碎的,并不能满足当地旅游产业发展的需要,村民自发建立的产业也因为缺乏政府支持,发展态势较差,政府与村民之间的分歧使得当地缺乏一个长期可持续发展的方案,这严重影响着大澳村的良性发展。在新市镇发展过程中,南丫岛的居民大量外迁,经济衰落,1990 年后随着岛内基础设施的不断完善,许多中产阶级被岛上良好的生态环境以及舒适的生活状态所吸引迁来此地,并逐渐成为该岛的主要居民,呈现出乡村绅士化的发展趋势①。总体而言,香港在发展乡村的过程中主要依靠本土居民或民间力量,政府职能因资本逐利逻辑,在执行过程中相对较为薄弱。

(三) 香港城乡发展的主要特点

一是突出规划引领,整合城乡发展。政府专门成立了新界拓展署,全面负责新市镇的建设规划方案和市镇建设,保障新市镇的建设规划和建设进度如期实现。新界拓展署后来又与市区拓展处合并形成新的拓展处,并在大部分新市镇都设立下属部门,保障政策贯彻落实。同时政府其他部门也积极参与相关的工作,如规划署负责制定规划,地政署负责征地赔偿,房屋署负责建房,运输署负责建设道路。除此之外,香港政府还设立专项拨款,用于发展城乡一体化建设。

---

① 乡村绅士化是英国学者帕森斯(Parsons)在对英国乡村居民的观察研究中提出的概念,主要指城市中产阶级搬迁至乡村寻求居住和休闲空间,导致原住村民的搬迁,从而造成了乡村社会阶层结构改变的现象。Parsons D. Rural gentrification: The influence of rural settlement planning policies(Research Paper No.3)[D]. Brighton: Department of Geography, University of Sussex, 1980.

二是强调立法推动乡村城市化进程。港府对推动资源开发制定了一系列的政策法律文件，包括《城市规划条例》《郊野公园条例》《野生动物保护条例》《古迹受保护建筑物条例》《环境影响评估条例》等，为市政建设规划、土地使用、水源利用、乡村房屋建设、生态环境和历史文化遗产保护提供了指导依据，使乡村城市化进行有法可依。

三是注重生态保护理念，打造"花园城市"。在新市镇的建设过程中，充分重视乡村环境，专门设立《乡郊规划及改善策略》，对新界 600 多个村庄进行整体规划，大型基础社会建设和小型工程建设相结合，对乡村的水网污水设施改造、河道清理、花园游乐设施、康乐设施、农地灌溉和田地排水工程等进行持续投入，基本上平均每个村有一个以上的工程项目，大大改善乡村人居环境。在开阔的乡郊里有村落、农田、自然森林、风景区、溪流和水塘、海岸与海滩。不论从山巅下瞰，还是由海边远眺，均可见山水相连，风光如画。

四是加强城市化管理，充分吸纳乡村民间组织参与政策执行。为保障乡村建设进程，民政署专门成立了由一个督导委员会和 9 个新界地区工作小组组成的两层行政机构，并积极吸纳新界乡议局、乡事委员会和新界各区议会议员参与，拓展了政府行政管理的公众参与面，化解了基层群众矛盾，确保新市镇建设的顺利进行。①

（四）香港自贸港建设的主要经验

一是高度重视法治建设，为经济市场正常运行提供法律保障。在香港的成文法中，经济法约占 45%，建立较为完善的自由竞争规则，为实现真正的市场自由、公平竞争提供了法治保障。在市场主体方面有一套较为完善的国际法律制度体系，在产权制度、会计审检制度、信用制度及信息披露等

---

① 李晨曦、何深静.后生产主义视角下的香港乡村复兴研究[J].南方建筑，2019，(6)：28—33.

制度方面健全,可有效保护私人财产权。在经济行为中,仲裁是解决商业纠纷常用的方法,市场主体可以在法庭外采用双方协商、第三者调解以及仲裁等方法解决。在香港,仲裁程序适用《仲裁条例》,该条例包含两个明显不同的制度,即本地制度以及国际制度。

二是"小政府"运作管理经济发展。香港有十几个半官方贸易机构,其中香港贸易发展局负责统筹和策划整个出口拓展工作,香港出口信用保险局也是贸易促进的重要机构,它为香港出口商提供出口信用保险服务。此外,香港有200多个工商团体,包括综合性商会(如香港总商会、香港中华厂商联合会)、行业商会(如香港制农业总商会)和外商团体(如美国商会)等,这些工商团体起着联络同业、传递信息的作用。

三是香港实行简单低税率政策,税种少,税率低。香港对进口货物不征收关税(特殊货品除外),不设增值税和营业税,境外所得利润也不纳税。公共财政收入主要来源有差饷、地租、博彩税、遗产税、印花税、利得税、薪俸税和物业税。差饷是指预期物业全年可得的合理租值,当前差饷征收率为5%;地租是在新土地契约的批租年期内或无续期权的土地契约的续期年期内向政府缴纳的租金;博彩税是向赛马博彩、合法足球博彩的投注所得毛利以及六合彩收益征收的税项;遗产税是对身故者在香港遗下财产征收的税项,但自2006年2月11日开始,香港取消遗产税,即在该天或之后去世的人士的遗产无须缴付遗产税;印花税指涉及不动产转让、租约及股份转让的各类文件须缴纳的税项;利得税指向香港企业征收经营所获得利润的税项,税率分别为16.5%(适用于有限公司)和15%(适用于非有限公司);薪俸税是指在香港产生的入息征收的税项,按累进的税率计算;物业税是向香港土地业权人及楼宇业主征收的税项。

四是城乡协同发展,村镇规划与市镇发展并行。香港在发展的过程中不只是重视城区发展,在拓展新市镇的过程中,把城市与乡村联合起来作为整体进行规划,突出政府在乡村发展的主导作用,与民间、社团组织相互配合,因地制宜,发展个性化的乡村复兴战略。

五是吸引和培育人才。香港经济的持续发展归功于各行各业的高端精英人才。香港特区政府不仅制定了吸引金融、服务贸易、科技等领域的外来人才政策,还通过加大培训资源和政策措施培育本地人才,特别是增加航空、海运、铁路、金融、建造和城市管理等方面的培训投入,为香港经济的高质量发展提供人才支撑。

三、其他自贸港发展模式

(一) 迪拜模式

迪拜位于中东地区的中央,面朝波斯湾,背靠沙漠,面积约为 4 114 平方公里。位于东西方交流的咽喉要道,连接着欧洲、亚洲和非洲,是亚非欧三大洲交接的西亚地区中心。以迪拜为中心,4 小时航程能辐射中东大部分地区和南亚次大陆,8 小时航程能覆盖亚非欧三大洲主要地区。迪拜瞄准其独特的区位优势,注重充分发挥交通运输设施基础性作用,并将港口、机场列为重中之重,[①]优越的地理位置为其成为中东最大的自贸港提供了便利。1985 年,迪拜港自由贸易港区正式建立,包括港口与自贸区,面积135 平方公里,其长期发展目标是建设成为全球型航运枢纽。在自由贸易港划定区域内,迪拜政府设置了有多个主题明确、功能细分的自贸区,到目前为止已有 30 多个,涵盖工业和物流等多个领域,如杰贝阿里自贸区(Jebel Ali Free Zone)、迪拜机场自贸区(Dubai Airport Free Zone)、迪拜世界中心(Dubai World Central)、迪拜多种商品交易中心(Dubai Multi Commodities Centre,DMCC)和迪拜朱美拉湖塔自贸区(Jumeirah Lakes Towers Free

---

① 陈伟强.迪拜自贸区的发展特色[J].群众,2022,(6):67—68.

Zone，JLT Free Zone）；在传媒领域，有迪拜科技与媒体自贸区（Dubai Technology and Media Free Zone）、迪拜媒体城（Dubai Media City）、国际媒体出版自贸区（International Media Production Zone）、迪拜影视城（Dubai Studio City）；在信息与通信技术领域，有迪拜网络城（Dubai Internet City）、迪拜外包城（Dubai Outsource Zone）、迪拜硅谷（Dubai Silicon Oasis）；金融如，迪拜国际金融中心（Dubai International Financial Centre）、迪拜珠宝城（Dubai Gold and Diamond Park）；在航空领域，有迪拜世界中心（Dubai World Central）、迪拜机场自贸区（Dubai Airport Free Zone）；在教育领域，有迪拜国际学术城（Dubai International Academic City）、迪拜知识村（Dubai Knowledge Village）；在科技领域，有迪拜生物科技园（Dubai Biotech Research Park）、能源与环境园（Environment and Energy Park）等。自20世纪70年代起，迪拜政府就高度重视港口与机场的建设，各式各样的自贸区中机场与港口林立，且继承港口之间距离短，形成了空港一体化的发展优势。

迪拜自由贸易港是在不断总结经验的基础上发展壮大的。1966年，迪拜通过法塔赫石油，积累了第一桶金，由于其石油储量少，政府在石油发展的巅峰时期就开始产业转型，依托其优越的地理位置开始转向中转贸易和港口建设。1971年，迪拜建成拉希德港、杰贝阿里港以及阿勒马克图姆机场，形成了"航运、空运＋自由贸易"的发展基础，再加上地理位置的加持，迪拜迅速发展成为中东地区的进出口以及转口贸易中心，承担着中东地区超过一半的货物运转量。1985年，迪拜政府投资1 000万美元建立阿联酋航空，在创造航运收入的同时也为外国游客去往迪拜提供了极大的便利，促进了迪拜旅游业的发展。迪拜政府借鉴世界自贸港建设经验，建立了许多不同功能的自由贸易区，并制定一系列利好优惠政策来吸引全球的高新技术企业及资金投入。21世纪伊始，迪拜就成立了不受外汇管制的金融市场，资本兑换的便利化使其跃升为全球交易枢纽。2013年，阿联酋政府发起了

"智能迪拜"计划,重金打造硅谷绿洲园区。如今已经有 6 000 多家公司入驻硅谷绿洲,涉及电信、生物技术、工程、航空航天、新能源、石油和天然气等众多行业。

阿联酋于 1991 年正式设立了迪拜港务局这一管理机构,归迪拜政府所管辖,将港口、自由贸易区、海关三者合并统一进行管理,坚持政企结合、统一管理的治理模式。一方面坚持政府的领导,另一方面又作为独立港口发展经营。因此,它既有地方政府机关的职能,又有企业运作的性质。这一管理体制既体现了迪拜港的需求与定位,又结合了国内的实际情况。迪拜港务局负责迪拜的拉什德港和杰贝阿里港的港口运作以及杰贝阿里港自贸区的管理,也负担上述功能区的基础设施建设和港口发展工作,对外执行政府职能,对内管理加工区的具体事务。

迪拜自贸港建设的主要经验有如下几点。一是引导高端产业集聚。在积极推进基础设施建设的基础上,迪拜实施一系列贸易投资便利化举措,逐步成为吸引海外资本、技术、人才的价值"洼地"。目前,迪拜自贸区中有 8 个自由贸易区,分别为杰贝阿里自贸区、迪拜机场自贸区、迪拜网络城、迪拜媒体城、迪拜珠宝城、迪拜汽车城、迪拜知识村和迪拜五金城。这些特色的自贸区形成了产业集群效应,为迪拜经济转型提供了强劲的动力。其中,杰贝阿里自贸区为迪拜贡献了超过 30％的 GDP,吸引众多世界五百强企业坐落于此,是当地乃至整个中东地区最大的自贸区。迪拜为企业提供的政策环境极具吸引力,以杰贝阿里自贸区为例,自贸区允许区内外资企业100％独资,资本、利润可 100％随时汇出境外,货币可自由兑换;企业开业50 年内免除公司所得税,在自贸区内储存、贸易、加工、制造货物均不征税,企业进口生产所需的机器、设备、零件等一律免征关税;海关通关手续简便,进出口手续、签证 24 小时内可办理完成;办理投资审批手续 7 天内完成。此外,还有跨国招工不受限制、可用自有地产进行银行抵押或为公司融资等特别优惠政策。通过这些政策,迪拜自贸区成为高科技、互联网、生物医药等产业的理想投资地。①二是自由贸易区内实行自由便利的贸易政策。在杰贝阿里和机场自由贸易区进出口货物免征关税,均实施围网管理。通过国际贸易"单一窗口",企业可在 7 小时内完成货物通关。三是优化完善社会治理。尊重不同宗教信仰,注重保护生态环境。提供优质公共服务,建立高效完善的住房、医疗等保障体系,为外来人员提供优质生活发展环境,健全完善法治体系,迪拜各自由贸易区享有高度自由的立法权。迪拜国际金融自由区甚至享有民商事立法权和司法权,参照英美民商法制定相关法规,设立金融服务局对区内金融企业进行监管,并设立独立的法院和仲裁庭,成为英美法司法管辖区。②四是推行"1+N"模式,即 1 个自贸港加多个特色产业城相结合。这些特色的自贸区在同自贸港融合发展的过程中各自发挥着不同的作用,来激发各类市场主体活力,其中杰贝阿里自由港定位为低投资、低运营的工贸结合型自由贸易试验区,专注于物流供应链管理和制造加工再出口等相关业务,在世界范围内率先实现了贸易便利化的功能。杰贝阿里自由港设有物理围栏,目的是进行区域监管(包括海关特殊监管区监管)。而各个独具特色的产业城,可以发挥人才、资本、技术集聚的作用,实现特色产业的快速发展。③五是迪拜港实行政企合一的管理体制。一方面,迪拜港隶属于地方政府,港口码头的建设、空港的修建和开发、港口土地出租等基础设施建设工作和港口发展等事务皆由政府管辖。为此,1991 年5 月,迪拜成立了迪拜港务局,对拉什德港、杰贝阿里港以及杰贝阿里自贸区进行统一管理。迪拜自贸区实行自由港、海关、自贸区"三位一体"的管理模式,港口内海关、银行、公安等机构均统一管理、统一办公,分工十分明确且流程高效。进出口手续和签证的审批在 24 小时内即可办理完成,投资审

---

① 陈伟强.迪拜自贸区的发展特色[J].群众,2022,(6):67—68.
② 陈浩.中国特色自由贸易港研究[D].中共中央党校,2020.
③ 胡方.国际典型自由贸易港的建设与发展经验梳理——以中国香港、新加坡、迪拜为例[J].人民论坛·学术前沿,2019,(22):30—37.

批流程也仅需 7 天。另一方面,政府设立了如杰贝阿里自贸区管理局等政府性质的服务机构来承担招商、服务和管理工作。①

(二) 韩国模式

韩国位于朝鲜半岛南部,三面环海,西濒临黄海,东南是朝鲜海峡,东边是日本海,北面隔着"三八线"非军事区与朝鲜相邻。韩国的国土面积约 10 万平方公里,拥有 170 万公顷的耕地。20 世纪 60 年代以来,韩国政府实行了"出口主导型"开发经济战略,创造了被称为"汉江奇迹"的经济高速增长期,并跻身"亚洲四小龙"之一。韩国是一个资本主义发达国家,是亚太经合组织、世界贸易组织和东亚峰会的创始成员国,也是经合组织、二十国集团和联合国等重要国际组织成员。截至 2022 年 6 月,韩国总人口约 5 200 万。人多地少,农业发展缺乏比较优势。

20 世纪 60 年代,韩国开始优先发展工业化,将全国的优质资源向工业倾斜,在 30 年的时间里跻身新兴工业化国家之列。当工业发展取得瞩目成就时,韩国的农业农村发展也出现了一系列困境,如农业产业发展困难重重、城乡收入差距不断扩大、农业体系不完善、农村劳动人口流失等问题不断凸显。为了解决工业与农业发展不均衡,稳定社会秩序,促进经济体系良好与运行,韩国政府积极调整发展战略试图振兴农业、发展农村。1958 年,韩国开始实践地区社会开发事业(community development program),1960 年发展示范农村建设事业,到了 20 世纪 70 年代推出新村运动,80 年代以后开始以区域性开发为主,进入 90 年代,韩国政府的农村建设事业逐步迈入法制化的道路。这一时期也掀起了归农归村潮。其中尤以新村运动最为突出,它是 20 世纪 70 年代时任韩国总统朴正熙亲自推动的一次自上而下的运动,并成立了"中央新村运动咨询与协调委员会",为新村运动制定

相应的政策、制度,此后历届政府都高度重视新村运动,把它作为振兴韩国乡村的重要工程。

韩国新村运动大致可以分为五个阶段。第一个阶段为1971—1977年,新村运动发展初期,政府主导新村发展规划,加大乡村投入力度,乡村在政府的带领下积极修路建房、改善乡村基础设施,为乡村村民生活提供便利,改善村民的生活居住条件。同时对于生产资料进行技术升级,提倡农业技术应用。在具体的执行过程中,建立新村竞争机制,由政府根据乡村发展情况进行评判,对表现优秀的村庄给予更大的支持,来激励各地区的发展积极性。第二个阶段为1978—1985年,即新村运动的拓展期。这一时期,韩国政府在实现粮食供应自给自足的基础上,进一步调整发展目标,迈向农业产品市场化改革。政府鼓励乡村种植经济作物,在良种肥地的基础上加强农业中的科技含量,鼓励农业机械化发展,提倡集体协作,推广高新技术,鼓励乡村创办工厂带动就业,农民的收入水平得到显著提高,农村经济也开始向好发展。同时,为更好地解决乡村发展中的问题,政府主动下沉一线,选派干部进村对乡村的发展存在的问题进行具体指导,在体制机制上,政府出台相关政策制度,建立新村运动研修院,注重乡村本土人才培养。第三个阶段是1986—1998年,即城乡差距缩小期。这一时期,政府为进一步缩小城乡差距,鼓励新村运动以乡村为主题,弱化政府的主导作用,鼓励乡村积极发展产业,进一步提高畜牧业、渔业的科技含量,将以往的粗放型农产品经济的产业链进一步延长,发展加工产业,推动韩国的农产品市场同世界接轨。第四个阶段为1998—2007年乡村高质量发展阶段。这一时期,韩国农业的生产率逐步提高,但由于过量使用化学品,土地等生态环境被破坏,对可持续发展造成严重的阻碍。政府开始在发展农业的过程中重视环境保护,发展环境友好型农业。同时加强与乡村民间组织的协作,乡村发展从政府主导慢慢转变为以乡村组织为主。在全国设立私营部门,与政府的职责相互协调,提倡多元化经营,推动农业产业结构转型,进一步缩小城乡居民生活水平的差距。第五个阶段为 2008 年至今的乡村整体振兴期。随着乡村建设的不断深入,乡村文明、道德建设不断加强,生态环境不断优化,乡村休闲旅游的开始兴起,韩国政府开始鼓励乡村通过发展旅游业来进一步振兴,进行旅游分级,鼓励当地居民开展乡村特色游等项目,推动乡村经济社会发展,形成城乡协同发展的新模式。

韩国政府在逐步推进乡村建设发展的过程中,结合民众需求以及实际情况不断完善新村运动,探索出许多值得借鉴的实践经验。第一,改善乡村生活人居环境,调动农民参与积极性。新村运动从乡村发展的实际出发,积极兴建公共道路、地下水管道、乡村交通、河道桥梁等基础设施,无偿发放物资给村民用于改善乡村人居环境,提升农民整体生活质量。同时导入竞争机制,激励每一位村民加入乡村建设,进一步增强了乡村凝聚力。新村运动计划通过改善乡村基础设施环境发展到提高生活质量,积极鼓励村民发展生产,不仅改变传统的农业生产方式,推广水稻新品种,增种经济类作物,建设专业化农产品生产基地等,还出台了"农户副业企业"计划、"新村工厂"计划以及"农村工业园区"计划等优化了乡村农业产业结构,大幅度提升了农民的收入生活水平。在乡村社会组织方面,培育和发展互助合作型的农协,为各类农户提供专业服务和生产指导,进一步促进乡村振兴。从实施结果来看,新村运动不仅改变了韩国落后的农业状况,使乡村重新焕发了活力,加快了韩国农业现代化的进程。

第二,加强农民技能培训,提升农民素质。为推广农业技术下乡,提升农民技能水平。韩国在实施新村运动的乡村都设立了村民会馆,用来举办各类农业生产技术培训、进行乡村集体议事,村民会馆收集了包括农业生产统计资料和农业收入统计资料在内的各种统计资料,还经常向村民展示本村发展计划和蓝图。在村民会馆组织的各种活动中,农民不仅通过各种实况展示和社会实践亲身参与村集体的民主决策,还学会了与各级政府同心协力、共同改变农村,进而加强了实现农村现代化的实践能力①。同时,政府在各个乡镇和农村的村民会馆开展各类文化活动,如国民精神教育活动,提高乡民的知识文化,培育"务农新人"和"营农新人",创造性地让农民自己管理乡村和建设农村,进一步激发农民的参与性和积极性。在培训内容方面,不仅加强农业相关技能的培训,还增加了关于提高农村居民的道德素质的相关培训,鼓励农民通过艰苦奋斗来创造美好生活,培育坚持诚信、节俭与合作的优良品德。积极引入高等院校的智力资源,指导农村发展规划,帮助村民解决农业过程中的问题。鼓励地方政府创办农村职业学校、加强普法宣传,培育乡村技能带头人。新村研究院的建设就是一个典型的案例,它针对各个新村的指导者进行教育培训,教育内容突出问题导向,以掌握实际技能和提供解决方案作为主要目的。实务教育的内容主要包括新村事业课程、成功案例教育、实地考察等,它通过现场教学,使村庄指导者学习合理经营村庄事业的综合技能,培育他们积极进取的精神、自助精神和企业家精神。新村研修院提倡的"现代化教育"理念非常重视经验分享和成功案例交流,在研修培训过程中,有半天或是一天的日程安排现场考察学习,甚至也有落后村庄的指导者到发达村庄指导者家中,同吃同住一周,现场观摩发达村庄的事业开展情况,这种实习性质的教学帮助学员在一线操作中彻底掌握解决问题的方法。②

第三,建立完善的组织结构和运行机制,实现体制化、规范化管理。新村运动坚持以政府为主导,以农民为发展主体,干部服务于农民,在全国形成一套有效的机制。通过各地区的共同努力,促进传统农业以及农业经济的改造升级。韩国政府提出了一系列有关乡村治理的奖惩措施:奖勤罚懒、

① 陈昭玖,周波,唐卫东,等.韩国新村运动的实践及对我国新农村建设的启示[J].农业经济问题,2006,(2):72—77.
② 韩道铉,田杨.韩国新村运动带动乡村振兴及经验启示[J].南京农业大学学报(社会科学版),2019,19(4):20—27,156.

激励基层干部、强化建设责任等。在重视集体协作精神的同时,也调动竞争意识,不同村庄间通过良性竞争来获得政府不同梯度的政策和资金扶持,最大限度地调动村民在新村发展中的积极性与主动性。在新村运动的实施机制方面,从政府主导向村民主导转变,不断培育壮大乡村社会团体组织。在韩国新村运动发展初期,主要是由中央政府自上而下的推进,设立中央协议会并制定方针政策、给予支援,市或道协议会、市或郡协议会负责方针政策的实施,邑或面协议会指导和促进各项方针政策的实施,村庄开发委员会负责具体实施各项方针政策。到 20 世纪 80 年代,韩国新村运动逐渐过渡到半官方模式,设立新村中央总部,基本组织包括会长、事务总长、事务次长和部门长,总共有总务部和教育部等六个部门和一个策划调整室,主要负责韩国新村运动的物质性援助事务。这一时期,一般农民运动团体也加入韩国新村运动中,并承担着宣传和教育事务。到 20 世纪 90 年代,新村运动逐渐过渡到民间组织形式模式,更倾向于通过各种组织和支部分会去实施具体措施,组织名称改为新村运动中央协议会,主要组织包括政策局、组织局和事业局,负责新村运动的规划和实施。2000 年以后组织名称改为新村运动中央会,在原有的基本结构框架内,增加了国际协力团和经营事业团两个附加组织,并与所属会员团体共同开展联合活动。韩国政府在新村运动过程中通过调整不同主体的分工及责任,充分调动了广大农民在新村建设中的积极性以及对于新村建设的自我意识,在与不同部门、不同主体的协同配合下取得了显著的成效。

第四,完善法律保障体系,确保新村运动持续发展。韩国新村运动非常注重法治建设,保证新村运动的平稳实施。为此,韩国政府陆续出台了一系列法律,如《农业振兴特别法》(1990 年)、《农业基本法》(1967 年)、《农地开发法》(1967 年),1975 年推出《农地扩张与发展促进法》《农村振兴法》和《农村现代化法》,1994 年制定出台《农渔业振兴计划》,同时与之相配套的《大米产业促进综合计划》《牛产业促进综合计划》《关于提高农民和渔民生活质量和促进农渔村发展的特别法案》相继出台(2004 年),进入 21 世纪后又出台了《亲环境农业育成法》《农业、农村综合对策(2003—2013)》,2005 年 15 个部委制定了《城乡均衡发展、富有活力、舒适向往的农村建设》计划,涉及四大领域、14 大主题、139 项具体实施计划。2008 年制定《关于促进都市与农村之间的相互交流法》,2015 年《农村融复合产业培育及支援法》等,这些法律制度的出台为稳定农业、农村、农民发展规划,指导三农问题提供了基本遵循,避免了政府领导人的更换导致政策的反复和不可持续,它对于开发农民土地、稳定农业农村经济社会发展起到了重要的保障作用。韩国通过完善相关法律,进一步规范乡村建设,为促进乡村产业多元化发展,建设生态优美、环境良好的农村,优化乡村经营环境,促进三产融合提供了法律保障,确保了韩国新村运动的顺利实施。

第五,培养社区精神,开发特色旅游产品,实现农旅融合。在韩国工业化的发展过程中人才的流失使得大多数乡村的传统风俗、礼仪文化等因缺乏人群基础及发展氛围,变得越来越难以继承。1967 年,韩国江原道宁越郡云鹤里每年都举行盛大的"端宗文化祭"这一民俗活动,在文化祭的活动中会有国葬仪式等表演项目,但是 2000 年以后,由于城乡发展差距,大量当地的青壮年外流,居民越来越少,这一活动难以维系。20 世纪 80 年代,政府开始推行"归农归村"政策,这一政策通过增强农村福利、投入资金支持逐渐拉近乡村与城市之间的差距,慢慢吸引了外流人员重新返村。人口的回流使得乡村传统文化再次焕发出生机。韩国以此为契机,抢救开发历史文化悠久的村庄,挖掘乡村传统民俗民风,打造类型多样的民俗村,生动再现了传统的民俗文化和地域性特色,为乡村旅游带来了新的机遇,如安东河回村、庆州良洞村、高城旺谷村、济州城邑民俗村、牙山外岩村、顺天乐安邑城等。同时,韩国依托乡村旅游文化资源,积极打造节庆文化品牌,政府根据节庆的对象、性质、举办目的、节目活动的内容、主题和资源类型的不同,可以分为很多不同的节日类型,如"蝴蝶节""泡菜节""鱼子酱节""大关岭国际音乐节""原州韩纸文化节"等,这些活动极具乡土特色,深受旅游者喜欢,韩国各地目前有约 800 个与乡村旅游相关的节庆活动。①这些民俗村不仅鲜活地展现了地域文化特色,而且为打造韩国乡村特色文化旅游提供了重要的文化资源,在国际旅游品牌战略中也极具竞争力。在乡村特色农业与旅游业融合发展方面,韩国将特色农业作为优先发展的基础,实施品牌化战略,并将其转化为旅游品牌竞争力,带动相关农产品的销售。一是将特色农产品的生产过程与乡村旅游体验相结合,把特色农产品的养殖和种植基地变成了旅游景观,吸引旅游者前来参观体验。二是将特色农产品的培育、种植和养护、管理、收割等过程变成体验项目,同时也就带动了特色农产品的销售。三是以特色农产品的展示、乡村美食、采摘游戏、水果评选比赛、亲子采摘、乡村音乐节、乡村烧烤等为依托,举办特色乡村节庆活动等吸引游客,既能丰富游客的旅游体验、提高旅游满意度,还能促进特色农产品的销售,进一步提升农民的收入水平。

---

① 漆亚莉.韩国乡村振兴的文化旅游发展路径及其对中国的启示[J].广西职业师范学院学报,2021,33(3):80—86,94.

第三章
海南自由贸易港乡村振兴的发展定位

　　2018 年,习近平总书记"4·13"讲话提出支持海南全岛建设自由贸易试验区,逐步探索、稳步推进中国特色自由贸易港建设。随即各项改革蹄疾步稳、渐次开花。2020 年 6 月,习近平总书记对海南自由贸易港建设作出重要指示,《海南自由贸易港建设总体方案》适时出台,世界瞩目。这是我国在改革开放 40 多年的实践经验基础上,推动构建全球更加开放、公平的世界经济新秩序的重要试验平台。同时,海南自由贸易港建设也是习近平新时代中国特色社会主义思想统筹"五位一体"总体布局和推进"四个全面"战略部署的重要举措,是全面深化改革、坚持和完善中国特色社会主义市场经济体制改革的重要内容。站在海南自由贸易港建设新的历史起点上,我们肩负着更大的责任和使命,要始终高举习近平新时代中国特色社会主义思想旗帜,着眼国际、国内两个大局,坚持制度创新和风险防控并举,凝心聚力、精心打造中国更高水平的开放高地,争创中国特色社会主义的生动范例。

一、自贸港政策的缘起及演变

　　自由贸易港最早可追溯至 16 世纪的欧洲。以欧洲泰尔自由贸易港为雏形,1547 年意大利热那亚湾的雷格亨港首次以"自由港"命名,其主要功能为扩大贸易往来。随着欧洲的殖民扩张,开始在世界各地建立国际自由贸易港,如新加坡和中国香港等。第一次世界大战后美国为提高其国际贸易地位,开始建立自由贸易港,第二次世界大战后国际货币基金组织、关税及贸易总协定和世界贸易组织的建立,大大促进了发展中国家积极建立出口加工型自由贸易港。从自由贸易港的功能演变来看,其主要功能从单一的转口贸易向多功能的工商业型转变。从货物储运、交易和转运业务向贸易、工业制造、科技研发和服务于一体的多元综合功能转变,区位上从沿海海运、河运港口向空港内陆逐步延伸,随着数据技术的不断发展,未来自由贸易港呈现出信息化、网络化和港城一体化发展的趋势,并逐步成为集生产、生活于一体的自由贸易港城市圈。

中国最早考虑建设自由贸易港始于 1983 年。随着改革开放的不断推进,邓小平在福建视察时提出可以在厦门探索建立自由贸易区,时任福建省委书记宋德福提出建设以"货物自由进出、人员自由往来、货币自由兑换"的自由港,国务院同意在厦门逐步实行自由贸易港的某些政策。2001 年,我国正式加入世界贸易组织,2002 年,上海较早提出建立洋山自贸港的初步设想,2006 年海关总署定义保税区、出口加工区、保税物流园区、跨境工业园区、保税港区和综合保税区等六类海关特殊监管区;2008 年国务院开始对六类区域进行整合,将具备条件的保税区转型为保税港区或综合保税区。党的十八大以后,我国进入了自由贸易区和自由贸易港建设的发展新阶段,2013 年开始自由贸易试验区建设,先后批准了上海、广东、天津、福建、辽宁、浙江、河南、湖北、重庆、四川、山西、海南、山东、江苏、广西、河北、云南、黑龙江 18 个自由贸易试验区,2020 年 9 月,国务院又新增了北京、湖南和安徽,使全国自由贸易试验区总数达到 21 个。党的十九大报告明确提出探索建设自由贸易港,系统回答了新时代要不要开放、要什么样的开放,以及如何更好推进开放的重大命题。2018 年 4 月 13 日,在海南建省办经济特区30 周年大会上,习近平总书记指出,"党中央决定支持海南全岛建设自由贸易试验区,支持海南逐步探索、稳步推进中国特色自由贸易港建设,分步骤、分阶段建立自由贸易港政策和制度体系"。2020 年 6 月 1 日,习近平总书记对海南自由贸易港建设作出重要指示,《海南自由贸易港建设总体方案》正式对外公布,方案明确了自由贸易港建设的时间表和路线图,紧紧围绕如何建设自由贸易港进行阐释,突出制度集成创新与风险防控底线,确定了海南自由贸易港建设的目标、功能定位、制度设计和组织保障,试图将海南打造成引领我国新时代对外开放的鲜明旗帜和重要开放门户。2022 年,党的二十大报告提出加快建设海南自由贸易港,实施自由贸易试验区提升战略,扩大面向全球的高标准自由贸易区网络。

二、海南自由贸易港建设的核心内涵与意义

(一) 海南自由贸易港建设是党中央着眼"两个大局"的制度设计

海南自由贸易港作为中国最高水平的开放平台,是党中央统筹国内国际两个大局,立足当前、着眼未来、审时度势作出的历史性战略决策。它区别于全国其他自由贸易试验区,既是习近平新时代中国特色社会主义思想统筹"五位一体"总体布局和推进"四个全面"战略部署的重要举措,又是全面深化改革、坚持和完善中国特色社会主义市场经济体制改革的重要内容。它是中国在改革开放 40 年来的实践经验基础上,推动构建全球更加开放、公平的世界经济新秩序的重要实践。

从当前国际背景来看,世界经济全球化趋势受到以美国为首的贸易保护主义逆流的冲击,新旧动能转换加速,世界经济格局面临着新的结构关系重塑,同时由于全球新冠疫情的影响,世界经济增速下滑趋势明显。但随着数字经济时代的来临,服务贸易、数字贸易等新兴贸易形态的形成,世界经济的国际分工和资源要素配置呈现出深度融合的发展趋势,对处于全球产

业链中心的中国既面临着对接国际高标准的贸易规则的要求,又有主动参与国际经济新规则制定的需要。从国内环境来看,随着我国市场经济体制改革的不断深入,以创新驱动培育经济增长新动能,实施供给侧结构性改革,加速经济的转型升级,提升经济发展的质量成为中国经济发展的内在要求。在"一带一路"倡议的具体推进过程中,中国统筹国际、国内两个大局,加速融入世界经济体系,联结起以美欧为核心的发达经济体和以中国为核心的发展中国家经济体的双循环世界经济体系。中国成为连接发达经济体与亚非拉等发展中国家经济体之间的重要枢纽,而海南自由贸易港建设正是联结国际、国内两个市场的重要试验平台,是以加强国际生产要素流通和资源配置优化为目标、探索构建世界开放型经济社会发展的改革先行区。

党的十九大报告明确提出探索建设自由贸易港,系统回答了新时代要不要开放、要什么样的开放,以及如何更好推进开放的重大命题。十三届全国人大三次会议明确提出稳步推进海南自由贸易港建设,加快自由贸易港法的立法进程,2020 年 5 月,习近平总书记针对海南自由贸易港建设作出重要指示。《海南自由贸易港建设总体方案》(以下简称《总体方案》)顺势出台,为新时代海南自由贸易港的建设指明了具体方向和实践路径。它对标国际高水平经贸规则,聚焦贸易投资自由化便利化,以打造新时代对外开放的鲜明旗帜和重要开放门户为目标。明确了海南自由贸易港建设的制度设计和分步骤分阶段实施安排,从总体要求、制度设计、分步骤分阶段安排和组织实施进行了深入阐释,涵盖了指导思想、基本原则、发展目标和实施范围。其中制度设计涵盖了 11 个部分、39 条制度创新,分步骤分阶段安排了自由贸易港建设的时间表和任务图,并把坚持党的领导作为自贸港建设必须坚持的基本点。

(二) 海南自由贸易港建设的总体原则和核心要义

海南自由贸易港建设的实施范围为海南岛全岛,它的总体目标是到

2025年,初步建立以贸易自由便利和投资自由便利为重点的自由贸易港政策制度体系。营商环境总体达到国内一流水平,市场主体大幅增长,产业竞争力显著提升,风险防控有力有效,适应自由贸易港建设的法律法规逐步完善,经济发展质量和效益明显改善。到2035年,自由贸易港制度体系和运作模式更加成熟,以自由、公平、法治、高水平过程监管为特征的贸易投资规则基本建立,实现贸易自由便利、投资自由便利、跨境资金流动自由便利、人员进出自由便利、运输来往自由便利和数据安全有序流动。营商环境更加优化,法律法规体系更加健全,风险防控体系更加严密,现代社会治理格局基本形成,成为我国开放型经济新高地。到21世纪中叶,全面建成具有较强国际影响力的高水平自由贸易港。

《总体方案》的总体原则,一是坚持高起点谋划、高标准建设,学习借鉴国际自由贸易港的先进经营方式、管理方法和制度安排,加强制度集成创新,形成具有国际竞争力的开放政策和制度,促进全球生产要素的流通和资源配置的优化,建立起适用于国际经贸规则和通行惯例的制度体系,推进世界经济合作领域的制度融通和体制畅通,将海南自由贸易港打造成我国深度融入全球经济体系的前沿地带。

二是坚持中国特色,立足海南实际。海南自由贸易港是中国特色的自由贸易港,既要具备自由贸易港的基本要素,更要体现中国特色,遵循社会主义制度。要把党的集中统一领导贯穿于海南自由贸易港建设的全过程,要充分发挥党统揽全局、协调各方的作用。坚定不移地走中国特色社会主义道路,在基本制度层面和意识形态领域绝不能逾越"红线",要坚持以人民为中心,培育和践行社会主义核心价值观,持之以恒正风肃纪。同时要立足海南发展实际,必须扬长避短、有所为有所不为,紧密结合海南的自由调节和现实基础,立足"三区一中心"①发展定位,打造以旅游业、现代服务业和

---

① "三区一中心"指海南自由贸易港的战略定位是全面深化改革开放试验区、国家生态文明试验区、国际旅游消费中心和国家重大战略服务保障区。

高新技术产业为龙头的产业格局衍生圈，引进全球高端生产要素，打造具有国际竞争力的开放型生态型服务型产业体系。

三是坚持改革创新与底线思维并重。海南自由贸易港建设是全面深化改革的具体举措，需要进一步解放思想，突破旧观念、旧体制，对涉及贸易、投资、金融、税收、人才等多领域的法律法规和制度规则进行创新。在改革过程中，要下大力气破除阻碍生产要素流动的体制机制障碍，深入推进商品和要素流动型开放，把握好改革、发展、稳定的关系，促进各项改革相互配合、相互协调。同时要坚持底线思维，统筹安排好开放的节奏和进度，坚持在"管得住"的基础上再"放得开"，在重大政策出台前，要做好风险防控和压力测试，既要堵住监管漏洞，又要建立以法治手段、市场规则和契约精神等多元化的监管模式，牢牢守住海南自由贸易港建设的安全屏障。①

海南自由贸易港建设的核心内涵是以制度集成创新和风险防控，其制度设计以贸易投资自由化、便利化为重点，以各类生产要素跨境自由有序安全便捷流动和现代产业体系为支撑，以特殊的税收制度安排、高效的社会治理体系和完备的法治体系为保障，在明确分工和机制措施、守住不发生系统性风险底线的前提下，构建海南自由贸易港政策制度体系。

第一，贸易自由便利方面。以零关税为基本特征的货物贸易和以"既准入又准营"为基本特征的服务贸易是国际高标准贸易规则的重要内容。即进一步创新海关监管，逐步在全岛建立"一线放开、二线管住、岛内自由"的货物进出境管理制度，实现境外货物在海南自由贸易港进出自由便利。实施跨境服务贸易负面清单制度，给予境外服务提供者国民待遇，依法合规推动跨境服务贸易自由化便利化。

第二，投资自由便利方面。公开、透明、可预期的投资环境是加快产业

---

① 何立峰.在海南建设中国特色自由贸易港　引领更高层次更高水平开放型经济发展［N］.人民日报，2020-06-02。

集聚的关键因素。要大幅放宽市场准入和外商投资准入,实施市场准入承诺即入制,严格落实"非禁即入",全面推行"极简审批"投资制度。创新完善投资自由制度,推动落实企业设立、经营、注销和破产等各个环节的便利化政策。要建立健全公平竞争制度,完善产权保护制度,进一步激发市场主体活力和创新力。

第三,跨境资金流动便利方面。资金自由便利进出是国际自由贸易港的重要特征,也是实现贸易自由化、便利化的重要条件。要以国内现有本外币账户和自由贸易账户为基础,构建多功能自由贸易账户体系,建设海南金融对外开放的基础平台。要坚持金融服务实体经济,分阶段开放资本项目,实行更加便利的跨境投融资政策,支持金融业对外开放政策在海南自由贸易港率先实施。

第四,人员进出自由便利方面。自由便利的人员进出政策是吸引国际各类人才的重要手段。要根据海南自由贸易港发展需要,针对高端产业人才,实行更加开放的人才和停居留政策,打造人才集聚高地。要在安全可控的前提下,进一步放宽人员自由进出限制,实施更加便利的免签入境措施。要加快推动人才服务管理制度便利化改革,全面提升人才服务水平,营造良好的人才发展环境。

第五,实施运输来往自由便利方面。高效开放的运输政策是高水平自由贸易港建设的重要支撑。要以建设"中国洋浦港"船籍港为契机,加快洋浦开发开放,推动建设西部陆海新通道国际航运枢纽。要进一步放宽空域管制与航路航权限制,试点开放第七航权,鼓励国内外航空公司增加运力投放。要加强海南自由贸易港与内地其他地区间运输、通关能力建设,提升运输来往自由便利水平。

第六,数据安全有序流动方面。数字经济已经成为引领经济增长的先导力量,实现数据充分汇聚和跨境安全有序流动是海南自由贸易港稳步发展的战略需要。要有序扩大通信资源和业务开放,探索开展国际互联网数据交互试点,积极培育发展数字经济。要创新制度设计,在国家数据跨境传输安全管理制度框架下,探索形成既能便利数据流动又能保障安全的有效机制。

第七,税收政策方面。建立与高水平自由贸易港相适应的税收制度,是更好吸引全球贸易和投资、增强海南自由贸易港国际竞争力的客观要求。要积极创造条件,有序推进实施进口商品"零关税"政策,逐步优化企业所得税和个人所得税政策。要结合我国税制改革方向,探索推进简化税制。要强化偷漏税风险识别,严格税收征管,防范税基侵蚀和利润转移,避免成为"避税天堂"。

第八,制度保障方面。为确保《总体方案》顺利实施,必须进一步提高社会治理水平,健全完善法治制度,为海南自由贸易港建设提供有力支撑。要深入推进政府机构改革和政府职能转变,加强和创新社会治理,创新生态文明体制机制,构建系统完备、科学规范、运行有效的治理体系。要建立以自由贸易港法为基础,以地方性法规和商事纠纷解决机制为重要组成的自由贸易港法治体系,营造国际一流的法治环境。①

三、海南自由贸易港政策下的乡村振兴定位

2020 年 6 月 11 日,中共海南省委出台了《关于贯彻落实〈海南自由贸易港建设总体方案〉的决定》(以下简称《决定》),进一步细化了自贸港政策的具体举措,明确了下一步目标任务,并把民生改善、社会治理和生态效益等指标和实绩作为各市县的重要考核内容。其中关于乡村振兴相关的领域主要集中在以下四个方面。

---

① 中共中央、国务院印发《海南自由贸易港建设总体方案》[N].人民日报,2020-06-02。

（一）聚焦热带高效农业产业

《决定》提出要贯彻新发展理念,把握海南的优势和特色,聚焦发展旅游业、现代服务业和高新技术产业,重点培养壮大热带高效农业等千亿级产业,深入推进国家冬季瓜菜生产基地、天然橡胶基地、南繁育制种基地、热带水果和花卉基地、水产养殖与海洋捕捞基地和无规定动物疫病区建设。着力推动高效农产品的有效供给、发展休闲渔业、深水网箱养殖和水产种苗业,加快农业产业化、现代化,建设琼海农业对外开放合作试验区,加快南繁科技城、全球动植物种质资源引进中转基地、全球热带农业中心的建设等。

（二）突出乡村脱贫攻坚与乡村振兴的有机衔接

《决定》不断践行习近平总书记"小康不小康,关键看老乡"的理论内涵,打造全面小康海南范例。一是继续抓好"三农领域",扩大农产品种植面积,增加养殖规模,引导农民务工,实现农业增产、农民增收。二是加强对脱贫工作绩效的考核监督,建立返贫监测预警和动态帮扶机制,健全稳定脱贫和逐步致富的长效机制。三是持续推进乡村振兴战略,加快建设"美丽海南百镇千村",扎实推进"厕所革命",继续推进农村人居环境整治计划,完善农村基层设施和公共服务设施,提升农民素质能力,创新乡村治理体系,完善"一核两委一会"乡村治理机制,争取在实施乡村振兴战略上走在全国前列。

（三）突出生态产业化和产业生态化发展方向

建设生态环境世界一流的自由贸易港,严把项目和产业准入关,坚决抵制任何影响生态环境的产业和项目,加快推进热带雨林国家公园,加大生态保护力度,探索建立山水林田湖海系统修复和综合治理机制,建立生态补偿机制和自然资源保护制度,持续开展生态环境整治等工作。树立"绿水青山就是金山银山"的理念,立足生态资源优势,以生态产业化和产业生态化为发展理念,打造生态健康、宜居宜业的美丽乡村。

(四) 持续推进城乡融合发展

全省区域协同按照"南北两极带动、东西两翼加快发展、中部山区生态保育"的格局,以十个重点行业领域①和十一个重点产业园区②为支点,贯彻新发展理念,把它们作为高质量发展和制度集成创新的先行区,加快破除城乡二元体制,促进城乡要素自由流动,优化全省用地布局,进一步实现农村基本公共服务均等化,持续推进城乡社区网格化管理,进一步优化基础社区治理模式,加快城乡融合发展。

总体而言,海南自由贸易港政策是党中央、国务院着眼于国际、国内两个大局的战略设计,是新时代全面深化改革的重要举措。站在新的历史起点上,海南坚持以习近平新时代中国特色社会主义思想为指导,按照《海南自由贸易港建设总体方案》的建设蓝图,充分发挥党统揽全局、协调各方的制度优势,全面提高基层党组织建设水平,坚持制度集成创新和风险防控并举,以钉钉子的精神久久为功,大胆创新,紧紧围绕海南自贸港总体建设目标做实做细乡村振兴的大文章,把海南自由贸易港的政策和制度红利辐射到乡村领域,促进海南城乡融合发展。

四、海南自由贸易港政策下乡村振兴的具体要求

2022年,海南省第八次党代会提出"一本三基四梁八柱"战略框架,即

---

① 十个重点领域包括种业、医疗、教育、体育、电信、互联网、文化、维修、金融、航运等重点领域。

② 十一个重点园区产业类型涵盖旅游业、现代服务业和高新技术产业三大领域。其中现代服务业重点园区有海口江东新区、海口综合保税区、三亚中央商务区、博鳌乐城国际医疗旅游先行区等;高新技术产业园区有洋浦经济开发区(含东方临港产业园、临高金牌港开发区)、海口国家高新技术产业开发区、三亚崖州湾科技城、文昌国际航天城、海南生态软件园和复兴城互联网信息产业园等;旅游业园区有陵水黎安国际教育创新试验区。

坚持以习近平总书记关于海南工作的系列重要讲话和指示批示为根本遵循,以《中共中央、国务院关于支持海南全面深化改革开放的指导意见》《海南自由贸易港建设总体方案》《中华人民共和国海南自由贸易港法》为制度基石,以全面深化改革开放试验区、国家生态文明试验区、国际旅游消费中心、国家重大战略服务保障区为目标定位,以政策环境、法治环境、营商环境、生态环境、经济发展体系、社会治理体系、风险防控体系、组织领导体系为稳固支撑。"一本三基四梁八柱"战略框架为海南自由贸易港乡村振兴提供了有力的理论指导。

(一)乡村高质量发展的要求

海南省第八次党代会指出,坚持高质量发展,建设产业聚焦、区域协调的自由贸易港。贯彻新发展理念、推动高质量发展是海南自由贸易港建设的根本出路。民族要复兴,乡村必振兴,要实现中华民族伟大复兴中国梦,必须做到乡村高质量发展。在自由贸易港建设的背景下,海南的乡村现代化发展既要坚持中国式现代化的一般特征,又要立足于本地区的特色,以服务业为主要驱动力,着力打造旅游业、现代服务业、高新技术产业、热带特色高效农业四大支柱产业,这四大支柱性产业不断推进乡村地区的新型工业化和农业现代化发展转型,试图构建现代化产业体系,从而推动海南乡村产业的高质量发展。

1. 热带高效农业高质量发展

近年来,以热带水果为代表的海南特色高效农业发展迅速,海南已成为全国热带水果基地、南繁育制种基地、渔业出口基地和天然橡胶基地,探索出连片集约、规模化经营模式,不断提高土地质量和资源利用率,把乡村自然资源变成资产,为自然资源寻找合理的回报路径,实现资本资源优势互补、各展所长,试图把海南农业打造成标准化、规模化、产业化发展模式,向高产量、高品质、高效益转型升级,逐步实现农业综合效益最大化。2022 年

4月22日,海南省农业农村厅办公室印发《海南省热带特色高效农业全产业链培育发展三年(2022—2024)行动方案》,提出加快海南省热带特色高效农业全产业链,争取到2023年底,全面开展17大重点产业培育工作,不断拓展产业链,争取10个重点产业入选国家优势特色产业集群,搭建现代农业产业园、产业强镇和省级现代农业高质量发展产业园等产业融合发展平台。同时,政府将着力把热带特色高效农业打造成为现代产业体系的重要引擎,推进乡村全面振兴。海南省委结合自贸港建设的政策优势,围绕农业、农村做好顶层设计,着力打造地域热带农产品品牌,提升其国际美誉度,拓展相关产品全产业链,发展产业集群,确保产品品质,确保热带高效农业的高质量发展。

2. 产业高质量发展

产业高质量发展是海南自贸港建设的目标要求。自自贸港政策出台以来,海南各类市场主体急剧增加,生态环境持续改善,营商环境日益优化,五网基础设施建设提质增效,高质量发展的基础更加牢固,现代产业格局正在形成。同时,地区内生活力不断增强,产业项目储备和产业招商日趋活跃,为实现产业高质量发展和提质增速不断集聚能力。在乡村振兴方面,遵循产业生态化和生态产业化发展方向,依托良好的生态环境资源,把其转化为经济发展的内生动能,推动海南城乡经济的高质量发展。

在乡村产业发展上,要围绕四大主导产业深挖拓展。第一,旅游业要转型提质升级,加快发展生态旅游、海洋旅游、文化旅游、体育旅游、健康旅游等,推动重大旅游项目落地,完善旅游配套设施,促进完善环岛旅游公路建设,把热带雨林国家公园打造成具有海南特色的重要旅游目的地,把美丽乡村打造成靓丽的田园风景线,形成"处处有旅游、行行加旅游"的全域旅游新格局。第二,要发展壮大现代服务业,推动乡村传统产业的转型升级,加大招商引资力度,促进乡村三产融合,提升乡村现代服务业的水平和质量。第三,发展高新技术产业,加快发展数字经济、石油化工新材料、现代生物医药等优势产业,培育壮大南繁、深海、航天等未来产业,优化升级清洁能源、清洁能源汽车、节能环保等战略性新兴产业,通过高新技术产业的发展为乡村创造更多就业机会,为村民提供更多收入来源。第四,做强做优热带特色高效农业,积极引进和培育热带果蔬优质品种,大力发展林下经济,做足"季节差、名特优、绿色有机"文章,加快建设国际热带农产品加工、储藏、冷链物流和交易中心。同时高质量发展海洋经济,高起点推进现代化海洋牧场建设,鼓励发展深远海养殖,引导渔民"往岸上走、往深海走、往休闲渔业走"。

在乡村特色产业上,要立足海南生态的大文章,不断深化生态产业项目,以此带动乡村产业整体提升,做好海南乡村的特色文章。一是健康产业发展,海南具备全国优良的空气质量条件和地理空间,可以在全省挑选和布局打造全健康产业,通过与国际、国内高端医疗康养机构合作,打造具有海南特色健康服务产业,不断拓展乡村康养的发展空间。二是不断做强传统优势产业。海南岛椰子、荔枝、芒果、火龙果、莲雾、咖啡等特色农产品发展还有较大的提升空间,要鼓励农产品走品牌化、规范化发展之路。不断增加富硒生态有机农产品的种植规模,如富硒大米、地瓜、福橙、莲雾、槟榔等特色生态有机农产品,还有海南沉香、黄花梨、地道药材等产业及其雕刻行业,都具有较大的市场发展空间。据预测,2025 年,仅沉香产业便能实现综合收入 200 亿元。因此,要立足特色农产品的品牌优势,提升国际市场价值,打造具有千亿级的生态特色产业。三是创新发展低碳产业,推动产业低碳化。以低能耗、低污染、低排碳为主要特征,发展碳排放量最小化或无碳化的产业。大力发展清洁能源,包括核能、风能、太阳能、生物质能等。大力发展新能源汽车产业,加强公共交通基础设施建设,切实降低交通碳排放。大力推广太阳能建筑和节能建筑,积极推进建筑低碳化进程。积极推行生态农业、循环农业、节水农业、有机农业等低碳农业。着力发展绿色服务、低碳物流和智能信息化,发展绿色消费、绿色包装、回收再利用等有关行业。四是发展生态旅游产业,打造特色生态小镇。深度挖掘海南特有的旅游元素,构建海南全域旅游大格局,实现生态环境建设与旅游业发展相互促进。因地制宜建设各种特色生态小镇,诸如生态宜居社区、特色运动小镇、医疗小镇等,计划规划建设生态型特色产业小镇100个。同时与医疗康养机构相结合,完善相关康养配套设施,着力打造生态宜居康养小区。五是建设生态博览园和科研中心,服务生态经济发展。从海南实践中摸索建立生态科研中心,进行生态产业化和产业生态化发展研究,不断总结发展经验与教训,打造具有中国特色的生态产业示范基地。[①]

3. 打造乡村民宿旅游经济

近年来,特色民宿逐渐成为旅游住宿的新选择。海南拥有独特的乡村文化和传统民居(如船形屋、船屋、茅草屋等),依托海南良好的生态环境和气候条件优势,正大力探索本土特色的乡村民宿发展路径,促进民宿产业与共享农庄产业共同发展,形成多样化、多层次、有特色的发展新模式。目前,海南省旅游民宿协会每年公布省级乡村民宿名单,来激励全省乡村民宿的高质量发展,此模式有助于提高海南乡村民宿的服务品质,打造海南乡村民宿的品牌,促进海南自由贸易港发展中的乡村高质量发展。

4. 乡村社团组织建设

乡村组织振兴是乡村振兴的重要保障。海南提出以基层党建引领乡村振兴,强化基层党组织的领导作用,加强对乡村振兴工作的全面领导和统筹协调,以确保村集体经济在党建的引领作用下更加民主、高效和科学运转,组织抽调全省精干队伍成立工作队驻村驻点,助力乡村振兴,并明晰各负责人的任务、细化措施、夯实责任,培育乡村振兴带头人,因地制宜发展经济产业项目,发展壮大村集体经济,以高质量的乡村组织建设培育乡村振兴的内生动能,推动海南自由贸易港建设过程中的乡村高质量发展。一是强化充实干部人才队伍,吸引各类人才返乡发展、吸引省外优秀人才,组织大学生

---

① 傅国华.海南生态产业化和产业生态化动向研究[J].今日海南,2022,(5):37—39.

参与各类志愿服务活动,引导优秀的大学生们了解家乡、认识家乡、热爱家乡、建设家乡,为实现乡村振兴高质量发展夯实人才基础。二是加强村规民约制度的完善,规范乡村组织管理体制,支持村干部在村级组织治理方面大胆进行突破,鼓励乡村组织统筹资源、塑造品牌,促进三产融合,推动当地产业项目规范化发展,以高质量的乡村组织建设助推乡村振兴高质量发展。

5. 海洋渔村与海洋经济高质量发展

海南自由贸易港是我国对外开放的前沿战略高地,海南岛全岛有1 823公里海岸线,海洋渔村达378个,分布不均且发展不平衡、不充分。2022年12月,海南多部门联合印发《关于支持海洋渔业高质量发展有关用海政策的若干意见》,提出结合海南自由贸易港产业发展实际,对工厂化养殖、深水网箱养殖、海洋牧场、休闲渔业四大类海洋渔业业态及转产转业渔民用海需求进行要素保障和政策支持,通过规划保障渔业发展空间促进渔业有序发展,并明确用海支持政策,促进渔业发展提质增效。习近平总书记于2013年时在琼海市潭门镇提出,"往岸上走,往深海走,往休闲渔业走",走绿色、可持续发展之路。海南拥有丰富的海洋资源,深入挖掘海洋经济的潜力,带动海洋渔村的转型升级,是海南乡村振兴的应有之义。

(二)城乡一体化建设规划

海南自由贸易港建设的范围为海南岛全域,按照"全省一盘棋,全岛一个大城市"来规划,它内含着城乡一体化建设的要求。为实现城乡融合协同发展,海南省以"多规合一"为引领,坚持推进全岛同城化,加快补齐海南在产业、基础设施、体制机制、人才等方面的短板,重点加快形成"六个统一"的新格局,包括统一规划、统一土地资源利用、统一基础设施、统一产业布局、统一环境保护、统一社会政策,由此实现全省城乡协同发展。一是实施全省统一的居住证管理制度,率先取消城乡二元户籍制度,建立以身份证号为唯一标识、全省统一的居住证管理制度,促进人口自由流动。二是推进城乡治理一体化进程,引导城市社区服务资源向农村延伸,增强基层公共服务和社会管理能力;加大对社区的放权,加快推进社区自治。三是加快形成城乡统一的建设用地市场,探索农村宅基地扩大流转试点,全面推开宅基地所有权、资格权、使用权"三权分置"改革;率先建立城乡统一的建设用地市场,实现不同所有制土地"同地同权同价"。

推进城乡一体化建设,首先,要在制度体系上进行创新,用科学有效的方法营造好的环境,保障城乡一体化稳定推进。一是优化与调整户籍方面的福利制度,确保满足实际需求的农业人口落户到城镇中,为加快农业转移人口市民化进程打下良好的基础。二是通过运用自贸港建设制度体系,将创新优势集合在一起,在保障粮食安全的基础上,推进三块地改革开展试点工作,以此来盘活农村建设用地力度。三是构建完善农村、金融体系,吸引人才以及企业参与到农村创新之中,有效地提升乡村活力性。四是发展以农村为主的职业教育和职业培训,有针对性地培养农村技能人才,吸引高学历毕业生以及外出打工、经商人员积极参与到三农创新创业的实践中。其次,在促进城乡一体化的过程中,要做好城乡空间规划,做好城乡空间功能布局。再次,积极发展现代化的热带农业。以热带农业带动乡村产业振兴,提高热带农业产品质量、完善产品定位、孵化特色化品牌等,挖掘出农村未利用的丰富资源,提高经济收入,推动城乡经济建设。培育龙头企业与优质企业,尽可能打造先进的农业示范基地,拓展农产品深加工产业链和农村区域的农副产品供应基地建设,提升乡村生态旅游产业和养老产业效益,促使乡村成为国际国内消费市场的承接地,减小城乡两者的差距,推动农业现代化进程。①

(三) 主动融入新发展格局

党的二十大报告指出,必须完整、准确、全面贯彻新发展理念,坚持社会

---

① 林芳兰.自贸港建设背景下的海南城乡融合发展[J].中国经贸导刊(中),2020,(11):116—117.

主义市场经济改革方向,坚持高水平对外开放,加快构建以国内大循环为主体、国内国际双循环相互促进的新发展格局。新发展格局下的海南,其独特的地理资源优势、生态环境优势和中央政策支撑优势,为自贸港建设发展奠定了良好基础。它地处以国内大循环为主导、国内国际双循环的交汇点,承载着国家立足百年未有之大变局的战略谋划和首个中国特色社会主义自由贸易港的特殊使命,成为全球除"北美经济圈""欧盟经济圈"之外的以东亚为核心的"亚洲经济圈"的重要枢纽。

海南是我国最大的经济特区,具有实施全面深化改革和实验最高水平开放的独特优势。由于地理位置特殊,既背靠国内广阔大市场,又临近东盟国家,拥有 19 个港口,航线通往全世界,海南是面向太平洋、印度洋的对外开放的重要门户。它地处国内国际双循环的"8"字交汇点,拥有制度层面、政策层面、区位层面的优势。这不仅能促进海南自由贸易港与东盟、国际自由市场的双向流动,还构成了构建国际交通枢纽集散点以及国内与国际高水平经贸规则的对接点。海南融入国内国际双循环的新发展格局,不仅是新时代国家经济发展的战略安排,也是海南坚持经济全球化,打造对外开放新标杆,打造我国开放层次更高、营商环境更优、辐射作用更强的对外开放新高地,加快建设具有世界影响力的中国特色自由贸易港的内在要求。从宏观上来看,海南乡村振兴发展应主动融入国家新发展格局,在国际国内双循环的发展战略中找寻发展定位,依托政策优势,突出自身特色,打造具有自贸港特色的乡村振兴之路。从微观上来看,海南乡村振兴要紧扣海南自贸港建设发展的内在要求,主动融入城乡一体化进程,做好政策落地和消费市场的承接,同时要充分挖掘本地资源禀赋,围绕主导产业,主动创新发展,为乡村组织振兴、产业振兴、人才振兴、文化振兴和生态振兴不断夯实基础。

(四)"两高"特色农业和三产融合

全面推进乡村振兴,要坚决守住不发生规模性返贫底线。加大撂荒耕地复耕复种力度,严格执行耕地保护制度,严守永久基本农田保护红线,稳定粮食种植面积和产量,坚决遏制耕地非农化、非粮化。同时加强农业品牌建设,打造一批乡土特色品牌,培育"金字招牌"。大力实施乡村产业发展行动,深入推进农业供给侧结构性改革,加强农业全产业链建设,推进一二三产业融合发展。建设省级农产品电商物流配送基地,提升"互联网+"农产品出村进城能力,培育一批农业物联网示范基地、农村电商示范基地。建设生态循环养殖基地,加强农业科技服务体系建设。在产业生态化和生态产业化上下功夫,做强做大有机农产品生产、乡村旅游、休闲农业等产业,有序发展共享农庄和主题民宿,不断壮大新型农村集体经济;进一步做好"六棵树"①文章,使之成为海南百姓的"摇钱树";研究制订并落实天然橡胶发展规划,完善产业扶持政策,增强天然橡胶供给稳定性。全面实施乡村建设行动,高标准制定和落实村庄规划,加强农村建筑风貌管控,加快补齐基础设施和公共服务短板,持续开展农村人居环境整治提升五年行动。加强乡村治理,推动移风易俗,建设文明乡风。吸引致富带头人、返乡创业大学生、退役军人等各类人才在乡村振兴中建功立业。

五、海南自贸港乡村振兴面临的机遇与挑战

在国家更高水平开放型经济新体制建设中,海南自由贸易港承担着引领中国由商品和要素流通型开放转向规则等制度型开放转变、并以更高水平的开放促进更深层次改革的重任,是承担着特殊使命的新试验田,正面临着前所未有的机遇和挑战。与此同时,海南全岛近一半的人口为乡村人口,农村土地占比超过80%,乡村占比较大,且海南有5个贫困县、600个贫困

---

① "六棵树"指橡胶、椰子、槟榔、花梨、沉香、油茶。

村刚于 2020 年脱贫摘帽,64.97 万名建档立卡贫困群众脱贫,农村发展的基础较弱,产业发展不强、乡村内生动能不足等问题仍然存在。面对新情况、新变化,海南自贸港乡村振兴既面临着难得的机遇,也面临着国内国际的双重挑战。

(一) 主要机遇

海南地处华南经济圈、北部湾经济圈、东盟经济圈、东南亚经济圈的地域交汇中心,也是中国连接东南沿海和东盟、东南亚的航运枢纽。加快构建以国内大循环为主体、国内国际双循环相互促进的新发展格局是我国面对国内外复杂严峻经济形势作出的重要谋划,对海南经济社会发展具有重要的战略意义,将进一步通过区域经济协调、联动发展和布局优化,将国内国际市场连片成统一大市场、拓展对内对外开放新空间,助推海南更快地融入新发展格局之中。海南省第八届党代会提出建设具有"开放层级更高、营商环境更优、辐射作用更强"的中国特色自由贸易港,为海南自贸港建设指明了改革发展的路线图。从政策设计来看,以贸易投资自由化、便利化为重点,构建现代化产业体系为支撑,实现人员、货物、资金、运输、数据等各类生产要素跨境自由有序流动,为海南自贸港建设提供了基础性支撑,将助力海南自贸港传统产业结构的转型升级,加快融入全球化的产业格局。一方面,自贸港政策的集成创新将释放更多的政策发展红利,推动海南现代化产业体系的不断完善;另一方面,经济全球化和区域经济一体化的发展格局将为海南衔接国际—国内市场提供物理中介和桥梁,实现资源要素的空间聚集,延伸产业链、供应链互联互通,进一步激发海南市场活力。从主要产业的发展来看,海南围绕四大主导产业所衍生的新兴产业业态将不断显现,特别是"医疗""教育""旅游"业态的发展将面临前所未有的发展机遇。从区域经济一体化来看,随着 RCEP 战略的推进,海南将成为 RCEP 的 15 个成员国分享中国大市场的前沿市场集聚地,区域现代服务贸易自由化便利化程度将为海南构建现代化产业体系提供各类生产要素的基础支撑。同时海南将成为 RCEP 成员国与粤港澳大湾区、北部湾经济圈实现区域经济整体联动的重要枢纽,将进一步激发市场主体活力,为热带农业、国际金融招商、高新技术、现代服务业等领域带来新的机遇。

1. 与 RCEP 成员国合作的机遇

2020 年 11 月 15 日,东盟十国、中国、日本、韩国、澳大利亚、新西兰的经贸部长正式签署 RCEP 协定。《区域全面经济伙伴关系协定》(RCEP)于 2022 年 1 月 1 日正式生效,RCEP 的生效为海南自由贸易港构建面向东盟的产业链供应链提供重要契机。海南自由贸易港正处于"一带一路"建设的重要节点,RCEP 成员国是海南籍华人华侨的海外主要居住地,且与海南有着长期的经贸联系和人文交往。RCEP 生效后,将对丰富海南产业结构、促进产业升级、稳定供应链区域布局具有重要意义。

一是海南将成为 RCEP 的 15 个成员国分享中国大市场的前沿市场集聚地,区域现代服务贸易自由化便利化程度将为海南构建现代化产业体系提供各类生产要素的基础支撑。同时,RCEP 成员国是海南重要的外贸进出口市场,为海南自由贸易港建设提供更大市场空间。2022 年前 11 个月,海南对 RCEP 其他成员国进出口增长超过了两倍,占比超过三成。RCEP 生效一年来,海南与 RCEP 成员国的服务贸易进出口总额与过去相比取得了长足的发展,在计算机、知识产权、商贸、运输等过去较为薄弱的领域有所发展,并依靠外部供应链的稳定支撑,构建三元供应链体系(即国内供应链、RCEP 区域内供应链、区域外供应链),集聚了更多的外部先进要素,丰富了海南的产业结构、促进了海南的产业升级,也为海南自由贸易港乡村振兴的发展带来更多机遇。

二是海南自由贸易港政策与 RCEP 相关政策产生叠加效应,越来越多的外资企业开始关注海南、投资海南,为海南的乡村带来租金收入、就业机会等。同时,RCEP 成员国与海南之间的双向投资不断增加,推动我国产业布局全球,促进国内国际双循环。一方面,加速与东盟各国在经贸、产业、基础设施、规则方面的对接,在综合数字经济、海洋产业、海洋经济、蓝碳等领域加强合作。另一方面,海南可以利用自身的政策优势,嵌入到全球产业链之中做大经济流量,助推海南经济的高质量发展。

2. 与粤港澳大湾区合作的机遇

粤港澳大湾区经济实力雄厚,与海南自由贸易港在地理位置上有区位优势,且人文交流紧密,有天然的亲近优势。海南自由贸易港与粤港澳大湾区建设同为重大国家战略,如果进行优劣互补,将有"1+1大于2"的叠加效应,海南可以吸引更多来自粤港澳大湾区的项目投资和人才。且海南作为一个岛屿,其发展需要广阔的腹地支持,腹地的兴旺发展将促进迅猛进步,粤港澳大湾区作为国内最发达的区域经济体,与海南自由贸易港的政策优势相结合,将推进更大的产业集群联动,推进产业格局和分工体系的优势互补,也将为海南自由贸易港带来巨大的发展机遇。从区域功能来看,海南自由贸易港和粤港澳大湾区之间不是同质化发展,而是互为补充、互相支撑、互相促进的。粤港澳大湾区有很多优势和资源,它是中国高端制造业、现代服务业的集中地,在构建国际国内产业链、供应链上,粤港澳大湾区可为海南自由贸易港提供支撑和加速的作用。同时,海南自贸港也可以促进粤港澳大湾区与外界的联动发展,加强与东南亚的经济互动,助力中国企业、中国品牌"走出去",助力东南亚区域经济一体化进程。

3. 与北部湾经济圈合作的机遇

2017年,广西、广东、海南三省区在广西南宁联合召开《北部湾城市群发展规划》新闻发布会并宣布,建设面向东盟、服务"三南"(西南、中南、华南)、宜居宜业的蓝色海湾城市群,构建适应资源环境承载能力的空间格局,打造环境友好型现代产业体系,推动基础设施互联互通,共建蓝色生态湾区,深化海陆双向开放合作,建立健全城市群协同发展机制等。海南自由贸易港与北部湾经济圈隔海相望,在基础设施建设、产业合作发展、文化旅游发展、体制机制对接、向海经济发展、公共服务同城化发展、共同面向东盟国际合作等方面有着广泛联系,有6市县(海口市、儋州市、东方市、澄迈县、临高县、昌江县)被列入北部湾城市群发展规划,这将进一步促进区域经济一体化的发展进程。

2022年3月23日,国务院发布《国务院关于北部湾城市群建设"十四五"实施方案的批复》,要求北部湾城市群协同推进海南自由贸易港建设。"环北部湾经济圈"是由中越两国政府正式倡议建立的"两廊一圈"中的"一圈",具体范围是中国南部环绕北部湾的地区,它包括中国和越南的"两国四方"。"四方"指北部湾东部的广东省雷州半岛和海南省;西部的越南北部沿海地区,即海防、下龙、河内等主要城市;北部的广西壮族自治区的南宁市、北海市、钦州市、防城港市等。环北部湾经济圈里的越南省级地区加上中国的广西、广东和海南共有13个省级地区,面积502 769平方公里,人口超过1.5亿。形成一个跨省区、跨国际的经济圈。湾区具有创新、开放、宜居和国际化的特性,往往是所在国的经济和国际金融中心,对周边有强大的虹吸效应。世界上十大著名湾区都是一国内的发达经济圈,而环北部湾经济圈,涉及我国西南和越南,新型湾区构想,将带来更多的机遇。与此同时,环北部湾经济圈拥有丰富的旅游资源、丰富的旅游资源、海陆空交通线纵横交错,交通非常便捷。合作方越南作为近年来世界上发展速度最快的国家之一,拥有廉价的劳动力,近年来吸引了世界各地制造业的转移,是一个潜力较大的国家。环北部湾经济圈的发展将加快推进包括海南在内的整个泛北部湾经济区的开发和整体发展,促进区域间产业合作互补,推进海陆空运输线建设,加快农产品流通速度,推动旅游业进一步转型升级,使北部湾经济圈成为中国经济增长的新一极。

4. 新发展格局带来的政策机遇

2025年海南全岛封关运作后,自由贸易港政策与制度将进入全面落实阶段,实施范围将由目前的重点园区"点状"布局向全岛范围的"面域"布局过渡,这将进一步推动海南自由贸易港成为国内国际双循环的重要交汇点,也将给乡村发展带来更多机遇。一是国内大市场将为海南带来重大发展机遇。当前,我国仍处于经济转型升级的关键时期,消费市场短期面临较大压力,但中长期蕴藏着巨大潜力。[1]包括旅游产品、免税产品、医疗产品等在内的消费品都有巨大内需需求,这是新发展格局为海南带来的巨大机遇。发挥好自由贸易港的相关政策优势,有助于海南更好地服务国内大市场,融入新发展格局。二是自贸港的区位优势和政策优势将为海南创造新的经济增长极。如率先建设以天然橡胶为主的国际热带农产品交易中心、定价中心、价格指数发布中心等,掌握国际橡胶交易话语权。此外,自由贸易港的"零关税""加工增值货物内销免征关税""简易通关"等优惠政策将为热带农产品深加工以及延长产业链、供应链提供政策优势,进一步降低产品生产成本,增加竞争优势。

5. 人才发展的机遇

海南自由贸易港的政策优势将吸引更多的人流进入海南,既能提供智力支撑,又能带动旅游消费。海南拥有独特的地理位置、丰富的海岛资源、适宜的气候环境,尤其是乡村(包括山村、渔村等)拥有更加秀美的景色及风土人情。随着经济的发展,人们的生活水平提高,乡村旅游已经成为大家日常及节假日的常态消费方式。2018 年,海南全省乡村接待游客 1 024.64 万人次,同比增长 7.69%,实现乡村旅游收入 32.16 亿元,同比增长 12.55%。据统计,2019 年,海南全省接待游客 8 311.20 万人次,实现旅游总收入 1 057.80 亿元。在人才吸引方面,自 2018 年以来,海南人才引进数量逐年增长,至 2021 年底累计引才 40.7 万人,退伍军人、返乡创业大学生、科技工作者、教育工作者、医疗工作者、民营企业家、外出务工青年等优秀人才进入海南,将为海南乡村的发展带来更多的新鲜血液和创新创业机会。

---

① 迟福林.郭达.郭文芹.构建新发展格局下的海南自由贸易港[J].《行政管理改革》.2022,(01):15—19.

（二）主要挑战

海南自贸港建设将进一步带动各种资源要素向海南集聚，这必然对海南资源空间承载、营商环境、政策环境、生态环境等带来一系列挑战。特别是广大乡村地区，由于人力资源素质相对较低，技能水平、思想观念、服务理念、工作方式、创新能力等还未能达到相应的要求，在政府工作、生态承载、政策环境、乡村产业等方面面临着众多挑战。

一是对政府政策环境的挑战。随着市场主体与日俱增，海南自由贸易港建设过程中存在的政府投资项目投资效率低、政府投资项目推进速度慢、政府投资项目管理模式落后等问题不断凸显，政府制度集成创新不够，干部队伍能力作风还存在短板，需要不断消除现有体制的内生性障碍，为各方面发展松绑、助力。在推进海南乡村振兴的过程中，各级政府要全力营造一流的营商环境，如完善政商环境、投资环境、消费环境、营销环境等，也包括提高乡村居民的观念、知识水平、技能水平等，这既能为乡村的发展带来投资、就业机会，也能提高乡村发展的内生动力。需要不断加强乡村软硬基础设施建设，完善人才政策，制定乡村振兴人才优惠政策和专业技术人才实施方案，为建设海南自贸港培养一批专业、创新、高效率、高标准、高质量的本土人才队伍。

二是环境资源的承载能力的挑战。习近平指出，"青山绿水、碧海蓝天是海南最强的优势和最大的本钱"，"生态环境是大自然赐予海南的宝贵财富，必须倍加珍惜、精心呵护，使海南真正成为中华民族的四季花园"，"党中央支持海南建设国家生态文明试验区，鼓励海南省走出一条人与自然和谐发展的路子，为全国生态文明建设探索经验"。建设国家生态文明试验区是海南自贸港建设的重要使命之一，《国家生态文明试验区（海南）实施方案》明确提出，到2025年，海南生态环境质量保持全国领先水平，到2035年居于世界领先水平。但如何处理经济社会发展与生态环境保护之间的关系，海南需要进一步统筹谋划，一方面要筑牢生态红线，另一方面要加强规划引领,不断补齐农村基础设施短板,提升基层治理水平,高标准推进农村基础设施建设,出台引导社会资金投向农村基础设施政策,统筹建立公共设施管护机制。高质量推进农村社会事业建设与发展,提高乡村文明建设水平,注重培育乡村环境长期维护机制。

三是要增强底线思维,防范化解重大风险的能力。习近平总书记在海南考察时强调,推进自由贸易港建设是一个复杂的系统工程,要做好长期奋斗的思想准备和工作准备,并指出要"加强重大风险识别和防范""坚持先立后破、不立不破"。当今世界,意识形态领域看不见硝烟的战争无处不在,政治领域中没有枪炮的较量一直未停。在海南全面深化改革和建设自由贸易港的过程中,随着改革开放的力度加大,意识形态领域面临的风险和挑战将更加复杂。要充分认识自由贸易港在意识形态领域将会面临的挑战,做好防范措施,牢牢把握意识形态工作的主动权,强化意识形态领域的管控力度,增强在意识形态领域的主导权和话语权。用社会主义意识形态助力中国特色自由贸易港不断走向世界舞台,讲好高质量发展故事,提高斗争意识、发扬斗争精神、增强斗争本领。第一,由于海南省产业发展基础较为薄弱,尤其是高端制造业和高新技术产业的基础薄弱,没有完整的产业链、技术链、销售链,全岛范围内也没有产业联动、优势互补,产业的发展较为单一,竞争力较弱。自由贸易港相关政策的开展,虽然将为海南带来很多机遇,但是也将对本地的实体经济带来较大的冲击。第二,需要警惕金融领域的风险。20世纪90年代海南的房地产泡沫和金融支付危机曾给海南的经济发展带来重创,经济几乎陷入停滞。近年来,海南省的金融环境虽然已有了较大程度的发展,但自我调节、自我优化的能力与发达地区相比还有一定的差距,要提高应对挑战的能力。海南在金融组织、金融产品创新、金融人才等方面还存在短板,需要金融体系的系统集成创新,构建与国际金融体系相衔接的金融制度体系。

四是乡村产业结构的转型。目前海南乡村的现代服务业、高新技术业占比较低,能够吸引的投资数量少、质量低,乡村产业结构单一、发展不均衡,迫切要求乡村进行产业结构挑战,促进第三产业转型升级。第一,要推动海洋渔业往岸上走,往深海走,往休闲渔业走,发展渔业工厂化养殖、深海网箱养殖、休闲渔船等新型产业,将成功、科学、可复制的经验广泛推广,促进全岛渔村扩大规模,提升效益。第二,推进农业一二三产业融合发展,加快发展现代农业、促进农业增效、农民增收的重要举措。国际经验也表明,农业不仅是农产品的生产,还包括与农业相关联的第二产业和第三产业,农村一二三产业融合是发展农业现代化的必然要求,而休闲农业则更是农村一二三产业有机融合体。第三,做强做优热带高效农业,打造热带现代农业基地,促进休闲农业、共享农庄转型升级,提高乡村建设能力,促进乡村经济收益。这对海南的乡村产业来说无疑也是一个巨大的挑战,要实现产业升级,则需要调整产业体系,着力发展农村新产业新业态,促进三产深度融合,实现农业的全环节升级,深入推进农业供给侧结构性改革。

五是乡村内生动能不足。党的二十大报告指出,实施就业优先战略,就业是最基本的民生,强化就业优先政策,健全就业促进机制,促进高质量充分就业。知识水平、技术能力是实现就业的关键。据第三次全国农业普查主要数据公报(第五号)显示,全国农业生产经营人员接受过高中或中专教育的只有 7.1％,接受过大专及以上教育的只有 1.2％。农村劳动力人口受教育水平整体偏低,成为乡村振兴的"阻力"。提升乡村劳动力人口教育水平是乡村振兴的内在要求,[1]提升农民整体素质是乡村振兴的关键,农民兴则乡村兴。目前,海南农村地区的人力资本存量和质量都不高,在推进乡村振兴的过程中,农民是主体,需要提升乡村劳动力教育水平,提高乡村整体文化素养。因此,需要加强农村职业教育,培育更多乡村振兴人才队伍,倒逼乡村劳动力提高技能水平和能力素质,为海南自贸港建设夯实人才根基。

---

[1]　麦均洪.乡村振兴关键在于提升乡村劳动力人口教育水平[N].中国教育报,2020-2-24.

第四章
海南自贸港乡村振兴实践的历史脉络及基本情况

　　海南省地处中国的最南端,北邻琼州海峡,西邻北部湾,与越南相对,东濒南海,东南和南边与东南亚为邻。海南岛全岛陆地面积 3.5 万平方公里,海域面积约 200 万平方公里,涵盖西沙、南沙和中沙群岛等海域。它地处热带北缘,属热带季风气候,全年气候宜人,椰风海韵,是理想的旅游度假地。同时,它地处国家"一带一路"倡议沿线的重要节点,区域优势明显。海南自 1988 年建省,成为中国最大的经济特区,从发展历程来看,它大致经历了三个重要的发展阶段。一是从 1988—2008 年初步发展期。1992 年邓小平"南方谈话"后,大量热钱开始涌入海南,海南进入一个快速发展期,但由于市场监管的不足,造成房地产呈现爆炸性增长,最终导致通货膨胀;同时由于产业发展的不合理,经济结构单一,房地产泡沫显现,90 年代末期,由于国家开始宏观调控,银行贷款开始收紧,地方不良债务高企,海南经济出现断崖式下跌,造成大量的烂尾楼,直到 2006 年左右,海南经济才逐步恢复。第二个阶段是 2009—2018 年海南国际旅游岛建设时期,经历前期发展的阵痛,海南开始立足自身旅游优势,着力打造国际旅游岛,并加强基础设施建设和城镇化进程,2010 年《海南国际旅游岛建设发展规划纲要》发布,加快了海南经济社会发展的进程,着力发展第三产业,截至 2015 年,海南产业结构(为 21.3︰23.6︰53.3)呈现出"三二一"的新型产业结构,三次产业的就业结构比为 41.36 ∶ 12.55 ∶ 46.09,经济社会取得了较大发展。[①]第三个阶段是 2018 年至今海南自由贸易港发展时期,由于国家战略的支持,海南自由贸易港的建设进程加快,截至 2019 年,海南省 GDP 总值达到 5 308.94 亿元,其中第一产业增加值 1 080.36 亿元;第二产业增加值 1 099.04 亿元;第三产业增加值 3 129.54 亿元,全省经济总体运行平稳,并呈现出稳中有进的向好趋势。

党的十八大以来,海南省依托自身区域优势,着力打造具有国际竞争力的旅游业、服务业和高新技术产业,同时加大基础设施投入,积极推进乡村振兴战略,并把市县乡村纳入整体规划,试图打造"全域旅游"的新概念。党的十九大后,海南省根据《中共中央国务院关于实施乡村振兴战略的意见》出台了《海南省关于乡村振兴战略的实施意见》,按照"产业兴旺、生态宜居、乡风文明、治理有效、生活富裕"的总要求,统筹推进农村地区的政治、经济、文化、社会和生态建设,取得了明显成效。从海南少数民族的分布来看,目前除汉族外,有黎族、苗族、回族、侗族等 54 个少数民族。据第六次人口普查,海南省共有少数民族 142.5 万人,主要集中分布在 6 个少数民族自治县和五指山及西南腹地,呈现出"大杂居、小聚居"的特点,且民族地区长期属于国家和省级重点贫困地区,呈现出深度贫困和普遍贫困并存,贫困代际传递和返贫率高等特征。十八大以后,海南把精准脱贫和乡村振兴结合起来,集中精力打好三大攻坚战,截止到 2020 年,全省 10 个贫困县市全部脱贫(含 6 个少数民族县市[②]),所有贫困村出列,累计减少贫困人口 198.9 万人,贫困发生率从 2010 年的 23.8% 下降到 0.01%,扶贫成效显著。从落后民族地区的乡村振兴来看,海南省把民族地区统一纳入"全省一盘棋"的总体来考量,更加突出精准脱贫与百镇千村建设相结合,集中精力帮扶乡村贫困户,实现落后乡村地区的跨越式发展,整体脱贫效果明显,同时结合乡村地

---

① 谢君君.产业结构与就业结构互动关系[J].开发研究,2018,(3):98—104.

② 海南省现有少数民族市县有:陵水黎族自治县、昌江黎族自治县、白沙黎族自治县、保亭黎族苗族自治县、琼中黎族苗族自治县。

区特色,打造出具有海南民族特色、符合海南实情的乡村振兴之路。

一、海南自贸港乡村振兴实施的历史脉络

海南建省以来的乡村发展历程,生动展现了海南全省人民艰苦奋斗、奋力拼搏的精神风貌。海南乡村发展的成就是在中国共产党的正确领导下、海南省委省政府的积极推动和全省人民共同努力下取得的,虽然过程曲折,但其中的经验教训值得我们深刻总结。经历 40 多年的发展,海南全省不仅全面实现了乡村脱贫,还如期迈入全面小康,更为乡村振兴发展提供了坚实的物质基础和制度保障。

(一)乡村脱贫攻坚期

1. 乡村扶贫探索期(1988—2012 年)

1988 年是海南建省办大特区的第一年,也是海南历史上不平凡的一年,虽然遭受了历史上罕见的自然灾害,但由于全省人民同心协力,奋起抗灾救灾,广大农村社会生产基本安定,农民生活水平基本稳定。全省农村社会总产值达 67.8 亿元,其中农业总产值 26.6 亿元,农村人均生产性纯收入538 元。据统计,1978 年全省人均 200 元以下的贫困户 41.2 万户、206 万人。到 1988 年,海南全省贫困户减少到 15 万户、77 万多人,贫困人数与全省总人数的比例已从 1978 年的 39% 下降到 1988 年的 12.3%。[①]由于海南农业基础薄弱,产业结构相对单一,贫困基数相对较大。建省之初,海南省就把扶贫作为政府工作的重要着力点,每年安排专项扶贫资金助力乡村发展,通过发展种植热带作物、兴建农田水利等基础设施建设、加强学校教育

---

① 数据来源:海南史志网.1989 海南年鉴-海南国民经济概况.https://hnszw.org.cn/web/hnnj/list.php?Class=4853&Deep=4.

等措施来助力乡村扶贫。到 1989 年底，全省制订各贫困地区"3 年脱贫、5 年致富"的发展规划。

20 世纪 90 年代初，全省扶贫工作根据省委省政府提出的 3 年至 5 年解决本省贫困地区脱贫致富的战略部署，提出"因地制宜，发展种植养殖产业，实行长中短期相结合、突出重点、成片开发、分户管理、讲求效益"的开发方针，创新性提出了"定点挂钩扶贫"政策，即海口市政府和 45 个省直厅局、30 个经济实力雄厚的大公司对全省 18 个市县的贫困地区实行定点挂钩扶贫，坚持 4 年不变，不脱贫不脱钩不转点。重点扶贫任务主要有六项。一是不断提高贫困地区农民收入水平。确定海南省脱贫的最低标准是全年人均纯收入达到 350 元以上。已经脱贫的，要继续帮助其巩固提高，使其年人均收入逐步达到 600 元以上。其中 30% 左右的农户要先富起来，年人均纯收入达到 800 元以上。二是解决群众生产生活问题。要求帮助乡村搞好农田基本建设，进行农田综合治理，全面开发，提高经济效益，实现稳产高产。三是搞好基础设施建设，解决群众饮水、用电、行路难问题。要求解决饮水难的人数和用电灯照明的农户达到 96% 以上，通车的管区达到 95% 以上，通车的自然村达到 90% 以上。四是全面改造现场居住环境，要求有 90% 以上农户住上瓦房。五是要求每个定点挂钩的单位，每年至少要帮助贫困乡镇办 1 个工业项目，或 1—2 个有一定规模的农业成片开发商品生产基地。六是基本做到村村有广播。对群众看病难、小孩子上学难等特别突出的问题，要相应解决①。同时，相继建成了"创办扶贫工业开发区"，为增加贫困市县财政收入，培训人才，先后组织全省 14 个贫困市县到开发区兴办加工企业。以市场为导向，调整产业结构，以提高农民收入为目的，按照"突出重点、统一规划、成片开发、分户管理、讲求效益"的原则，重点抓一批见效快、效益好的项目。鼓励贫困地区大力推广芒果、剑麻、荔枝、香蕉等热作品种的种植，

---

① 数据来源：海南史志网.1993 海南年鉴-社会事业-社会保障-扶贫.https://hnszw.org.cn/web/hnnj/list.php?Class=4849&Deep=4♯content2.

巩固发展甘蔗、橡胶等热带传统经济作物。1994 年,省政府根据《国家八七扶贫攻坚计划》的要求,决定集中人力、物力、财力,动员社会各界力量,力争用 7 年左右的时间,基本解决目前全省农村贫困人口的脱贫问题。1997 年,省政府开设扶贫重点项目,发出《关于实施 1997—1999 年我省扶贫重点项目的通知》,确定 1997—1999 年扶贫重点项目 49 个,计划投资 16.9 亿元人民币和 500 万美元,扶持 7.09 万户、41.32 万人。截至 1997 年底,全省农村有 16 万人基本脱贫,贫困人口从 1988 年的 202 万减少到 29 万①。

1998—2000 年间,海南省根据《关于贯彻落实〈中共中央、国务院关于进一步加强扶贫开发工作的决定〉的意见》,出台了"种植业开发""养殖业开发""基础设施建设""科技培训""联手扶贫""社会扶贫""军警部队扶贫"等一系列扶贫开发政策,提出以提高贫困地区生产力、增加农民收入、降低贫困人口发生率为目标,以贫困村为主战场,以贫困户为对象,以发展种养业为重点,以改善生产和生活条件为突破口,进一步落实扶贫工作责任制,切实加强对扶贫开发工作的领导,加大联手扶贫力度,全面动员社会力量投入扶贫攻坚工作,如期实现扶贫攻坚目标。截至 2000 年底,所有贫困市县和贫困乡镇的农民年人均收入均超过省委、省政府确定的 1 400 元和 1 000 元的温饱线,全省农村贫困人口减少到 7.3 万人,农村贫困率从 17.8％下降到了 1.5％。经济发展成绩显著。全省 5 个国定贫困市县和 5 个省定贫困县的国内生产总值由 49.62 亿元增加到 95.81 亿元,增长 93％;工农业生产总值由 46.81 亿元增加到 98.24 亿元,增长 109.8％;地方财政收入由 2.38 亿元增加到 5.09 亿元,增长 113.5％。②

2001 年,海南省根据《关于贯彻落实〈中国农村扶贫开发纲要(2001—

---

① 数据来源:海南史志网.1998 海南年鉴-海南政治与社会事业年鉴-社会事业-社会保障. https://hnszw.org.cn/web/hnnj/list.php?Class=4844&Deep=4#content6.

② 数据来源:海南史志网.2001 海南年鉴-社会事业-社会保障-扶贫开发.https://hnszw.org.cn/web/hnnj/list.php?Class=4841&Deep=4#content6.

2010 年)〉的意见》,提出新时期扶贫开发的任务、对象、内容和措施。一是进一步改善贫困地区的基本生产生活条件。巩固温饱成果,提高贫困人口的生活质量和综合素质,加强贫困乡村的基础设施建设,改善生态环境,逐步改变贫困地区社会、经济、文化的落后状况,为达到小康水平创造条件。二是提出尽快解决 7.3 万贫困人口的温饱问题。把占农村人口 10％左右的低收入贫困人口作为帮扶的基本对象,按照集中连片的原则,确定五指山周边地区为国家和省重点扶持区域,包括五指山、琼中、保亭、陵水、白沙、屯昌、定安、临高、昌江、乐东、东方等 11 个市县纳入扶持范围,统一组织,同步实施。三是坚持开发式扶贫。继续把发展种养业作为扶贫开发的重点,根据市场需求,坚持调优、调精、调高的原则,调整产业结构,发挥热带资源优势,积极推进农业产业化经营。扶持发展龙头企业,引导和鼓励具有市场开拓能力的农副产品加工龙头企业到贫困地区建立原料生产基地,实行"公司＋农户""科技＋农户"等多种模式,逐步建立农业服务体系,为贫困农户提供产前、产中、产后系列化服务,形成贸工农一体化、产供销一条龙的产业化经营。四是进一步改善贫困地区的生产生活条件。采取有力措施,基本解决国家重点扶持区域的人畜饮水困难,并力争做到绝大多数行政村通电、通路、通邮、通电话、通广播电视,95％的农户住上瓦房,沼气化村庄达到30％以上;深化农村卫生体制改革,改善贫困地区医疗卫生条件,实行大病统筹,基本控制影响贫困地区群众生产生活的地方病。五是加大科教扶贫力度。鼓励、引导各类科研机构、有科技实力的企业直接参与扶贫项目的开发,加快科技成果转化,提高扶贫开发的科技含量。六是切实加强贫困地区的基础教育,进一步提高适龄儿童入学率,确保实现 9 年义务教育,普遍提高贫困人口受教育程度。实行农科教结合,进一步转变贫困地区农民群众的思想观念。①七是继续组织开展联手扶贫,把"希望工程""幸福工程""文

①　数据来源:海南史志网.2002 海南年鉴-社会事业-社会保障-扶贫开发.https://hnszw.org.cn/web/hnnj/list.php?Class＝4840&Deep＝4♯content6.

化扶贫""教育扶贫""医疗扶贫""交通扶贫""旅游扶贫"结合起来,形成扶贫合力,通过不同形式,支持贫困地区的开发建设。八是做好政策保障。通过加大财政扶贫资金投入,加强财政扶贫资金的管理,扩大扶贫专项贷款规模,结合中部开发,促进贫困地区发展。经过海南省各级政府和海南人民的10年共同努力,2001—2010年海南扶贫开发的目标、基本任务、主要内容基本完成。

2010年,国务院发布《国务院关于推进海南国际旅游岛建设发展的若干意见》,海南省围绕建设国际旅游岛的总体要求,以贫困村为主战场,继续以减少贫困人口、增加贫困农民收入和增强贫困农民自我发展能力为主要目标,做好整村推进扶贫、产业化扶贫、劳动力转移培训、联手扶贫、革命老区扶贫、教育扶贫移民等工作。继续推进扶贫试点工作,探索"农村最低生活保障制度与扶贫开发政策有效衔接试点",根据国务院扶贫办、民政部的要求,开展农村最低生活保障制度与扶贫开发政策有效衔接试点工作,探索建立稳定的扶贫对象识别机制,以做到扶贫对象应保尽保、应扶尽扶。成立农村最低生活保障制度和扶贫开发政策有效衔接试点工作领导小组,明确试点工作的指导思想、基本原则、目标要求、实施步骤、保障措施等。截至2011年底,全省11个国家、省扶贫开发工作重点市县生产总值达到513.14亿元、地方财政收入达到110.06亿元,分别增长22.6%和32.6%;农民人均纯收入平均达到5 642元,增长25.2%。农民人均纯收入达到4 939元,增长29%。全省贫困人口减少到75.30万人(按新的贫困标准计算),减少6万人[①]。

2. 乡村脱贫攻坚期(2012—2017年)

党的十八大召开以来,以习近平同志为核心的党中央把脱贫攻坚摆在治国理政的突出位置,以前所未有的力度推进脱贫攻坚,取得举世瞩目的成

---

① 数据来源:海南史志网.2012海南年鉴-社会-社会保障·扶贫工作.https://hnszw.org.cn/web/hnnj/list.php?Class=4825&Deep=4#content1.

就。一是加大脱贫攻坚的财政支持力度,2012 年安排中央财政扶贫资金 3.31 亿元(其中发展资金 2.01 亿元、以工代赈资金 7 500 万元、少数民族发展资金 3 110 万元、兴边富民行动资金 2 400 万元),省直机关、企事业单位联手扶贫资金 2.30 亿元(其中引进项目资金 2.07 亿元),扶持贫困地区开展整村推进扶贫、产业扶贫、劳动力转移培训、联手扶贫、老区建设、小额信贷扶贫等工作。2013 年投入财政扶贫资金 7.53 亿元、社会帮扶资金 1.02 亿元,金融机构发放信贷扶贫资金 6.87 亿元。全省农村贫困人口从 2012 年 75.30 万人减少到 2015 年的 47.70 万人,减少 28.6 万人[①]。

二是以改善民生和增加贫困地区农民收入为目标,以整村推进扶贫开发为突破口,重点做好产业扶贫、劳动力培训转移、基础设施建设和社会帮扶等工作,2013 年就完成 60 个贫困村整村推进扶贫开发任务,解决 20.96 万人行路难和 3.20 万人安全饮水问题,完成农民实用技术培训 4.60 万人次,实现 1 491 人转移就业。全年五指山市、保亭黎族苗族自治县、琼中黎族苗族自治县、白沙黎族自治县和临高县 5 个国家扶贫开发工作重点市县生产总值 227.56 亿元,地方财政收入 18.96 亿元,农民人均纯收入 7 023 元,分别比上年增长 11.6%、30.0%、15.3%。全省农村贫困人口从 68.70 万人减少到 62.30 万人,全年减少贫困人口 6.40 万人[②]。

三是以整村推进为抓手,以贫困村、贫困户为对象,突出精准扶贫,继续开展特色产业扶贫、基础设施建设、“雨露计划”、干部驻村帮扶、革命老区建设等工作。2015 年完成 60 个行政村的整村推进扶贫开发任务,其中国家扶贫开发工作重点贫困市县 20 个,其他市县 40 个。每个整村推进村投入资金不少于 300 万,共投入资金 3.54 亿元(其中中央财政扶贫资金 1.14 亿

---

① 数据来源:海南史志网.2013 海南年鉴-社会-扶贫开发.https://hnszw.org.cn/web/hnnj/list.php?Class=13211&Deep=4.

② 数据来源:海南史志网.2014 海南年鉴-社会-扶贫开发.https://hnszw.org.cn/web/hnnj/list.php?Class=19771&Deep=4.

元,整合资金 2.39 亿元);硬化乡村道路 145 公里,进一步加大乡村基础设施建设,使全省 6.63 万农户受益。同时,海南省把扶贫与旅游结合起来,确定五指山市水满乡新村、临高县博厚镇加禄村、白沙黎族自治县邦溪镇南班村、琼中黎族苗族自治县红毛镇什寒村为省内旅游扶贫第一批试点村,其中白沙黎族自治县邦溪镇南班村还被国务院扶贫办和国家旅游局列为 2015 年全国贫困村旅游扶贫试点村。海南全年向旅游扶贫试点村投入财政专项扶贫资金 848 万元,整合资金 1 470 万元,用于旅游设施建设和人员培训。全省举办各类培训班 117 期,培训 3 700 人次,使得乡村扶贫取得明显成效。截至 2016 年底,完成标识海南省脱贫 200 685 人,完成比例为 106.58%;净减少贫困人口 190 421 人,完成比例为 101.13%。在按照"四个不退出"从严把握的基础上,实现 100 个贫困村整体脱贫出列,5 个国定贫困县农村居民人均可支配收入增长 10.6%,比全省农村居民收入增速快 1.5 个百分点①。

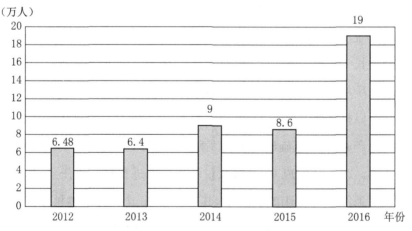

资料来源:根据海南史志网海南年鉴 2012—2016 年数据整理。

图 4.1 2012—2016 年海南省农村贫困人口减少人数

---

① 数据来源:海南史志网.2017 海南年鉴-社会-扶贫开发.https://hnszw.org.cn/web/hnnj/list.php?Class=23726&Deep=4.

（二）乡村振兴起步期（2017—2020 年）

党的十九大以来,海南省以习近平扶贫开发重要战略思想为根本遵循和行动指南,贯彻落实党中央、国务院和省委、省政府决策部署,实施精准扶贫、精准脱贫。除原有的定点扶贫、整村推进扶贫、行业扶贫、农业特色扶贫、科技扶贫等常规扶贫政策外,还新增了"双百三同"驻点采访、脱贫攻坚约谈与督查审计、脱贫攻坚自查自纠、精准扶贫成效第三方评估、脱贫攻坚市县交叉考核等措施。2017 年全省年度计划减少贫困人口 18 万人,实际脱贫 20.80 万人,完成计划的 113%,新增贫困户 1 616 户、6 721 人,返贫 307 户、1 311 人,净减少贫困人口 20 万人,完成计划的 108%;完成贫困村脱贫出列 117 个,贫困自然村易地扶贫搬迁 4 个;全省贫困市县农村居民人均可支配收入增长 12.5%,比全省平均增速快 3.6 个百分点[①]。2018 年,海南省成立脱贫攻坚战领导小组,建立从省到自然村的脱贫攻坚五级扶贫工作体系,动员全省资源和主干力量设立乡镇脱贫攻坚大队 201 个、中队 2 544 个、小队 1.36 万个,明确全省脱贫攻坚今后三年任务目标,即 2018 年为脱贫攻坚整改年,实现保亭、琼中 2 个国定贫困县摘帽,83 个贫困村脱贫出列,8.30 万贫困人口脱贫;2019 年为脱贫攻坚决战年,实现五指山、临高、白沙 3 个国定贫困县(市)摘帽,剩余贫困人口全部脱贫,全省消除绝对贫困;2020 年为脱贫攻坚决胜年,全省脱贫人口、出列贫困村、摘帽贫困县(市)脱贫成果全面巩固提升。研究部署了脱贫攻坚十大工程,即产业扶贫工程、旅游扶贫工程、就业扶贫工程、生态扶贫工程、教育扶贫工程、健康扶贫工程、危房改造扶贫工程、综合保障性扶贫工程、精神扶贫工程、社会扶贫工程;实施脱贫攻坚四大行动,即交通扶贫行动、水利扶贫行动、电网和光网扶贫行动、贫困地区农村人居环境整治行动;做好五大支撑,即财政投入支

---

① 数据来源:海南史志网.2018 海南年鉴-社会-扶贫工作.https://hnszw.org.cn/web/hnnj/list.php?Class=23794&Deep=4.

撑、金融支撑、用地政策支撑、人才和科技支撑、法治支撑,为保障扶贫进展,建立了精准识别和贫困退出机制、扶贫开发大数据平台信息管理和信息共享机制和脱贫攻坚项目库建设管理机制,构建起扶贫攻坚的五大政策保障,即强化脱贫攻坚五级战斗体系、把贫困村党组织建成脱贫攻坚坚强战斗堡垒、营造良好社会氛围、深化扶贫领域腐败和作风问题专项治理、加大脱贫攻坚战激励和问责力度。具体举措主要包括五个方面。

一是推出扶贫扶志的"脱贫攻坚惠农超市"。采取"整合捐助物资、超市化运作、评比积分"的模式分类施策,对贫困户重点围绕生产收入、政策了解、技能掌握、卫生礼节等 7 大类 18 项指标开展评比积分,对非贫困户通过带动就业、带动产业扶贫等 5 大类 9 项指标进行评比积分,以积分在超市兑换日常生活物资。2018 年,海南省全省计划脱贫 8.30 万人,实际脱贫 8.67 万人,81 个贫困村出列,137 个贫困村巩固提升,完成五指山市新春村生态移民易地搬迁任务。贫困地区农村居民人均可支配收入达到 1.15 万元,增长 12.0%①。

二是产业扶贫效果明显。海南省提出以"3111"带动产业扶贫。其中,"3"指橡胶、椰子、槟榔传统"三棵树"产业,"111"指一个热带水果产业、一个反季节瓜菜产业和一个本地特色养殖业。在"3"方面,海南制定"三棵树"的发展规划,推广天然橡胶价格(收入)保险,实现建档立卡贫困户胶农参保全覆盖;推广"椰子贷"贷款产品,给予单户 10 万至 200 万元的贴息贷款,鼓励扩大椰子种植规模;延伸槟榔产业链,增加附加值,稳定价格,促进增收。在"111"方面,以"五带动全覆盖"模式(指企业、共享农庄、合作社、家庭农场、致富能人五类经营主体覆盖带动所有建档立卡贫困户),加大产业帮扶力度。2019 年,全省贫困户发展种植业规模 2.27 万公顷,发展养殖业规模 772.12 万头(只),创建特色产业扶贫示范村 43 个,特色扶贫农产品 69 个,

① 数据来源:海南史志网.2019 海南年鉴-社会-扶贫工作. https://hnszw.org.cn/web/hnnj/list.php?Class=24241&Deep=4.

特色产业扶贫基地 64 个,庭院经济扶贫示范村 100 个。全省投入产业扶贫资金 13.92 亿元,占各级财政投入专项扶贫资金的比例达 53.13%,实施农业产业项目 1 811 个,带动辐射贫困人口 41.77 万人次。

三是实施建档立卡贫困户就业信息电子化管理。对"零就业"家庭动态清零,做到出现一户、帮扶一户、解决一户;开展就业扶贫公益专岗清查,开发护林、护路、管水等就业扶贫公益专岗 16 686 个;为强劳力和有外出就业意愿的贫困家庭提供技能培训;通过举办招聘会、就业岗位推介会、就业扶贫服务微信公众平台等方式,帮助农村 29.99 万名贫困劳动力实现就业。2019 年,全省共有贫困劳动力 358 524 人,已就业 299 864 人,就业率达 84%,有劳动能力、有就业意愿的"零就业"贫困家庭基本有 1 名劳动力实现就业。

四是创新生态移民扶贫。2019 年,海南省新建村级光伏扶贫电站 70 个,增加装机规模 8 673 千瓦,涉及五指山、白沙两个市县 49 个建档立卡贫困村,帮扶贫困户 1 820 户。累计纳入国家光伏扶贫目录的村级光伏扶贫电站有 84 个,装机规模 10 062 千瓦,涉及儋州、白沙、五指山、保亭共 60 个建档立卡贫困村,帮扶贫困户 2 228 户。同年,海南省结合热带雨林国家公园建设,启动第一批白沙县高峰村 118 户、498 人整体生态搬迁工作,推行生态护林员和生态协管员制度,完成 2018 年下达的 1 973 个生态护林员选聘或补聘指标,并向国家新争取 2 000 个生态护林员指标。截至2019 年底,海南高质量完成 14 496 户、45 002 人年度脱贫目标任务;全省农村贫困发生率由 0.79% 下降到 0.01%,提前一年基本消除现行标准下的绝对贫困,剩余贫困村全部出列、贫困县全部达到摘帽条件。消费扶贫受益贫困户达 10.06 万户次[1],贫困地区农村居民人均可支配收入增幅高于全省平均水平。

---

[1] 数据来源:海南史志网.2020 海南年鉴-社会-扶贫工作.https://hnszw.org.cn/web/hnnj/list.php?Class=24254&Deep=4.

　　五是教育扶贫和民生保障。在教育保障方面,海南省实现从学前教育到高中阶段教育特惠性资助"全资助",全省各阶段受资助学生 53.54 万人次,资助资金 9.65 亿元;发放教育扶贫特惠性资助 4.01 亿元,资助学生 31.39 万人次。推进优质教育资源与能力提升,共改善 613 所乡村学校,引进 103 个优质教育资源项目。建成 14 所特殊教育学校,全省特殊学校在校生共计 1 933 人,为 520 名重度残疾学生送教上门。义务教育实现"全上学、全资助、上好学、促成长"。压实控辍保学责任,重点安置 52 名义务教育阶段需要关注的学生,全省无失学辍学现象。对极度厌学和辍学的学生,专门安排职业初中班和初中职业班,提供技能教育。在医疗保障方面,海南省推出"先诊疗后付费"日报制度,全省二级以上公立医疗机构、乡镇卫生院实现农村贫困人口住院"先诊疗、后付费",全省 2 186 家定点医疗机构均实现"一站式"结算服务。建档立卡贫困人员全部参加基本医疗保险,住院报销比例为 90.90%,慢性病门诊费用报销比例为 91.93%。在住房保障方面,全面摸底调查住房安全保障并分类处置,对已改造的住房,重点查质量、鉴定准确性,对鉴定不准确的 96 户进行重新鉴定并完成整改,对存在质量缺陷的 881 户进行修缮,对住房安全未保障的 64 户建立台账改造,2020 年全部竣工并实现入住。在饮水安全保障方面,海南省全面排查建档立卡贫困人口饮水安全和农村饮水工程,采取打应急井、分时段供水和应急送水等措施,解决季节性缺水问题,对全省 64 处安全饮水工程进行了巩固提升,受益人口达 6.45 万人。在综合兜底保障方面,海南省推进农村低保制度与扶贫开发政策有效衔接,将 2.75 万户、6.85 万建档立卡贫困人口纳入低保或特困进行兜底,实现所有符合条件的建档立卡贫困户全部纳入低保或特困进行兜底。对建档立卡贫困户 10 667 户次、4.33 万人次实施临时救助,支出临时救助金 2 056.49 万元。及时向全省 21.31 万城乡低保对象、特困人员发放保障金 9.47 亿元;向 164.00 万人次城乡低保对象、特困人员、孤儿、事实无人抚养儿童发放临时价格补贴 8 786.69 万元;向全省 15.52 万残疾人发放两项补贴 2.33 亿元。

　　海南省将巩固拓展脱贫攻坚成果与乡村振兴有效衔接,将扶贫与扶志、扶智结合,"输血"与"造血"并重。一是扶志,走进户——领导多次深入农户,驻村扶贫工作队逐村逐户进行思想发动;请进来——召开村民会议、恳谈会、村干部座谈会,局领导和驻村工作队为村民做宣传、讲政策、树思想,村民为精准帮扶出谋献计;走出去——组织村"两委"干部、贫困户代表,赴五指山市、保亭县部分乡镇考察学习和借鉴外地好的扶贫工作经验、做法,探索脱贫致富发展新思路,激发贫困户内生动力,使贫困户在思想观念上由过去"等、靠、要"开始向自力更生、勤劳致富的转变。二是扶智,积极组织村民参加就业技能培训、学习种养技术,累计参加益智、槟榔、养蜂种养技术培训、挖机驾驶技术培训和砌砖技术培训的村民(含贫困户)共计 133 人,并联系合作社,优先雇用贫困户到基地打工,边劳动边学技术,让贫困户学到技术的同时也增加了收入。共组织贫困户到尖峰金菠萝、抱隆金菠萝、抱班百香果种植基地参加劳动 6 次,90％的贫困户学到了金菠萝、百香果种植技术,有力地带动了贫困户脱贫致富。三是扶就业,注重拓宽贫困户致富门路,增强农民自身的造血能力。①在脱贫攻坚、乡村振兴实践中,海南省因地制宜,探索创新农村乡土人才培育和使用模式,遴选"土专家",聘请"田教授",组建了一支立足农村产业发展、覆盖四个区 22 个镇农村的"田教授"乡土人才队伍。通过开展"土专家""田教授"帮扶活动,现场讲授种养技术、讲述自身脱贫致富经验和体会、带富身边群众,探索出一条脱贫致富、产业致富的好路子、好经验、好做法,打造了一支活跃于群众身边的永远不走的"专家""教授",为助力脱贫攻坚、乡村振兴提供了强有力的支撑②。

　　"十三五"时期,海南省政府紧紧围绕"扶持谁、谁来扶、怎么扶、如何退、

---

① 数据来源:海南振兴局-要闻动态-振兴要闻.[2021-3-19]. http://fpb.hainan.gov.cn/fpb/zwdt/202103/3996eaebaa6145cb8781d17505097639.shtml.

② 数据来源:海南振兴局-要闻动态-乡村振兴简报.[2021-09-13]. http://fpb.hainan.gov.cn/fpb/tpgjdtjb/202109/1782536d70f04e5ebcfd61456815e1ec/files/f30fdbff0f1042b297443861d0734d6f.pdf.

如何稳"五个方面,采取了一系列攻坚举措。

在"扶持谁"上,着重运用好"两大"手段。一是组织全覆盖大排查,先后组织 4 次全覆盖、拉网式大排查,对所有农村常住居民逐村逐户逐人逐项排查。二是建成并用好海南省精准扶贫大数据管理平台。对教育、卫健等 15 个部门 28 项数据实现即时比对、即时预警、及时纠错。

在"谁来扶"上,着重建立健全"两个体系""一个制度"。一是建立健全从省到村五级战斗体系。将所有帮扶力量编入战斗队序列,实现驻村工作队覆盖所有乡镇、行政村。二是建立健全"省负总责、市县抓落实、乡镇扑下身子"的脱贫攻坚责任体系。三是将脱贫攻坚纳入市县乡镇党委书记述职评议、年度考核的重要内容,开展全覆盖、全行动、全参与"大比武",每年对市县和定点帮扶单位开展考核。四是建立健全督查制度。成立 9 个省委脱贫攻坚战督查组,全脱产常驻市县开展常态督查。

在"怎么扶"上,着重围绕"五个方向"攻坚突破。一是完善政策体系。省级包括省直部门和市县制定了系列配套措施。二是主攻产业就业。在产业帮扶方面,对有条件、有意愿的贫困家庭,至少有一个经营主体带动、有一个产业发展指导员技术帮扶、有扶贫小额信贷政策助力、有一个保险政策托底、有一个政策奖励。在就业帮扶方面,落实各项补贴政策,确保有劳动能力、有就业意愿的"零就业"贫困家庭至少有 1 名劳动力就业。三是抓实问题整改。在抓好国考反馈和审计、省内巡视、人大监督自查发现等问题整改的基础上,开展全覆盖问题大排查,发现问题及时整改。四是凝聚攻坚合力。242 家省直单位参与定点帮扶,1 024 家民营企业参与"百企帮百村",消费扶贫累计销售 7.34 亿元。五是激发内生动力。创办脱贫致富电视夜校、"扶贫巾帼励志班""扶贫励志班",创新开展"六治"专项活动,评选脱贫光荣户、设立红黑榜等,激发贫困户内生动力。

在"如何退"上,着重严格执行"三个一"手段,即明确贫困县、贫困村、贫困户退出的标准和程序,每年委托第三方进行一次专项抽查评估,每年借助大数据平台进行一遍反复比对，每年至少开展一遍入户核查，实际工作中我们每年开展了多次入户核查，确保退出结果真实。在"如何稳"上，着重运行好"一个机制"。就是建立贫困人口动态监测和帮扶机制，对边缘户、因病因灾等家庭变故易返贫的脱贫户实施重点跟踪监测，及时消除返贫、致贫风险。

5年来，海南省把打赢脱贫攻坚战作为自由贸易港建设的重要前提和底线目标，坚决兑现脱贫攻坚庄严承诺，圆满完成了各项目标任务，脱贫攻坚任务全面完成。全省累计投入171.67亿元，建档立卡贫困人口15.21万户、64.97万人全部脱贫，600个贫困村（含67个深度贫困村）全部出列，5个贫困县（含1个深度贫困县）全部摘帽。贫困群众都喝上安全水、住上安全房，贫困学生义务教育阶段做到"全上学"，贫困群众慢病和大病都能得到有效救治，"两不愁三保障"全面落实。

贫困群众收入大幅增长。贫困群众人均纯收入从4 448.30元增长到12 732.96元以上，年均增幅23.41％。共有12.6万贫困户落实产业扶贫措施，省级扶贫龙头企业共62家，带动贫困户4万多户、15万余人，致富带头人领办（创办）项目2 287个，受益贫困户达10.92万人。共有3.08万户落实就业扶贫措施，建成252个就业扶贫车间（基地），累计开发护林、护路、清洁卫生等扶贫公益专岗3.89万个，全省35.85万贫困劳动力已就业29.99万人。对10.9万建档立卡贫困人口开展普惠性生态直补，对15.2万残疾人每月发放两项补贴，将2.75万户、6.87万贫困人口纳入低保或特困进行兜底。

贫困群众生产生活条件大幅改善。海南在全国范围内率先实现100％具备条件的自然村通硬化路，提前1年实现了国家明确的"两通"目标，即100％具备条件的行政村通硬化路，100％具备条件的行政村通客车。贫困地区供电可靠率达99.75％；农村饮水安全工程全部得到巩固提升；光纤宽带网络实现全省贫困行政村全覆盖，自然村的覆盖率达98.69％；农村地区居民燃气普及率达95.13％，垃圾无害化处理率达92.6％。

贫困群众内生动力和自我发展能力大幅提升。充分发挥脱贫致富夜校

"志智双扶"主阵地作用,连续 4 年定期播出夜校节目 210 期,平均每期有 56.2 万人次收看,所有贫困家庭长期接受感恩励志教育和技能培训①。深入开展"六治"专项活动,全省"六治"重点贫困户基本实现成功转化,从事农业生产、兼营副业或外出打工。贫困群众劳动致富的意识逐渐增强,贫困户年人均工资性、经营性收入逐年增长。

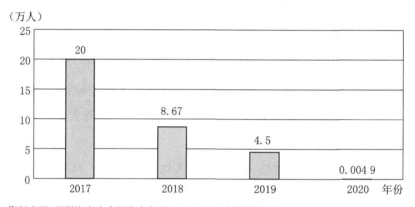

资料来源:根据海南史志网海南年鉴 2017—2020 年数据整理。

图 4.2　2017—2020 年海南省实际脱贫人数

(三) 海南自贸港乡村振兴的发展期(2020 年至今)

2020 年,《海南自由贸易建设总体方案》出台,海南迎来了前所未有的历史机遇,乡村振兴也迈入新的发展阶段,形成了乡村振兴和新型城镇化双轮驱动、协同发展的新格局,城乡布局结构不断完善,城镇对乡村的带动能力持续增强,乡村生产生活生态空间布局得到优化,不同类型村庄协调有序发展,田园乡村与现代城镇各具特色、交相辉映的城乡发展形态加快形成。

一是进一步巩固脱贫攻坚成果,守住了不发生规模性返贫的底线,全国脱贫人口人均纯收入达到 14 342 元,同比增长 14.3%,脱贫基础更加稳固。防止

---

① 数据来源:海南振兴局-信息公开.[2022-01-14]. http://fpb.hainan.gov.cn/fpb/0900/202201/abba53672bd54a93a1925f7fb862b4d4.shtml.

返贫监测帮扶机制更加健全,没有出现规模性返贫现象。各地因地制宜建立监测标准年度调整机制,对防止返贫监测对象落实精准帮扶措施,实现应帮尽帮。2022 年,65.3%的监测对象已消除返贫风险,其余均落实了帮扶措施。

二是就业和产业帮扶举措更加有效,脱贫人口收入较快增长。脱贫县农民人均可支配收入、脱贫人口人均纯收入增速均高于全国农民平均水平。在就业方面,各地区各有关部门坚持组织动员脱贫人口外出务工与促进就近就地就业双向发力。在产业方面,实施脱贫地区特色产业提升行动,中央财政衔接推进乡村振兴补助资金 55%以上用于支持帮扶产业发展,主导产业特色保险覆盖率达到 70%①。在资金扶贫上,中国农业银行主动肩负起金融服务"三农"的重大使命,扎实推进服务乡村振兴战略,积极发挥大型国有商业银行科技系统优势、网点网络优势和产品服务优势,最大限度投入各项政策、资源,为海南农业农村发展建设和农民增收作出积极贡献。海南农行始终将信贷投放提速作为巩固拓展脱贫攻坚成果和乡村振兴有效衔接的重要抓手来推动,保持脱贫县、脱贫户和边缘户的信贷准入、审查审批、利率优惠等差异化支持政策的总体稳定。

三是健全完善考核激励政策,继续为脱贫县支行安排战略费用和激励工资等专项资源,确保脱贫地区信贷支持力度不减。同时加大对热带农业的支持力度,重点支持橡胶、槟榔等脱贫地区的主导产业,发展林下经济,推广林药、林菌、林茶等套种套养模式,大力发展共享农庄,盘活闲置土地资源,将农业与旅游、教育、康养等产业深度融合,为消费者提供体验乡村生活,追忆乡愁的新生活方式。截至 2022 年,全省 102 家共享农庄实现年营业收入 12.9 亿元,3.5 万户农户实现总收入 12.2 亿元②。四是完善脱贫攻

① 数据来源:海南振兴局-要闻动态-振兴要闻.[2023-01-28]. http://fpb. hainan. gov. cn/fpb/zwdt/202301/6d0e503fd6a3467b92ffa4e1cd0f083a. shtml.

② 数据来源:海南振兴局-要闻动态-振兴要闻.[2023-01-12]. http://fpb. hainan. gov. cn/fpb/zwdt/202301/a2300be8ddb54f74b22809f62fcdd20b. shtml.

坚与乡村振兴衔接机制。全省共安排产业帮扶项目衔接资金23.4亿元,占年度衔接资金投入的56.21%,专门成立省级产业帮扶专班,统筹全省农业发展,健全联农带农机制,优化产业奖补政策。在脱贫攻坚取得全面胜利后,海南驻村工作队伍不减反增。2 758支乡村振兴工作队共8 200余人,覆盖所有乡镇、村,其中2 561名驻村第一书记吃住在村、奋战在一线。2022年,脱贫户人均纯收入1.799 8万元,同比增幅14.5%①,为海南乡村振兴提供了坚实的物质基础和制度保障。

二、海南乡村振兴发展的具体现状

党的十八大以来,海南省统筹城乡发展一体化进程,突出乡村振兴战略的地位,统筹城乡空间功能布局与乡村经济社会建设,以生态产业化和产业生态化为导向,不断推动乡村振兴的进程,取得了较好的发展成绩。

(一)统筹规划,积极推进"美丽海南百镇千村"建设

目前,海南省(含洋浦开发区)共有20个市县、196个乡镇、2 638个乡村。截至2018年底,海南全境乡村人口达619.58万人,其中乡村从业人员364.7万人。2016年,海南省开始实施"美丽海南百镇千村"建设工程,力争在2020年建成1 000个生态宜居的美丽乡村,打造100个特色产业小镇。截至2019年,海南省共验收评定816个美丽乡村,评定出384个星级美丽乡村示范村,并打造出三亚吉阳区中廖村、海口秀英区石山镇施茶村、琼海沙美村、文昌红海村等30个中国美丽乡村。同时,有73个特色产业小镇正在动工建设。海南通过特色小镇培育出一批特色农产品品牌,如东方火龙

---

① 数据来源:海南振兴局-要闻动态-振兴要闻.〔2023-01-09〕. http://fpb.hainan.gov.cn/fpb/zwdt/202301/cd969f1632eb4b658524e746240e81e1.shtml.

果、石山石斛、白沙绿茶、兴隆咖啡等,并积极打造"大三亚旅游经济圈",通过产业带动农户增收,充分发挥"旅游＋"的带动效应,形成城、乡、村协同发展以及一、二、三产融合发展的趋势,截至 2019 年,海南省城镇化率达到 59.23％。在农村产业方面,2019 年,海南农村农林牧渔业总产值达 1 689.4 亿元,比 2015 年增长 18.6％。在居民收入方面,城镇居民人均可支配收入 36 016.7 元,比 2015 年增长 36.6％,农村人均居民可支配收入 15 113.15 元,比 2015 年增长 39％,但仅是海南城镇居民人均收入的 42％,城乡差距还是较大。在乡村产业方面,目前海南乡村的主要经济作物涵盖了粮食、糖料、甘蔗、油料、橡胶和瓜果蔬菜等,其中瓜果蔬菜每公顷产量达到 26 000 公斤以上,并呈现出良好的增长趋势①。

　　海南在打造"百镇千村"工程时,注重整体协调和特色发展,按照"一村一景、一村一品、一村一韵、一村一特色"的理念,成立了百镇千村及共享农庄领导小组,出台《美丽乡村建设三年行动实施方案(2017—2019)》。海南以旅游景点为中心,打造乡村生态特色小镇,以"绿水青山就是金山银山"的理念谋划好美丽乡村建设,经过几年的建设,截至 2018 年底,海南省建成星级乡村 384 个,首批"共享农庄"61 家,47 个村庄列入中国传统村落保护名录②,全国休闲农业和乡村旅游示范县 3 个、示范点 12 个,入选中国乡村旅游模范村 35 个,椰级乡村旅游点 59 个,14 个村寨获评为"中国少数民族特色村寨",创建出文明生态村 1 859 个③。

(二) 注重"点、线、面"相结合,打造城乡融合发展新格局

　　为积极推动城乡融合发展,海南不断完善全域旅游的空间发展格局,一

---

① 数据来源:2019 年海南省统计年鉴。
② 我省加快推进百镇千村建设[EB/OL].海南日报数字报.http://hnrb.hinews.cn/html/2020-03/26/content_1_8.htm.
③ 海南省人民政府.关于引发海南省特色产业小镇建设三年行动计划的通知:琼府〔2017〕56 号[A/OL].(2017-06-15).https://f.qianzhan.com/tesexiaozhen/detail/190117-f9b4c722.html.

是以主要中心城市、特色小镇和旅游景区为"点",把全省的少数民族县市和落后贫困乡村都涵盖进来,东、中、西部协调发展,全省乡村地区纳入城乡一体化发展格局,积极推进城市和景区的基础设施建设,通过推动特色小镇、美丽乡村和共享农庄的建设,辐射周边地区,并衍生配套产业。二是"线",为打造全域旅游的空间格局,海南加大基础设施的投入,通过建设"田字形"高速公路体系和环岛高铁交通网络,并把国道与各乡村、景点串联起来,形成珍珠项链式的全域旅游线路。三是"面",通过"点、线"的结合,辐射到海南城乡全域的"面",同时通过加大乡村基础设施建设、文化建设、乡村扶贫攻坚、乡村产业支撑、推进骑行漫道和县域交通网络,实现"点、线、面"的城乡融合发展。

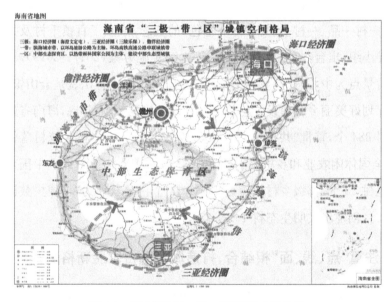

图 4.3　海南"三级一带一区"城镇空间格局

2018 年,习近平总书记"4·13"讲话后,海南紧紧围绕着"三区一中心"的定位,聚焦"旅游业、现代服务业和高新技术产业"三大主导产业方向,在海南全境不同区域精心谋划了三大类 20 个重点园区,并以点带面形成经济

发展圈,围绕中心产业园区打造衍生产业链,其中涵盖陵水、昌江、东方等
3个少数民族市县和地区,带动少数民族落后地区经济社会发展。重点园
区主要有三类:第一类是旅游业园区,以三亚凤凰岛邮轮旅游产业园、儋州
海花岛旅游产业园、陵水黎安旅游教育文化产业园为代表;第二类是现代服
务业园区,以海口江东新区、三亚总部经济和中央商务区、博鳌乐城国际医
疗旅游先行区为代表;第三类是高科技产业园区,以三亚崖州湾科技城、文
昌国际航天城为代表。

资料来源:海南推进20个重点园区高质量发展[EB/OL].海南省人民政府网.http://www.
hainan.gov.cn/hainan/5309/201909/fc6b4340bb8f4741af559b1970225eae.shtml.

图 4.4　海南省 13 个重点产业园区示意图

海南以全省规划一张图,整合共享省、市县的总体规划和土地、林地、城
市、海洋、生态红线、"五网"等专项规划为一体,把生产落后的贫困地区纳入
全省整体规划,将城市、市镇、园区、景区、生态保护区和美丽乡村等规划融
合一起,做到规划数据、统计评价、决策支持和规划审批一张蓝图画到底。
同时,大力加强交通等基础设施建设,打造海陆空一体化的国际化经济发展
带,改扩建海口美兰、三亚凤凰、琼海博鳌、东方、儋州等多个机场,建立起辐
射 21 个国家的 4 小时经济圈和辐射 59 个国家的 8 小时经济圈。着力打造

以洋浦港、八所港、秀英港和海口新港码头为中心的西部陆海新通道,争取在3—5年内把中国洋浦港打造成国际物流枢纽港,2020年,中国洋浦港年吞吐量预计将达到6 000万吨,集装箱吞吐量预计将达到100万标箱。在陆路交通方面,以网状的高速交通体系、环岛高铁和国道交通线将城乡串联起来,打造覆盖全省的4小时经济带,使任何园区到机场的时间在100分钟以内。海南以"全省一盘棋",通过打造海陆空立体交通网络,把贫困市县和乡镇融入自贸港政策的产业链覆盖范围,以点连线带面,构建起港、城、乡一体化的自贸港建设新格局。

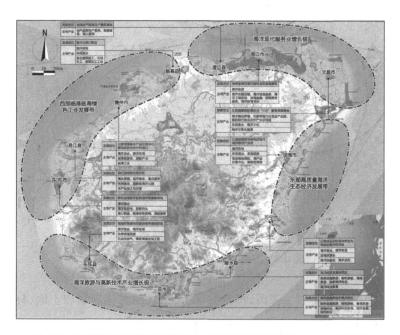

图 4.5 海南海洋经济社会发展"十四五"规划体系(2021—2025 年)

(三)以脱贫攻坚为抓手,助力乡村振兴

由于历史原因,海南省经济发展起步较晚,城乡差距较大,贫困人口主要分布在中西部的少数民族自治区和聚居区,且大多聚居在交通偏僻、生态

环境较为恶劣的地区。由于生活水平和受教育程度较低,大多贫困家庭呈现出代际传递、贫困程度较深、贫困发生率和返贫率较高等特点。党的十八大以来,为顺利实现全面小康目标,海南省聚焦三大攻坚战,以脱贫攻坚为主要抓手助力乡村振兴战略,按照"扶贫对象要精准、扶贫项目要精准、扶贫措施要精准、扶贫资金要精准、扶贫干部要精准、扶贫成效要精准"的主要策略,高质量高标准推动脱贫攻坚与乡村振兴的有效衔接。从 2010—2020年,海南省 10 个贫困县全部摘帽,所有贫困村全部出列。贫困人口总数减少了 198.9 万人,年均减贫 19.9 万人,贫困发生率从 2010 年的 23.8%下降到 2020 年的 0.01%,扶贫成效显著。截至 2020 年 8 月底,因新冠疫情影响,尚有 488 个贫困户还未脱贫,按现有进度,预计能如期实现全面脱贫目标[①]。

为完成全面脱贫目标,助力乡村振兴,海南以基层党建为抓手,通过就业扶贫、产业扶贫、消费扶贫和教育扶贫等手段多措并举,扎实推进乡村振兴建设。一是坚持党对扶贫工作的领导,做好顶层设计,健全体制机制,强化责任落实。全省成立了由省委主要领导领衔的扶贫工作领导小组,各市县的主要领导为扶贫工作的主要责任人;同时建立起省市县各机关与贫困村、扶贫干部与贫困户的双向联系机制,组织抽调全省党员干部构建起省、市、县、乡镇、村五级扶贫工作体系,针对海南贫困村和贫困人口的实际情况,全省各市县共建立了 231 个乡镇脱贫攻坚大队,2 553 个村级脱贫攻坚中队,围绕着脱贫攻坚目标和"两不愁三保障",上下扶贫干部做到分工明确、责任清晰,各方力量有效整合,攻坚压力传导到位的工作格局。

二是通过产业扶贫、就业扶贫兜住扶贫底线。全省通过对贫困市县的摸底排查,建立起产业扶贫的清单,并通过引进大企业进驻、培养乡村技能能手、引导建档立卡贫困户参与的多种扶贫模式。如海南屯昌县大力推广

---

① 继续"背水一战"决战脱贫攻坚[EB/OL].海南日报数字报.http://hnrb.hinews.cn/html/2020-05/31/content_4_1.htm.

"企业＋村集体(产业互助合作社)＋建档立卡贫困户"的一体化产业扶贫模式,全县共成立了 321 个互助合作社,投入 1 574 万元带动了 4 587 户贫困户抱团发展,形成苦瓜、水芹、茶树菇、辣椒和阉鸡等特色产业项目;指导 36 个贫困村建成 56 个黑猪养殖小区,通过成立种植基地,带动贫困户种植金椰、橡胶、槟榔等传统作物,有效促进了贫困户脱贫增收。同时对每一个贫困户精准施策,根据其各自情况建立扶贫台账,通过政府综合市场的用工需求和贫困户的劳动意愿,对贫困户开展了多轮次的实用技术培训,为贫困人口的外出务工牵线搭桥。

三是提升乡村的民生保障水平。在做好扶贫攻坚的同时,加大对乡村基础设施的投入,补齐乡村公共服务短板。截至 2020 年,全省率先实现行政村"村村通"硬板化公路,具备条件的自然村和行政村 100％通班车;率先在全省行政村实现 4G 信号全覆盖,博鳌地区实现 5G 商用,行政村光纤宽带覆盖率达到 99.6％,全省各自然村自来水普及率达到 95％,在全省乡村开展"厕所革命",建立起城乡生活垃圾一体化的处理模式,统筹推进城乡行政、旅游、教育、医疗和互联网等公共服务产品向农村覆盖。

(四)以"绿色青山就是金山银山"的理念打造美丽乡村

海南积极贯彻落实习近平总书记提出的"绿水青山就是金山银山"的发展理念,依托自然生态、特色农业、民族村寨、文化遗产等资源禀赋,打造休闲旅游型、高效农业型、文化传承型、休闲渔业型、生态保护型和特色产业型等多种形态的美丽乡村,形成"多点布局、串点成线、联线成面"的全域美丽乡村局面,先后打造出"美丽乡村会客厅"北仍村,农旅融合发展样板沙美村和南墙村、少数民族特色旅游乡村加脑村等美丽乡村。

海南省依托博鳌亚洲论坛外交平台,在高标准、高起点、高水平建设博鳌田园小镇的基础上,进一步打造"非正式""舒适休闲"的田园外交。海南精心谋划选址了琼海北仍村作为中国特色外交的试验田,按照"科学规划布局美、村容整洁环境美、创业增收生活美、乡风文明素质美"的目标,不搞大拆大建、注重生态环境保护,在维护村庄原有风貌的基础上,不断完善公共基础设施,把现代生活功能与古朴自然的村庄景观融为一体。2015 年 3 月 28 日,在出席博鳌亚洲论坛期间,习近平主席的夫人彭丽媛教授与奥地利总统夫人玛吉特、乌干达总统夫人珍妮特、赞比亚总统夫人埃斯特、尼泊尔总统女儿阿妮塔一同参观了北仍村,彭丽媛教授称赞该村为"社会主义新农村建设的一个缩影"。在海南省委和外事办的积极策划下,"美丽乡村会客厅"开始从外交平台向外事会见、精准招商和洽谈签约转变,"沙美村""南强村"等美丽乡村先后建成,通过高标准建设相关业态、稻田茶韵、旅游接待中心、国家农业工业、凤凰公社、花海栈道和田园绿化等建设提升了"美丽乡村会客厅"的内涵和层次;2019 年,在"美丽乡村会客厅"先后举办 30 多场外事见面会和"一对一"精准招商活动,接待 50 多个批次的世界 500 强企业来海南投资。

在"美丽乡村会客厅"的建设过程中,海南在坚持"绿水青山就是金山银山"的理念下,因地制宜培育新产业、打造新业态,构建起多元化的乡村产业体系,使"绿水青山"真正变成了"金山银山"。在现代化农业发展方面,通过采用"现代化企业＋基地＋专业"的模式,引进海南新发地现代农业发展有限公司和海南神农基因科技股份公司,通过租赁农民土地推广农业新品种和新技术,辐射带动现代农业发展。同时通过农村上地流转,发展适度经营,与村委会或村小组共同成立农业合作社,建立"公司＋农村合作社＋农民"的经营模式,按照"一村一品"的发展思路,立足区域特色和优势产业,运用先进种植技术发展特色农业,把乡村建设与特色农业结合起来,先后打造出 40 多个特色农产品,进一步增加了农村的生产性收入。在乡村旅游方面,海南进一步深挖美丽乡村与旅游融合发展的新路子,通过提升旅游配套设施和休闲功能,丰富旅游产品的供给,积极引导农民利用自身优势发展旅游衍生产业。例如,琼海加脑村把民族特色文化和乡村旅游结合起来,建立起自己的文化宣传队,唱山歌、跳竹竿舞、搞鹊桥会、山神祭祀等活动已成为民族特色旅游产品;村民们也纷纷成立农村合作社,开始抱团发展,形成了农家乐、民宿、特色小吃、农村电商等不同新业态,还加入了"艺术＋"元素,打造出花梨人家、陶醉音乐吧、古沉木展示馆、互联网OTO体验馆等,并引入国内外的知名艺术家和艺术团体进行文化展示交流活动,打造出集艺术、休闲、旅游、度假和康养为一体的美丽乡村。

随着"美丽乡村会客厅"的品牌效应不断扩大,北仍村近年来年均接待游客近50万人次,先后成立了7个农民专业合作社,全村年人均可支配收入从2014年的0.8万元增加到2019年的3万多元。沙美村2019年共接待游客40.96万次,实现旅游收入1 150万元,年人均可支配收入增长到1.9万元。南强村2019年共接待游客22.48万人次,实现旅游收入643.7万元,年人均可支配收入增长到2.1万元。北仍村以"美丽乡村会客厅"为主题,坚持"政府主导、社会参与、市场运作"的建设原则,搭建起"现代化公司＋农村合作社＋农户"的产业经营模式,把乡村建设与现代农业、乡村旅游结合起来,探索出一条美丽乡村建设的新路径。

(五) 科技赋能,建立"互联网＋农业"发展模式

海南地处北纬18度左右,属于低纬度地区,光热和降水充足,适宜发展热带高效农业。近年来,海南省以推进现代农业为重点,高标准推进农业示范基地建设,先后建成国家级三亚南繁育种基地和国家现代农业产业园区等,汇聚全国百余家科研单位的技术优势,在育种栽培、农产品新品选育种植和农业品牌扶持上给予了政策支持,同时通过现代科技赋能,使农业更加高效、更节约资源,传统农民也在生产过程中获得了劳动技能培训,有利于培养更多的现代职业农民。

以海南陵水黎族自治县为例,目前建设了5个省级农业示范基地,农产品的注册商标达到163个,其中陵水圣女果、陵水槟榔获得国家地理标志保

护产品和证明商标,陵水荔枝、美月西瓜、鲁宏荔枝、雷丰芒果、海岛红莲雾、礼亭椰子等一批特色农产品逐渐成为海南现代特色农业的金名片。政府为支持特色农业发展,一是通过科技赋能,如陵水在光坡镇和椰林镇积极推进圣女果GAP标准化基地建设,培养圣女果标准化示范区,打造与欧盟标准对接的圣女果标准化种植示范体系,通过电脑控制作物的添水施肥,遮阳网会根据棚内温度缓缓打开自动降温,水肥一体化系统既节约生产成本和管理费用,更提高了经济效益。同时引进院士工作站,通过产学研相结合,加快现代农业技术的转化,陵水现代农业示范基地拥有7 000平方米的农业科技创新孵化中心和1 100平方米的院士专家工作站,据了解,在园区立体栽培的叶菜亩产达到6万斤,是传统种植产量的6倍,且成长周期较传统种植缩短10—15天;黄灯笼椒亩产3 500—4 000公斤,是传统种植方式的2.5倍,真正使得现代农业既节能环保又高效。二是建立"互联网＋农业"发展模式,建立农业大数据中心和农业互联网运营中心,比如陵水拥有良好的海洋渔业资源环境和产业基础,2018年获批建立国家海洋经济发展示范区,基于5G网络技术,陵水开展"5G＋海洋牧场"项目,通过手机App就能查看海洋养殖场网箱回传的清晰视频和网箱温度、盐度、溶解氧等养殖环境参数数据,现代农业的科技感更强。随着现代农业科技不断提高,政府组织多场现代农民的生产技能培训,让农民主动融入现代农业产业链,帮助传统农民逐渐转变为现代职业农民。

第五章
海南自贸港乡村振兴的具体实践模式

  乡村振兴的主体是农民,重点在三农问题。由于政策性限制和资源约束等多方面客观因素,探讨乡村振兴的破题不能仅局限于乡村,也不能脱离乡村的实际。从我国改革初期安徽小岗村的家庭联产承包责任制改革到沿海乡镇企业发展、引进外资兴办乡镇企业等,我们发现,很多重要的改革都源自基层群众的实践探索。因此,总结和提炼乡村基层的自我实践和集体智慧是我们不断完善乡村振兴政策的重要依据。2020 年,《海南自贸港建设总体方案》出台,明确海南自贸港建设的实施范围为海南岛全岛,基本涵盖了城乡一体化建设的基本要求。海南省委书记沈晓明在海南省第八次党代会上提出,要全面落实"一本三基四梁八柱"战略框架,坚持走特色化、差异化、生态化的发展道路,争当乡村全面振兴和共建共享共同富裕的"优等生",为海南乡村振兴发展指明方向。党的十八大以来,海南全面推进脱贫攻坚和乡村振兴的有效衔接,充分发挥党建引领和社会主义制度优势,在广大乡村地区开展了卓有成效的实践,如期实现全面小康目标,正朝着第二个百年奋斗目标迈进。但不可否认的是,由于历史原因,海南城乡发展还存在一定差距,广大的乡村地区和民族落后地区经济基础薄弱、基础设施条件相对滞后,发展不平衡、不充分的问题较为突出。海南广大乡村地区脱贫攻坚的成果还有待巩固,乡村经济的内生动力不足、人力资源素质有待提高,乡村新型经营主体有待培育、乡村生态资源优势转化为具体经济效益的路径还有待探索。为充分了解海南乡村地区的具体实践,近 5 年来,笔者和研究团队走访了海南东、中、西部 50 多个乡村进行调查走访,通过详实的资料,梳理海南乡村振兴过程中的个案,提炼出几种具有代表性实践模式并进行分析。

一、海南自贸港乡村"党建引领"模式

(一) 海口施茶村——全面小康样板村

施茶村位于海口市秀英区石山镇北部,紧邻火山口公园核心区,距离市政府 16 公里、美兰机场 25 公里、新海港 21 公里,生态良好、位置优越,交通便利。施茶村下辖美社、儒黄、春藏、吴洪、博抚、美富、国群、官良等 8 个自然村,土地面积 22 348 亩(其中林地 14 537 亩、耕地 2 058 亩、村庄建设用地 1 248 亩),村民 856 户、3 377 人,其中党员 103 名。施茶村因石而生,因石而兴,通过发展石斛组培及种植、民宿、餐饮等产业,走上了"点石成金"的致富路,村民人均年纯收入从 2017 年的 14 500 元提高到 2019 年的 24 000 元,年均增长 33%,从"石头村"变成了"富裕村"。近年来,施茶村先后被评为全国乡村旅游重点村、全国乡村治理示范村、全省文明村。2018 年 4 月 13 日,习近平总书记在视察石山镇施茶村时,指出"乡村振兴要靠产业,产业发展要有特色,要走出一条人无我有、科学发展、符合自身实际的道路"。施茶村坚持在发展中保护、在保护中发展,通过抓党建、育生态、强产业、兴文化、聚人才,全面推进施茶村乡村振兴,取得了可喜的变化。

施茶村近几年以党建引领为抓手,突出基层党组织建设,带到乡村产业、生态、文化和乡村人才建设,让曾经资源贫瘠的乡村转变为全面小康的样本村,先后被评为省先进基层党组织、市五星级基层党组织。近年来,乡村党支部注重从致富带头人和返乡优秀大学生培养入党积极分子,加强党建引领。支部书记洪义乾被中宣部授予海南唯一一个基层理论宣讲先进个人,开展基层理论宣讲 95 次。施茶村还提出把党支部建在产业上,让党建工作与产业培育相结合,推行"党支部＋企业＋农户"模式,非公党组织得到进一步发展,在胜嵘石斛基地建立党支部,带动 200 多名村民就业。在村党支部的带领和党员干部的带动下,施茶村的石斛产业、民宿产业、乡村旅游业不断发展壮大。在新冠肺炎疫情、登革热和非洲猪瘟防控工作中,村"两委"干部成立党员战斗队,身体力行,起到示范效应,带领村集体不断发展。

一是发展壮大石斛产业,2018 年以来,火山石斛园种植面积从 200 亩增加到 600 亩,石斛销售额从 2017 年的 120 万元增长到 2019 年的 316 万元。同时,新引进胜嵘石斛培育基地,实现产学研一体化,年产值近 1 亿元。乡村旅游稳步发展,成立了民宿协会,加强行业管理,避免经营同质化、恶性竞争,促进产业良性发展,民宿从 2018 年的 6 家、316 个床位发展到目前的 8 家、522 个床位,"美社有个房"民宿获评"海南十佳民宿",人民骑兵营、火山石坞获评省级"银宿"。每周举办农夫集市,带动周边村民农产品销售,2019 年农产品销售额达 631 万元。餐饮店从 2018 年 16 家发展到现在 20 家,2019 年营业额达 1 760 万元。打造了三椰级乡村旅游点 2 家、四椰级乡村旅游点 1 家,2019 年接待游客 67.5 万人次,初步形成了全域旅游新格局。

二是坚持绿色发展,打造农民安居乐业的美丽家园,让良好生态成为乡村振兴支撑点。施茶村牢固树立"绿水青山就是金山银山"的发展理念,坚持走乡村绿色发展之路,立足施茶村优美的生态环境,引导全体村民以主人翁身份参与生态环境保护,把"守护生态"和优化生态环境作为乡村振兴的重要支撑。严格落实火山口生态红线保护规划,加大火山石保护力度,有效严防滥挖、偷盗火山石现象发生,基本完成 8 个自然村村庄规划编制。大力开展农村人居环境整治,突出抓好"三清两改一建",打造美富村全省首个生态化、花园化的全自动污水处理站,实现全村垃圾收集转运一体化,严厉打击违法用地和违法建筑行为,切实加强建筑垃圾清理处置,2018 年以来,共依法拆除违建 203 宗、36 682 平方米。2018 年以来植树造林 340 亩,打造"村在林中、林在村中"的生态园林式乡村,使村庄"容貌"变靓了、"颜值"提升了,风景变成了产值,施茶村被评为五星级美丽乡村,村民获得感、幸福感和自豪感持续增强。

三是坚持人才培养和引进"双轮驱动"战略,实现人才"引得进,用得好、留得住",助力乡村振兴。施茶村创建了全市首家农村实用人才基地、村官培训教学点,挂牌成立省委、市委两个党校现场教学点。胜嵘公司与皖西学院组建技术团队,开展产学研合作,柔性引进 24 名高层次人才,其中教授 18 名、博士 6 名。大力实施农村实用型人才培育工程,组织培训 20 余场,500 余人次参加,培育了一批返乡创业青年大学生,其中部分人才入选海南省"南海乡土人才"。利用石山互联网农业小镇青创中心、火山口众创咖啡厅等一批创客空间,吸引返乡"创客"116 人,其中大学生 30 名。

四是突出抓好基层党组织在乡村治理中的领导核心作用,成立施茶村人民调解委员会、施茶乡贤协会、村民议事会、村务协商会,构建"人民调解＋司法调解＋乡贤服务"的矛盾纠纷化解机制,形成了"党建促和谐、民谣唱法治、乡贤化纠纷"人民调解新模式。两年来,施茶村调解矛盾纠纷 9 宗,调处成功率 100％。同时,石山派出所因地制宜创建了"榕树"警务模式,获评全国首批"枫桥式公安派出所"。加强精神文明建设,成立施茶新时代文明实践站,开展志愿服务 330 多场。大力弘扬"施茶"美德,通过制定家风家训、村规民约等方式代代传承丘濬乐善好施的古风,评选表彰道德模范 11 名、星级文明户 56 户、五好文明家庭 31 户,形成社会治安良好、邻里关系和谐的良好局面。同时,加大火山特色传统文化的传承与保护,在火山山歌、八音、乡贤文化等传统文化基础上,积极培育乡村文化新业态。加强古村落保护和风貌管控,委托专业机构对古村古建进行再设计,还原了火山居民风貌建筑风格,具有独特的火山村风貌。

　　施茶村在取得成绩的同时,也存在一些亟待解决的问题。一是火山口地质公园保护规划未最终审定,村庄规划还无法落地。二是文创产业开发不够,品牌效益不突出,市场化运作能力不强。三是施茶片区现有企业的辐射带动能力不足,缺乏有实力的市场经营主体带动片区整体发展。四是"五网"基础设施尤其是水网薄弱,目前生产生活用水主要依靠地下水,随着产业规模不断扩大,用水矛盾会更加突出。

　　通过调研走访,我们得出一些经验启示。一是加强基层党组织建设,进一步优化和完善与自贸港建设相适应的基层党组织设置,建强筑牢战斗堡垒,引领推进乡村振兴。该村创建"全省党员教育培训示范基地",举办自贸港专题培训班,在现有 7 个现场教学点的基础上,进一步增加示范教学点,打造具有乡土特色的微讲堂。把党建和干事创业相结合,发挥党支部的引领作用,实施"头雁工程",组建一支党员致富带头人队伍。讲好施茶新故事,把施茶党建、乡村振兴和本土文化融合起来,坚持内宣外宣网宣共同发力,总结推广典型经验做法,把乡村振兴建设的样板力量转化为农民群众的生动实践。

　　二是始终把生态文明建设摆在突出位置,牢牢守住生态环境"只能更好、不能变差"的底线,深入学习宣传火山口地质公园保护规划,提升村民自觉保护生态环境的意识,营造浓厚的生态环境保护氛围。坚持"规划先行",加强对接,因地制宜编制施茶村村庄规划,落实"多规合一"用地调整,重点调整好村庄开发边界红线,做到在不新增建设用地、不搞大拆大建、保留村庄独特自然风貌和田园景观的基础上,合理开发利用土地,推进"五网工程"建设,特别是水网工程,逐步解决农民生产生活用水以及饮水安全问题;加大农村污水无害化处理。持续保持打违控违高压态势,完善农村宅基地审批制度,制定符合施茶村的农村建房图集,严格控制新建民房体量和风貌,为乡村振兴提供科学的规划支撑。

三是梳理现有产业空间布局,以全局视野研究谋划新的产业布局,串点成线、以线连片。积极谋划施茶村特色品牌,围绕品牌效应提升产品附加值。融入创新元素推动火山石斛园扩面提质,扩大施茶石斛种植规模,力争年内种植面积达 800 亩,发展石斛深加工,延伸石斛产业链,与胜嵘石斛产业园开展合作、实现共赢。借力火山荔枝品牌,种植无核荔枝 200 亩,用经济办法保护好野荔枝树、野黄皮树等老树并做好包装策划,扩大经济效益。同时,用好海南自贸港支持创建国家级旅游度假区和 5A 级景区政策,推进国内有实力文旅集团与火山口公园合作创建 5A 级景区,提升景区景点品质,积极推进休闲美食不夜石山项目建设,加快建设火山美食一条街;改造提升火山风情旅游小镇游客服务中心,举办动漫展、电竞比赛等活动,加速线上线下融合发展,善用新型传播工具,进一步扩大影响,吸引年轻消费群体,带动民宿业发展、农产品销售和农民就业增收。

四是以百万人才进海南引才战略为抓手,大力培育引进各类所需人才。鼓励支持本土人才做好"南海系列"等人才申报工作。把新型职业农民育起来,围绕石斛、黑豆等特色产业,大力培育懂技术、善经营、会管理的新型职业农民。把乡村干部强起来,开展"双学历双轮训教育"工程,鼓励支持乡村年轻干部参加学历教育,成为乡村发展的行家里手。把新乡贤招回来,营造良好的留才环境,吸引大学生、进城务工人员、退伍军人返乡创业。把五湖四海精英请进来,利用乡村绿水青山吸引高端人才围绕互联网技术助力特色农业、乡村旅游和民宿等创新创业,带动村民共同致富。通过发挥他们的引领带动作用,进一步鼓励引导各领域、各行业和各类型的本土人才培养成长,不断壮大本土人才主力军队伍建设,为海南自贸港建设提供智力支撑。五是健全乡村治理体系,完善村规民约,健全村民自治机制,完善群众参与基层社会治理的制度化渠道,推进基层协商民主建设试点工作,着力探索打造与自贸港建设相适应的基层社会治理体系。深入开展扫黑除恶专项斗争和新一轮禁毒三年大会战,推进矛盾纠纷排查调处,创建无乱建、无污染、无纠纷、无赌博、无吸毒"五无"的乡村治理示范村。持续深挖本土特色文化内涵,扎实推进古村落保护与复兴示范点建设,打造一批具有"农村特色、地域特征、文化内涵、乡愁记忆"的羊山特色农居建筑;深度开发麒麟舞、山歌、八音、根艺等具有地域特色的民间艺术表演和民间工艺项目,匹配自贸港建设国际化需求,完善旅游配套设施,规范设置旅游标识和英文标识牌;开发具有本地特色的旅游伴手礼,打响火山文创品牌。

(二) 沙美村——党建引领+生态优先的乡村发展模式

海南琼海市博鳌镇沙美村位临博鳌亚洲论坛,全村共有 10 个村民小组,有 301 户、1 200 人。全域土地面积 7 670 亩,全村农作物以槟榔、胡椒、水稻为主。2016 年,沙美村村民进出村子仅靠一座窄窄的小桥,村里的道路高低不平,房屋破旧,环境卫生差。2017 年 10 月乡村振兴战略开始实施,琼海市启动了沙美村美丽乡村建设工作。琼海市委组织部牵头在沙美村举办"乡村振兴骨干培训班",组织村班子成员、乡村振兴工作队、经济合作社成员及村后备干部、村小组长参加培训,在博鳌镇党委、政府的指导下,结合村党支部、村委会、村务监督委员会、村务协商会班子成员重新进行分工,选优配强乡村基层党组织,形成村级班子整体合力。沙美村以党建为引领,市委组织部、财政局、农业农村局、旅文局、环保局、司法局等单位主要领导对沙美村的组织、产业、人才、文化、生态振兴等方面进行针对性指导,通过强化"基本组织、基本制度、基本队伍、基本活动、基本保障"建设,把村党组织打造成凝心聚力谋振兴的坚强战斗堡垒,并启动村庄环境综合整治,精心策划,打造出"椰林水韵""饮水思源""滨海长廊""眺望乡愁""水静莲香""金牛偃月"等 6 个生态景观,村庄的整体面貌焕然一新,并成为博鳌亚洲论坛"乡村会客厅"的重要打卡地,社会效益和经济效益都取得较好的效果。

2017 年,琼海市以推进城乡一体化基础设施和公共服务为契机,加快建设美丽乡村,仅用半年时间就实现了村庄路网、水网、电网、光网、排污管网"五网"贯通,建成党群服务中心、旅游咨询服务中心、沙美"乡村会客厅"、沙美村史馆等服务活动场所,配套建设生态停车场、村民文体广场、公共厕所等公共服务设施,让村民游客不出村、不出户就能享受城镇生活品质。沙美村坚持守住耕地保护底线和自然生态红线,清退沙美内海鱼虾塘568亩,复植红树林近300亩,建成了生态湿地公园,淡水与海水融汇的内海成为红树林生长的温床,大片红树林不仅成为一道靓丽风景,还能修复山体和整治田洋,另外还建成金牛岭生态公园和博鳌国家农业公园;遵循乡村历史和文化风貌,提升乡村品质,全面修缮改造民居,最大限度保护生态环境,把沙美村打造成集聚产业、凝聚人气、汇聚财源的"聚宝盆"。

1. 主要做法

一是坚持党建引领,促进乡村全面振兴。沙美村通过选优配强支部班子,优化班子成员职责分工,发挥基层党组织的带头作用,为美丽乡村的顺利推进提供强大动力。村党组织在上级部门的指导下,探索出"户联系、组协调、村处理、云化解"党建引领乡村治理的新机制,通过党员中心协商"琐事"、党小组协调"小事"、村党支部处理"大事"、镇党委化解"难事",将琐事、小事、大事、难事逐级化解,构建自治、法治、德治相结合的现代化治理体系,实现乡村治理朝着体系化、精细化、信息化、现代化的方向发展,切实发挥村民主体作用和内生动力,为建设"生态宜居"新沙美奠定了良好的基础。

二是沙美村党支部把"山水林田湖草"绿色生态变成产业发展的资源、变成群众增收的期盼,吸引陕西袁家村裕华文旅等有实力的合作企业建设沙美村美食街、乡村民宿等业态,开启政企村合作经营新模式,发展壮大乡村产业。

三是村党支部坚持以人民为中心的发展思想,村里从合作企业每年获得20％分红收入,绝大部分用于村民分红和公共设施维护,让发展成果惠及全体村民,促进村民年收入实现翻番,充分调动村民群众的积极性、主动性、创造性,坚持民生优先,共享发展成果,让村民感受到实实在在的获得感。

2. 主要成效

第一,破解农村生态环境治理难题,把绿水青山变成金山银山。通过组织党员、群众参与山水林田湖草系统治理,沙美村打造出"椰林水韵""饮水思源""滨海长廊""耕读传家""山海在望""金牛泉涌"沙美六景生态景观。2018 年,沙美村被评为"中国美丽休闲乡村",2019 年接待游客 20 多万人次,旅游总收入达 600 多万元,真正把绿水青山转化成金山银山。

第二,加大资源要素投入,吸引返乡人员创业,培育新型经营主体。沙美村通过加大公共财政和资源要素投入,农村的基础设施和公共服务越来越完善,农村居民的创业环境和生活品质不断提升。沙美村的美丽乡村建设,带动发展了休闲渔业、农家餐饮、民宿、电商等 20 多种业态。2018 年,沙美村吸引鼓励大学生、外出人才回村创业 17 人,在家门口创业 33 户、就业 160 多人,并定期邀请创业导师答疑解惑,联系孵化机构进行扶持,为返乡青年人才提供创业帮助。2019 年,沙美村村民返乡就业人数达到 73 人,占整村人数的 6.8%;人均收入超过 16 500 元,比 2017 年增长 17.8%。

第三,突破乡村发展资金瓶颈障碍,助力乡村产业全面振兴。政府把沙美村建设纳入市委的总体规划,为沙美村建设提供专项资金扶持,建设一些关键性基础设施和服务设施,吸引企业、民间等社会资本以不同方式参与美丽乡村建设,有效破解乡村产业振兴资金瓶颈。得益于市委政府的前期投入,乡村建设的硬件设施和生态资源优势不断显现,吸引了不同社会资本参与乡村产业项目合作,实现了乡村产业的快速振兴。2019 年,沙美村吸引陕西裕华袁家村公司投资 3.3 亿余元,建设民俗风情街、精品民宿等业态,村党支部牵头成立经济合作社占股 20%,预计建成后每年分红可达到 300 多万元。如今的沙美村由表及里,发生了翻天覆地的变化,村子不仅拥有山峦林野风貌、南国田园风光、丘陵村落景观和海河湖泉景色,而且村容整洁、生态宜居、民风淳朴、平安祥和,成为琼海市乡村振兴的一个标杆。

3.存在的主要问题与建议

沙美村的发展是琼海乡村振兴的一个缩影。在调查中我们也发现,乡村内生动力不足,部分村民对政府政策的依赖性较强,思想认识还有待提高。农民是乡村振兴的主体,也是美丽乡村建设的直接受益者,但有部分农民群众参与乡村建设的主动性、积极性较差,存在着"干部干、群众看"的现象。在农村基础设施维护方面,专项资金投入不足,部分设施缺少后期维护,设施老化和损坏现象时有发生;乡村产业体系还有待培育,农业生产水平有待提高,村民的文化素质及生产技能水平较低。当前,沙美村正在朝着经济富美、环境优美、村庄靓美、民风淳美、生活和美的"五美乡村"目标砥砺奋进。

建议要通过多种形式加强乡村文化的培育,提升村民的生产技能能力水平,为村集体经济的建设添砖加瓦。要进一步把建设美丽乡村工作与推动自贸区(港)建设、服务保障博鳌亚洲论坛年会等中心工作结合起来,不断深化和丰富工作内涵与实效。建立村规民约制度,提升村民的集体感和主人翁精神,加强对村居设施和软文化的建设。同时要加大村民农业科技文化和技能培训,积极推广运用集约、高效、节约型农业技术,提高农业资源和投入品的使用效率,积极鼓励农村剩余劳动力外出务工,增加农民的收入。

(三)白沙黎族自治县——党建引领脱贫攻坚与乡村振兴衔接

白沙黎族自治县曾是海南省唯一的深度贫困县。2020年2月29日,海南省政府召开新闻发布会,正式宣布白沙县退出贫困县序列。统计数据显示,截至2019年底,白沙全县44个贫困村(含14个深度贫困村)全部出列,建档立卡贫困人口从10 825户、44 232人减少至7户、26人,贫困发生率从2014年的35.2%降至0.02%,农村人均可支配收入达12 788元,比2014年的7 902元增长了61.8%。白沙黎族自治县走出来一条乡村脱贫攻坚与乡村振兴相衔接的创新之路,取得了可喜的成绩,走出了具有白沙特色的脱贫小康路。

1. 主要做法

第一,党员领导干部主动下沉一线,凝聚乡村基层脱贫攻坚合力。自2018年以来,白沙县印发《抓党建促脱贫攻坚实施方案》,要求通过发挥党的政治优势、组织优势和密切联系群众的优势,使基层党建工作更好地融入脱贫、引领脱贫、推动脱贫,为坚决打赢脱贫攻坚战提供坚强的政治保证、组织保证和人才支撑。白沙县坚持党政主要领导"双牵头、双负责",其他县领导带头联系乡镇以及深度贫困村的工作机制。按照部署,白沙县11个乡镇是脱贫攻坚主战场,各乡镇党政主要领导下沉乡村一线,带头冲锋陷阵,敢于啃"硬骨头",切实担负起打赢脱贫攻坚战的主体责任。据悉,白沙县调整组建18个专班,精准选派61名第一书记、2 996名各级干部,建立覆盖乡、村、组"三级作战"体系,实现10 825户贫困群众挂钩帮扶,"不落一户、不落一人",形成专项扶贫、行业扶贫、社会扶贫"三位一体"大扶贫格局,做到党政同责同抓,横向到边、纵向到底,全面筑牢脱贫攻坚战斗堡垒。同时,坚持以提升基层党组织力为重点,把驻村帮扶干部能力提升作为升华党建促脱贫攻坚工作的重要抓手,与"不忘初心、牢记使命"主题教育、"勇当先锋,做好表率"专题活动、"我为加快推进海南自由贸易港建设作贡献"活动相结合,与海南自由贸易港建设实践活动相结合,创新开展"百名书记上讲台、千堂党课送基层""千名党员进村户,精准扶贫大会战""万张连心卡""干群心连心,点亮微心愿"系列活动,为决战决胜脱贫攻坚"收官战"凝聚强大合力。在整顿软弱涣散村基层党组织方面,白沙县结合"五星党支部"考核评比工作和平时随机抽查结果,按10%倒排出9个软弱涣散村级党组织,坚持"一村一策"抓好整顿销号,持续深化扶贫领域作风治理,加强常态化督查检查,每年通过"大排查""大比武""大整改""回头看"不断检视脱贫攻坚工作的质量和成效,对扶贫领域腐败和作风涣散问题进行制度倒逼,形成基层主动赶超的氛围。

第二，产业帮扶，示范引领，做精做细生态农业。

橡胶产业是白沙县最大的产业，截至 2019 年底，白沙全县民营橡胶种植面积达 63 万亩，实际开割面积为 40 万亩，年产干胶近 3 万吨，农村人均橡胶拥有量约为 5.4 亩，保有量居全国前列。为激发胶农管胶割胶的积极性，近年来，白沙县出台振兴橡胶产业"十条"措施，在全国率先实施天然橡胶"保险＋期货"和"价格收入保险"扶贫模式。2017 年 6 月，白沙县以南开乡为试点，率先实施天然橡胶"保险＋期货"扶贫项目；2018 年，白沙为全县 10 个乡镇的胶农购买了"保险＋期货"，按参保总户数 12 814 户（其中建档立卡贫困户为 5 813 户）来计算，参保胶农户均增收大概为 1 009 元，全县 11 个乡镇共计 2.4 万户胶农购买了"保险＋期货"与"价格收入保险"，这两项保险促进胶农年户均增收近 3 000 元。2019 年，白沙县与中国热带农业科学院橡胶研究所达成战略合作，全力构建橡胶产业"三统一"体系，即"统防、统管、统销"。该体系遵循"政府搭台、企村共建、稳胶提质、壮大集体"模式，通过政府资金撬动工商资本下乡，实现农民和村集体双双增收，最终达到乡村产业兴旺的目标。

在做强做大橡胶主导产业的同时，白沙县持续发力做精做细生态农业。近年来，白沙县选定绿茶、南药 2 个万亩产业及山兰米、红心橙等 6 个千亩产业，同时谋划以龙头企业、合作社带动发展养蜂、兰花种植等特色种养产业，构建起符合白沙脱贫攻坚实际的"绿色银行"产业体系。白沙县还紧跟市场需求，科学调整产业规模，淘汰了一些可能会破坏生态环境以及效益较低的养殖产业，因地制宜优化产业布局，调整规模小、质量不高、效益低下的农业产业和风险高的野生动物养殖业，引导农民发展高产、高质、高效，绿色、有机、高端的生态农业产业，用好"白沙良食"农业公共区域品牌，做好品牌包装和认证推广，打造七坊镇红心橙、荣邦乡百香果等一批"乡字号"特色产品品牌，提升农产品知名度和市场竞争力。此外，白沙县积极实施"飞地扶贫"模式，异地借力发展光伏发电、蛋鸡养殖、茶园产业等，让地处深山或南渡江源头难以发展规模化种养产业的部分群众实现增收。在扶持政策上,白沙县加大生态效益补偿力度,将每人每月 50 元的森林生态效益直补扩大至 268 个自然村,让生态红利惠及全县 5.6 万余名群众,让村民主动成为"绿水青山就是金山银山"的践行者和受益者。

第三,兜底民生保障,夯实脱贫攻坚基础。

白沙县脱贫攻坚基础薄弱,为避免出现返贫风险,需要不断夯实民生保障根基,为乡村振兴提供助力。一是在医疗上,白沙从脱贫攻坚和基本医疗卫生制度长远建设出发,以引进上海交大附属苏州九龙医院托管县人民医院为契机,全面辐射提升乡镇卫生院、村卫生室医疗服务水平。截至2019 年底,白沙已有 90 名乡村医生到村卫生室上岗,已实现全县村卫生室乡村医生全覆盖。此外,自 2017 年 1 月以来,白沙共将 1 673 户、4 200 余人完全丧失劳动能力,或部分丧失劳动能力且无法依靠产业帮扶脱贫的贫困人口纳入低保范围,予以兜底保障,还将 121 户、127 人符合特困供养条件的对象纳入特困供养范围。农村医保对象、特困人员在白沙定点医疗机构住院可免收押金,享受"先治疗后付费,一站式结算"等优惠服务,低保对象住院费用报销总比例达到 90% 以上,特困人员住院报销总比例达 100%,筑牢了卫生医疗的第一道健康防线。

二是做好教育扶贫,阻断贫困的代价传递。近年来,白沙县通过构建县、局、乡镇、学校、村、组六层工作体系,推行"领导包片、学校包村、教师包户"的方式,建立起教育扶贫责任人员全覆盖的工作机制。2019 年以来,白沙组织全县 2 000 余名教师开展"千名教师访万家"活动,挨家挨户摸排各个学生的家庭近况,并对 49 名不能跟班就读的残疾适龄学生开展送教上门;同时,还对义务教育阶段因厌学有辍学苗头的个别建档立卡家庭学生进行劝学,及时帮助学生解决上学的各种困难。据当地教育局统计,截至2019 年底,白沙县义务教育阶段建档立卡户、农村低保户学生无一因贫辍学。目前,白沙县已通过了国家义务教育均衡发展评估验收,启动了县一小搬迁工程。2019年,白沙中学由首都师范大学托管并更名为首都师范大学附属海南白沙中学。也是这一年,白沙民族中学、七坊中学与海南省国兴中学联手成立教育均衡共建发展联盟,深入开展教育合作。此外,2020年7月份,白沙与海南师范大学举行合作框架协议签约仪式,双方将在建立教育联盟合作平台、人才教育培训平台、协同创新共享平台、科研成果转化平台等4个领域展开广泛合作,并与该院校签署白沙第二幼儿园和打安镇中心幼儿园托管协议,联手打造具有典范意义的新型县校合作模式。2022年8月,白沙县人民政府与海南中学正式签约,白沙中学更名为海南中学白沙学校。白沙县将通过与海南中学合作创办独树一帜、特色鲜明、质量优异的创新型实验学校,进一步推进白沙教育教学的改革创新、辐射带动白沙县教育事业迈向新台阶、再上新水平。

三是移民安置和民生社会保障。2017年1月,白沙县南开乡建成全省第一个生态搬迁村银坡村,30户居民自此搬出了鹦哥岭腹地,借助毗邻县城的优势,除安排部分村民担任护林员,或到村集体经济百亩百香果基地务工外,其他村民务工创业更有了积极性。为了更好地推进海南热带雨林国家公园建设,2019年起白沙县又将位于该公园红线范围内的南开乡高峰村余下的三个自然村纳入整村搬迁规划,并将项目新址选定距离县城仅5公里左右的牙叉镇原生态茶园小镇,目前,该项目55栋联排两层民居主体机构已陆续完工,预计将于今年内建成投用,成为白沙生态搬迁脱贫的生动样本。据统计,自2016年起,白沙县全面实施"四类重点对象"危房改造工作,截至2019年底,全县共计完成9 340户四类重点对象危房改造工作,实现全县贫困人口住房安全均有保障。而且,在保障全县贫困人口住房安全的基础上,白沙还创新实施危房改造共建共享政策,对4 809户一般农户房屋改造予以普惠性扶持。在乡村人居环境整治方面,白沙县提出了"八抓"工作法(即"抓拆危旧房,抓乱搭乱建、乱堆乱放,抓畜禽集中养殖,抓农村饮水安全、农村污水治理,抓庭院经济,抓群众参与度,抓样板村建设,抓常态机制"),并通过开展"脱贫靠奋斗、致富感党恩"宣讲、"六治"专项行动等,改变群众思想观念,不仅使人居环境整治工作有重点、有抓手,还充分调动了群众的参与性,积极探索集民居与基础设施建设、产业发展、环境改善、文明提升为一体的乡村发展模式,不断强化"五网"设施建设,让各乡镇的美丽乡村"串点成线",形成一道美丽风景线。

2. 主要成效

近年来,白沙围绕践行"绿水青山就是金山银山"的理念,结合自贸港建设,着重探索推进"美丽乡村＋旅游""文化＋旅游"的生态旅游产业发展模式,建成了打安镇长岭村、元门乡罗帅村等一批集人居环境改善、基层组织建设、乡风文明建设、富民产业发展和乡村治理于一体的示范村,据当地政府统计,截至 2020 年 7 月,白沙全县已建成 126 个美丽乡村,正在有序推进建设另外 22 个美丽乡村。同时,通过充分挖掘田园景观、民族风情和乡土文化,主动融入海南中部生态旅游联合体,在白沙县城周边、景点周边,沿儋白和什邦交通干道建设提档升级一批特色产业小镇、美丽乡村和共享农庄,依托"啦奥门"山兰文化、黎锦文化等打造民俗旅游品牌。建成白沙牙叉镇五里路茶韵共享农庄,吸纳了当地 148 户建档立卡贫困户入股合作社,把产业内各环节资源有效利用起来,不仅让消费者体验茶园采茶、制茶的乐趣,同时鼓励入股贫困群众投工投劳,积极参与打造集采茶、制茶、品茶、购茶、餐饮、休闲为一体的茶园生态游,让农旅融合发展的红利惠及当地百姓。

白沙县拓展"旅游＋"模式的内涵,把"体育＋旅游"结合起来,激发了整个县城的发展活力。2018 年,占地 240 多亩的白沙文化体育中心建成投用以来,白沙先后举办了 2019 年全国女子拳击锦标赛、全国英式橄榄球精英赛等一系列精品赛事,中国铁人三项运动协会训练基地、国家攀岩训练基地、国家橄榄球训练基地、国家拳击训练基地等四个"国字号"的体育训练基地先后落户白沙。2020 年 6 月 22 日,白沙被国家体育总局命名为"国家体育训练南方基地——海南白沙·综合"。在打造具有白沙特色的体育旅游小镇的基础上，白沙县以自贸港建设和海南热带雨林国家公园建设为契机，谋划打造森林探险、越野活动等大众化娱乐、休闲体育运动项目，围绕体育旅游和体育装备、体育用品的展示和销售延伸产业链条，逐步打造较为完善的体育服务业，有效带动旅游产业发展。

与此同时，白沙县政府在不断夯实脱贫攻坚成果的基础上，聚焦乡村村民的生产技能培训。近年来，借助海南省脱贫致富电视夜校平台，举办各类实用技能培训，并深入实施科技特派员与科技下乡制度，为全县 74 个行政村全部安排产业指导员和科技特派员，精准对接解决农户生产技术需求，支持每个行政村每年至少培养 1—2 名产业致富带头人，有效增强脱贫群众"造血"功能。在政策上，白沙县不断完善基层农业技术、农业经济等专业技术人才激励机制和改革措施，促进更多专业技术人才服务基层，实施农村创新创业带头人培育行动，针对本地农耕文化，做好"胶工""茶农"等能工巧匠培育工作；加大对农业产业化、特色农业的科技服务力度，鼓励退伍军人、大学生、"田秀才""土专家"等返乡在乡人员发展产业，参与合作社管理，打造乡村人才"生力军"，探索出了一条脱贫攻坚与乡村振兴的相衔接的特色发展之路。

（四）文昌市——乡村脱贫攻坚与乡村振兴衔接调查

文昌市位于海南岛的东北部，共有 17 个镇，人口 59 万，其中 99.77％为汉族，少数民族有黎、苗、回、壮等 16 个民族。少数民族人口均呈散居状态，未形成聚居村落。该市距省会海口市 60 公里，区位优势较为明显。近年来，文昌市紧紧围绕实现脱贫致富奔小康目标，以脱贫攻坚工作统揽全市农业农村经济社会发展全局，探索形成了"三位一体"的扶贫模式，即"专项扶贫＋行业扶贫＋社会帮扶"，依靠基层群众创新，形成了"党建＋村集体经济＋公司＋贫困户"的合作模式，在保障圆满攻坚、顺利脱贫的同时，夯实乡村振兴基础，乡村整体发展取得明显成效。截至 2019 年，该市贫困发生率从 2015 年的 3.96％降至 0.01％，10 个贫困村全部实现脱贫出列，16 259 名贫困人口实现了脱贫退出,剩余 15 户、50 人计划今年底全部脱贫。贫困户年人均纯收入稳定超过国家扶贫标准;贫困村年人均可支配收入显著提升。以翁田镇西村村、昌洒镇昌发村为例,前者年人均可支配收入由 2015 年的 1.57 万元增加到 2019 年的 2.25 万元,后者由 2015 年的 0.52 万元增加到 2019 年的 1.02 万元。农村低保对象 4 660 户 9 577 人,农村特困人员 894 户 1 393 人,已累计落实"两项制度"双向纳入 1 003 户 2 253 人。"三不愁两保障"目标初步实现,饮水安全、生活用电、有线广播电视等民生事项得到全面保障,产业扶贫、就业扶贫、金融扶贫等帮扶成效进一步提升。

1. 主要做法

一是党建引领,夯实基层组织建设。全市共选派 807 名干部组成 272 支乡村振兴工作队到各镇村开展工作,实现 17 个镇 255 个行政村全覆盖,其中,中共党员 507 名,占比 67%;乡村振兴工作队队员中同时担任帮扶责任人的有 618 名,占比 77%。同时积极筹建了"乡土能人信息库",引导各镇村的致富能手、外出务工经商返乡人员、大学毕业生、退役军人等乡土人才积极向党组织靠拢。

二是在乡村产业发展方面,创建了龙楼好圣村、东路龙泉乡园、潭牛吾乡大庙等 8 家省级"共享农庄",打造集旅游观光、休闲体验为一体的三产融合发展体系,推动三产融合发展。积极扶持新型农业经营主体。目前,全市拥有合作社 525 家,国家、省级龙头企业 20 家,农业现代化发展逐渐加快。不断强化农业品牌建设,2019 年全市完成 60 个特色品牌创建工作。扎实推进电子商务进农村综合示范县项目,全市建成市级电商服务中心 1 个、市级物流仓储集配中心 1 个,村级电商服务站点 78 个,开展电商培训将近 3 000 人次。

三是在乡村文化引领方面。全市建设 30 间行政村文体活动室、48 间村级文体活动室,送戏下乡 70 场,并在各中学播放社会主义核心价值观宣传微电影 438 场次,召开观影座谈会 196 场次,参与人数达到 3.65 万人,乡村文化建设深入人心。与此同时,大力倡导志愿服务,引导村民志愿参与各项活动,目前全市在线注册志愿者 27 451 人,各类志愿服务队 79 支,已开展"圆梦六月·爱心助考""关爱老人""暖冬行动"、学雷锋志愿服务月等志愿服务活动。

四是在生态文明建设方面,建立了"户清扫、村收集、镇转运、市处理"的生活垃圾收运处置体系,完成 16 座历史遗留非正规垃圾堆放点的治理工作,7 432 户农户无害化厕所改造工作,并动工建设 76 个行政村生活污水治理项目。目前,全市水产养殖场尾水治理覆盖率 92.64%,各中小学、镇级卫生院无害化卫生厕所覆盖率达 100%,11 个镇被评为省级卫生镇,51 个村被评为省级卫生村,2019 年文昌市还荣获了全国村庄清洁先进县。

五是在村党支部建设方面,对全市 2016 年 1 371 名村"两委"成员进行全面联审和"地毯式"摸底排查,清理了不符合条件的村"两委"干部。集中整顿软弱涣散党组织,派驻 26 名优秀干部到后进村和软弱涣散村任驻村第一书记,并集中建设了公坡镇水北村、文城镇凌村等一批党建示范点。同时,将 507 名党员乡村振兴工作队队员党组织关系全部转入驻点村,不断壮大基层党组织力量。

2. 乡村脱贫攻坚与乡村振兴衔接存在的主要问题

第一,政策、人员、资金等政策的延续性存在一定的不确定性。自 2015 年以来,中央、省、市针对脱贫攻坚出台多项方案、规划等,成立各级指挥协调机构,也投入大量的人力、物力用于扶持村级经济、困难群众教育培训、危房改造、农村人居环境整治等,2019 年全市乡村振兴就投入扶贫产业发展资金 2 300.66 万元,脱贫攻坚取得显著成效离不开这些重点要素。但脱贫攻坚工作完成后,现有机构、政策、人员、资金的延续还存在一定的不确定性。就文昌而言,其扶贫产业、农村人居环境整治、精神文明建设等诸多工作对专项资金的依赖程度较大,一旦政策、资金等重点要素发生变化,势必影响相关工作的开展。

第二,乡村产业结构相对单一、产业基础薄弱。长期以来,不论是镇委镇政府还是村"两委",都相对忽视乡村产业融合发展的重要性。乡村农业一直占主导地位,但受政策、村庄基础设施以及空间分布不集中等因素影响,二、三产业没有得到应有的重视和发展,更谈不上三产融合。当然,也有一些镇村开始探索三产融合,但由于起步晚、发展慢,在人员能力素质、产业规模、产业链上下游等方面还需继续加强。比如文教镇水吼村在发展农业规模化生产时,村民的意识和能力还停留在"小农经济"时代,没有人了解规模化种植方面的知识、技术和运作模式。对于规模化种植后的农用物资采购、技术人才引进、农产品销售渠道,包括村集体在内都寄希望于合作企业,如果企业出现经营不善或其他不利情况,乡村产业发展必然受到影响。

第三,乡村三产融合发展同质化现象不同程度存在。全市各村在三产融合方面都进行了众多探索,有的结合本村历史名人,开发了乡村历史文化游,有的结合自身农业发展特色优势,开发了农家乐项目,还有的整合农产品种养、粗加工、打包销售全链条,开发镇级品牌农产品等,这些都是很好的探索,取得了不错的效果。但在一部分村发展起来的同时,其他村出于自身发展需要,加上自然条件类似、创新意识和产业差异性不够等,就开始复制成熟的产业融合发展模式,导致发展模式的同质化。比如某村靠种植地瓜、大米和养殖罗非鱼打出了品牌,实现增收致富,临近条件类似的村就开始模仿,还创立了一个新的品牌,这样两个村就形成了事实竞争。

第四,乡村文化建设规划不足。从调研情况来看,乡村文化建设缺乏系统思维和长远规划,效果远不如预期。在村基础文化设施配备方面,村文化室、村活动室等硬件设施虽然已经配备,却并不符合农民的实际需求,不能吸引广大村民,导致大多文化室、活动室都被闲置。比如,村文化室的图书一部分是镇里配备,一部分是上级单位赠书,其中很多书同基层群众的文化水平并不对应,甚至还有纯理论性的书籍,对于普通村民来说,既没有足够时间去学习,更没有相应能力去理解。再如,部分村活动室由于种种原因只能配备硬件设施,却不能定期组织文化力量开展活动,类似"村民看着乐器不会叫,拿着乐器不会奏"的现象不同程度存在。

第五,乡村文化振兴缺乏"生命力"。首先是村民对文化产品的需求不强烈。镇村一级定期组织电影、演出等下村活动,但往往都无人参加,偶尔才有一两个老人和小孩观看。大多数村民在劳作后,都选择打打麻将、看看电视,或是在家门口、庭院转转、坐坐的方式来休闲,并不会主动去感受文化。其次是文化创新能力不够,本土文化保护力度越来越弱。受新思想新文化冲击、资金短缺、文化建设力量薄弱等因素叠加影响,乡村文化的生存空间被不断挤压。比如传统的彩绘房屋越来越少,彩绘艺术渐渐失传。传统的公仔戏、琼剧很难在村里找到继承人,部分乡村甚至在"公期"期间都不组织公仔戏表演。

第六,乡村生态环保意识相对欠缺。长期以来,文昌市环保工作的重点都放在了城市,农村的环保问题被忽视,导致很多村民对生态环境保护认识不到位,没有"绿水青山就是金山银山"的观念。比如文教镇水吼村红树林退塘还林面积占全村总养殖面积的1/3,相比生态恢复的积极效果,有一小部分村民更关注的是自己未来收入的减少。同时,在严禁养殖废弃物直排问题上,该村还是出现了家禽粪便直排红树林的情况,经村"两委"干部批评教育后,该养殖户才停止排放。此外,各村乱丢弃生活垃圾和农用物资外包装的现象不同程度地存在。在调研中,我们发现不少村庄的田间地头存在少量的农用物资外包装废弃物,有的村池塘边上还有塑料袋、餐余物等,既污染环境又影响美观。

第七,乡村留才难、育才难的局面亟待打破。从文昌市各乡镇的调研情况来看,全市乡村年轻人大多都选择到国内收入较高的城市务工,特别是越来越多的学生考上外省高校后就安家在外地,村里的年轻人越来越少,往往只有老弱妇孺留在村里,村庄"空心化""老龄化"现象严重。比如冯坡镇湖淡村,除了乡村振兴工作队员,村里没有一个30岁以下的年轻人。不仅仅是留才难,育才难的现象也普遍存在。由于村民年纪大、文化水平低,加上培训内容相对单一、针对性不强、产业融合内容也较少,乡村培训的成效并不理想。此外,经过调研发现,针对村民的法律培训太少,很多村民法律意识淡薄,对项目文件的严谨性和严肃性缺乏法律认识,不了解由此会带来的严重后果。比如在一份村集体同某公司的协议中,甲方、乙方模糊不清,关于甲方出资建设内容、甲乙双方经营收益分配以及数量词的选择方面都不规范,极易导致村集体利益受损并波及全体村民。

第八,村党支部党员"老龄化"现象严重。从全市乡村党支部成员的结构来看,村党支部骨干成员普遍是"70后",甚至还有"60后",年轻党员很少,在册的年轻党员多数是临时挂靠在党支部的乡村振兴工作队员,村里的年轻人基本都走向城市,留外地不留村,可发展的年轻党员非常少,这也导致支部力量迟迟得不到补充。由于支部党员长期保持不变,有的支部书记甚至在书记位置干了30多年,无论是能力素质,还是思想观念早已跟不上时代发展。同时,我们在调研中了解到,有的村分配党员发展名额较多,有的村分配的党员发展名额少,导致缺乏党员名额的乡镇、村未能发展新党员,不缺党员的乡镇、村党员名额用不完。比如冯坡镇湖淡村每年党员发展名额只有1个,有时甚至没有,曾经出现过由于当年没有名额、培养成熟的发展对象不能入党的情况,极大打击了发展对象的积极性,后来也就放弃入党了。潭牛镇大顶村每年党员发展名额在2—3个,几乎每年都会剩下1个名额。

3. 主要经验及建议

结合文昌乡村调研过程发现的问题,我们可提出如下建议。

第一,夯实脱贫攻坚战根基,助力乡村振兴战略。一要在建档立卡贫困户基础上,梳理返贫风险户和脱贫边缘户,做到重点人群重点关注,并集中力量解决教育、医疗、住房"三保障"和基础设施建设短板弱项的"最后一公里",确保兜底保障脱贫攻坚工作。二要强化龙头带动。通过开展脱贫攻坚典型宣传等活动,激发大家向榜样学习的积极性,主动脱贫、自主脱贫,不断提升贫困户自我发展的能力,最大限度规避返贫风险。三要注重多方协作。不断强化乡村主体责任、行业部门责任、驻村帮扶责任、社会扶贫责任,充分发挥各方的主观能动性,因地制宜采取灵活的工作措施,比如,冯坡镇鼓励村民自发捐款,用于村路建设、村居环境整治等,把村子先发展起来,对脱贫攻坚的完成起到很好的助推作用。

第二,做好"融合"文章,发展乡村产业。产业兴旺是乡村振兴的首要任务,也是推进农业农村现代化的原动力,要充分发挥文昌优势,大力推进行政村规模调整,统筹好土地、水田、山林等发展资源,集中生产要素,优化服务功能,真正把"好钢"用在刀刃上。还要用好农村"三块地"制度改革,特别是农村集体经营性建设用地入市试点,不断盘活农村土地资源,夯实产业发展基础,走好三产融合发展的新路子。一是打造本地特色农业。以本地特色为方向,大力发展文昌鸡、椰子等特色农产品,打出文昌的知名度。同时,加强市级层面的统筹,充分发挥市级行业协会作用,把村庄品牌做成市级品牌,减少单打独斗,形成行业合力。二是探索新型农业发展模式。积极推广公坡镇水北村"党建＋村集体经济＋公司＋贫困户"的合作模式,把大型企业、龙头企业的先进技术、管理经验引进来,不断加大农业机械化程度,向科技和技术要产量。另外,要广泛开展农产品科技推广和技术服务,进一步提升产品价值链。比如,昌洒镇准备与草木香农业投资有限公司合作、建设优质种苗繁育基地并引进博士人才服务农林产业的做法就值得借鉴,只有不断扩大科技的力量,才能更好地走产业化、基地化、规模化的农业发展之路。三是用项目带动三产融合。要充分挖掘文昌农业资源、产业基础、生态环境等优势,把农产品深加工与乡村旅游、休闲康养结合起来,重点引进一批投资规模大、技术含量高、市场份额多项目,进一步延长产业链、完善利益链。比如,借鉴东路镇葫芦村龙泉乡园的发展经验,因地制宜发展农家乐,打造特色乡村生态游;参考潭牛镇大庙村,通过宅基地改革引进企业发展乡村民宿经济;还要多引进像铺前中心渔港、京基智农生猪养殖产业链这样的综合型项目,做到三产融合发展。

第三,做大"人才"文章,激发乡村活力。乡村振兴归根结底要靠人才来振兴,乡村各项事业发展归根结底要靠人才来带动。要坚持以优惠政策吸引外地人才、以产教融合培育乡土人才、以真情实意关爱回乡人才,努力打造一支强大的乡村振兴人才队伍。一要创造条件,吸引人才。要不断改善基层人才特别是专业技术人才的工作环境和待遇,比如,安居型住房政策向人才倾斜、增加岗位津贴等,让人才来了有盼头、有动力。同时,多招录大学生到乡镇专业技术岗位,多选派省市优秀技术骨干到镇、村挂职,给予他们充分发挥自己才能的舞台和机会,让他们有为有位,主动向基层聚集。二要做好服务,留住人才。村"两委"定期同外出务工青年和走出去的企业家联系,多同他们介绍家乡的发展、自贸港的光明前景,改变他们对家乡的老旧认识,萌生回乡创业的动机。组织、人社、财政等部门要做好服务,确保待遇,着力解决他们的后顾之忧。同时,强化在一线选拔干部的政策措施,畅通人才成长的职业路径,以拓宽发展空间留住人才。三要立足实际,培养人才。通过多类型、多业态培训,开展农机作业能手、科技带头人、农产品网络营销人才等各类新型农村实用人才培训,使其成为农民增收致富的开拓者和领路人。同时,加强与重点高校、科研院所的沟通联系,因地制宜开展农村技术型培训,手把手向农民教种养、传技术,使农民掌握最基本的农业技能,主动振兴自己的家乡,并带动全村村民共同进步。

第四,做优"环境"文章,优化乡村生态。人居环境是乡村振兴的重要基础条件。要以农村人居环境整治三年行动计划为牵动,守住生态保护红线,让良好生态成为乡村振兴的支撑点,让农民成为绿色空间的守护人,创造更加舒适、和谐、文明的人居环境。一是积极推进"绿色革命"。积极推进农村生产方式、生活方式和消费方式的绿色化、生态化,推广太阳能、沼气等清洁能源,优化农村能源结构和产业结构。比如,翁田镇西村村委会与南方电网合力推广太阳能发电,基本解决全村用电问题,通过合作发电增加村集体的收入。二是积极推行"厕所革命"。牢牢把握农民是"厕所革命"的主体这一点，积极探索厕所无害化试点，以厕所之点带乡村振兴之面，从根本上改变农民的文明习惯，也可以把健康效益和生态效益转化为经济效益，迸发出乡村融合发展的勃勃生机。三是积极推行"垃圾革命"。借鉴冯坡镇湖淡村"垃圾分类"的好经验，逐步在各村推广"垃圾分类"，做到"各户收集、定点倾倒、定期清运"。另外，还要结合"垃圾分类"和农村人居环境整治，加大环境集中连片的整治力度，推动村里的"坑抛弃地"变成"园林景"。

第五，做强"组织"文章，加强乡村治理。乡村振兴必须坚持走乡村善治之路，健全自治、法治、德治相结合的乡村治理体系，让农村社会既充满活力又和谐有序。一是在村民自治上闯新路。不断丰富村民自治实现形式，给予村民充分的自主权。组织部门要牵头严格落实村"两委"联席会议等制度，引导村里加强村规民约、村民议事会的建设和村务财务监督管理，真正让农民自己"说事、议事、主事"。二是在依法治理上用真功。司法部门要牵头加强法治宣传教育，定期开展"法律下乡"活动，引导干部群众尊法、学法、守法、用法，依法表达诉求、解决纠纷、维护权益。公安部门要扎实推进平安乡村建设，深入开展扫黑除恶专项斗争，防止出现"村霸""恶霸"的现象。三是在道德建设上强引领。大力推广公坡镇茂园村"和文化""孝文化""诚文化"，树好文明乡风、树好文明乡风，把文昌"文化之乡"的名号打响。充分发挥优秀基层干部、道德模范、身边好人等新乡贤的示范引领作用，使其成风化人。鼓励各村积极评选"五好家庭""文明家庭"等，使敬老爱幼、崇德尚俭、明礼向善蔚然成风。四是在组织保障上出实招。农村党组织是基层的战斗堡垒。要扎实开展农村软弱涣散党组织集中整顿活动，解决好弱化、虚化、边缘化问题。要抓好换届选举的各项工作，注重对新一批村干部的选用，特别是要鼓励有志青年返乡服务，为基层党组织注入新鲜血液，提高推进乡村振兴的能力素质，真正发挥基层组织在脱贫致富奔小康路上的"头雁"作用。

（五）屯昌县——党建引领乡村脱贫攻坚调查

2016 年脱贫攻坚工作开展之初,屯昌县全县建档立卡贫困户 5 095 户、22 505 人(其中贫困户 1 741 户、7 519 人,巩固提升户 3 354 户、14 986 人),贫困发生率 11.04%。2016 年实现脱贫 2 637 户、11 769 人,新增贫困户 32 户、146 人,2016 年年底有贫困户 2 490 户、10 882 人,贫困发生率降至 5.34%。2017 年屯昌县建档立卡贫困人口动态调整为 5 143 户、22 988 人,累计标识脱贫 4 885 户、21 973 人(其中 2016 年累计标识脱贫 1 961 户、8 761 人,2017 年累计标识脱贫 2 924 户、13 212 人),贫困发生率从 2016 年初的 11.04% 降至 2017 年底的 0.36%,实现 12 个贫困村整体脱贫出列(其中 2016 年 7 个,2017 年 5 个)。2018 年初,全县建档立卡贫困户共有 5 143 户、22 988 人,经过年中贫困人口"排查""整改"工作和年底扶贫对象动态调整工作,2018 年底有建档立卡贫困户 6 842 户、27 856 人,累计脱贫 5 757 户、24 732 人,剩余未脱贫的有 1 085 户、3 124 人,18 个贫困村全部脱贫出列,贫困发生率为 0.031%。2019 年底,经过贫困人口动态调整,建档立卡贫困户 6 816 户、27 944 人,剩余 1 071 户、3 078 名贫困人口全部稳定脱贫,新增识别 15 户、61 人。经过 4 年多的努力,截至目前,屯昌县全县仅剩未脱贫户 15 户、61 人,贫困发生率由 11% 降至 0.031%。全县扶贫工作呈现出良好的发展态势,取得了阶段性成效,为全面实现脱贫致富奔小康奠定了坚实基础。

1. 主要成效

第一,"两不愁三保障"全面落实。4 年来,屯昌县完成农村危房改造 4 625 户,实现两项制度有效衔接、教育扶贫补助和医疗保障五道防线全覆盖。贫困人口住院报销比例达 90.77%;教育补助做到应发尽发;全面落实"五带动",通过产业帮扶带动 5 663 户贫困户增收。就业扶贫力度空前,实现贫困家庭劳动力转移就业 2 027 人,完成省下达任务的 216.2%,名列全省第一。发放务工奖励 1 557.65 万、交通补贴 129.3 万。医疗卫生服务能力逐步提升,组建家庭医生团队 77 个,家庭医生签约服务常住人口覆盖率 31.92%,贫困人群 100% 纳入签约服务。实现每个行政村卫生室至少配备 1 名乡村医生,为 18 家基层医疗卫生机构配置医疗设备 41 件,54 个基层医疗卫生机构标准化项目加快推进。教育质量稳步提升,完成义务教育均衡发展评估国家级验收工作,顺利通过普通话普及县域省级验收。加大教育投入力度,新增两所公办幼儿园投入使用,学前三年毛入园率 95.6%,特殊教育学校顺利开学,义务教育阶段学校超大班额和大班额全面消除,两所学校通过了省级规范化学校评估。

第二,生产生活条件显著改善。屯昌县委、县政府下大力气改善贫困地区生产生活条件,将重大项目与贫困人口生产生活需要相结合,加快贫困户村"五网"建设,大力改善贫困人口生产生活条件。投入 2 644 万元,结合整村推进工作方案,补全补齐 18 个整村推进贫困村的农村道路、卫生室、安全用水等基础设施和公共服务设施建设项目 112 个。所有行政村均已建成农家书屋、文化信息资源共享工程基层服务点。

一是完善贫困村的村村通道路建设,投入 6 126.54 万元,建设 31 条村级道路项目,总长 84.391 5 公里,进一步提升贫困村道路系统和农村对外交通路网体系。二是实施贫困村农村饮水安全巩固提升工程,累计投入 710 万元,完成第一阶段 6 个贫困村的城乡供水一体化工程,不断提高贫困人口饮水安全保障水平。三是启动贫困村电网改造工程,投入 238.5 万元,新建 8 台配电台机,提升变压器配变容量 1 300 千伏安,改造中低压路线 12.65 公里,36 个贫困村实现户户通电。实现 36 个贫困村村(居)委会光纤宽带网络和 4G 移动通信网络全覆盖。四是统筹推进镇域、农村污水项目建设,在 18 个贫困村建立农村生活污水处理站,统一收集村庄生活污水并进行集中处理,稳步解决了村庄居住区生活污水横流的局面,改善贫困村生产生活环境。五是巩固乌坡镇芽石铺村整村搬迁成效,引进光伏发电扶贫项目,充分利用 26 户贫困户新建住宅屋顶建设单个装机为 5 千瓦的户用光伏电站,已正式投入使用,累计总发电量 4.56 千万瓦时,户均收入 1 316 元。

第三,产业扶贫效果明显。县委、县政府结合乡村振兴战略"村社合一"的要求,充分发挥村级组织战斗堡垒作用,坚持以产业发展为引领,深入实施"公司+产业互助合作社+建档立卡贫困户"一体化产业扶贫模式,通过发展槟榔、橡胶、茶树菇、枫木苦瓜、水芹、金椰子等特色种植产业及屯昌黑猪、屯昌黄鸡、黑山羊等特色养殖产业,实现了村集体经济壮大、合作社收益发展、贫困户增收脱贫三方共赢。以全县域生态循环农业为切入点,结合产业扶贫,精心设计黑猪养殖小区建设项目,引进黑猪龙头企业,采取"政府出资建设,企业租赁经营,资产归村、收益归镇"的模式,明确养殖小区用地为租用村集体的农用地,在 18 个贫困村全面铺开,目前 18 个养殖小区已全部开工,建成 8 个,投产 2 个,养殖 1 000 头种猪,全部投产后,可为每个贫困村带来 7 万元的集体经济收入。屯昌还突出村"两委"干部带头作用,联合本村致富带头人、党员、建档立卡贫困户及一般农户抱团发展"一村一品"特色种养殖业,组织共同采购生产资料、共同管理、共同防疫、共同销售的互助经济组织。通过统一的联合生产和规模经营,提高贫困户产业组织化程度,有效地改变"小农户"在市场竞争中孤军作战的局面,在生产环节降成本,在销售环节争取利润,实现贫困户产业发展持续增收。比如南昌镇落根村党支部书记带头成立的养殖黄鸡互助合作社,直接与饲料供应商和产品收购商签订协议,降低贫困户的生产成本,提高收购价格,进而提高贫困户的收入,目前该互助合作社已带动 10 户农户(含 5 户贫困户)加入互助合作社,每年销往三亚、儋州、东方等地的农家散养黄鸡超过 2.5 万只,收入达到 120 万元。新兴镇兴诗村水芹互助合作社现有水芹种植基地 78 亩,有 15 户贫困户加入其中,一亩水芹田半年能带来两万多元收入,不少村民都靠种水芹盖起了新房。

第四,基层党组织建设更加牢固。屯昌县委扎实开展以"机关党组织、农村党组织双向联系,机关党员、农村党员双向联系;机关单位、机关干部扶贫困群众脱贫和农村发展生产,深入农村、深入基层扶机关单位、机关干部联系群众的作风和能力"为主题的"双联双扶"工作,全县 117 个机关事业单位党组织和 1 121 名机关党员干部主动深入农村,与贫困户进行"一对一"对接,建立包点村和帮扶户的民情台账,明确帮扶内容、完成时限和承办人,着力解决帮扶对象最迫切、最需要解决的突出问题,深度挖掘每一扶贫对象的致贫原因,做到对症下药、固本培元,为扶贫对象量身定制脱贫方案,切实帮助扶贫对象挖掉"穷"根子,甩掉"穷"帽子。为了配强干部队伍,打造"扶贫精锐部队",屯昌对村"两委"班子进行全面摸排,对软弱涣散或无力开展精准脱贫的村班子及时整顿提升,替换和调整责任心不强、工作不到位、能力弱等帮扶责任人和驻村干部。屯昌成立加强脱贫攻坚工作督查组、扶贫领域腐败和作风问题督查组、驻村干部督查组等 3 个督察组,每周不定期、不打招呼深入各单位、各镇、各村,对各镇整改工作落实情况、贫困人口排查工作、驻村干部驻村情况、双联双扶单位开展帮扶工作情况、扶贫领域违规违纪问题进行督查巡查,增强党员的责任意识和带头作用,确保各项工作有序稳步推进。通过考核将纪律和规矩挺在前面、执行到位,并利用"钉钉"软件加强人员管理,逐渐提高了党支部的战斗力和村干部在群众面前的号召力。干部工作作风也不断转变,全县广大干部坚持周六扶贫日活动,不断深入联系镇、责任村、帮扶户,推动扶贫工作高效、有力运转,提高了群众对扶贫工作的满意度,干部离群众更近了,群众对干部的信任也更深了,干部解决问题更快了。同时,自 2016 年起,县纪律检查机关成立多个扶贫领域专项检查组,对各镇、各单位在履行主体责任、工作部署,县"双联双扶"单位及帮扶责任人执行扶贫政策、扶贫开发项目建设和资金管理方面开展多轮次的专项检查,并从 10 个方面全覆盖,对 8 个乡镇落实上级重大决策部署、扶贫惠民政策落实、干部作风等问题开展专项巡察,着力发现脱贫攻坚工作中侵害群众利益的不正之风和干部不作为问题。通过真抓实干,在扶贫工作一线培养和锤炼出了一支"能干事、肯干事、干成事"的干部队伍。

第五，以法治推进社会基层治理。屯昌县创新开展法制扶贫，助力脱贫攻坚，印发了《屯昌县深入开展法治扶贫工作实施方案》，全方位开展法治扶贫活动和法治宣传教育，完善多元化矛盾纠纷解决机制。

一是以法律手段解决农村社会问题。2017年4月，媒体报道新兴镇105岁老人病重无人赡养一事后，屯昌县委县政府举一反三，向全县贫困户延伸，开展排查和调解扶贫领域不尽赡养义务，维护贫困老年人权益行动，先后举办12场维护贫困户老年人权益工作专题培训班，强化人民调解、行政调解和司法调解，为贫困老人户提供法律援助，教育引导116户199名贫困老年人与317名赡养人签订赡养协议，其子女通过照顾起居、提供赡养费等形式履行赡养义务。同时在2018年对2017年签订赡养协议的199名贫困老年人进行回访，对回访中发现不履行赡养协议的一名赡养义务人进行了批评教育，通过教育，该赡养人重新履行赡养义务，家庭重回和谐。2017年开展贫困户危房改造工作时，"风水先生"在新兴镇各乡村频繁活动，蛊惑群众必须在良辰吉日才能开建新房，否则会"犯煞"伤人丁。不少贫困户听信胡言，其中29户受迷信思想影响最为严重，抗拒改造危房。屯昌县委、县政府高度重视，安排了县委政法委牵头，依法坚决打击利用封建迷信蛊惑贫困户的"风水先生"的违法行为，确保了贫困户危房改造工作顺利进行。

二是举办"法律明白人"培训班。组织各镇村委会主任、人民调解员、网格员，开办一期"法律明白人"培训班，紧紧围绕"法律明白人"和法治扶贫的密切关系，详细讲解了精准扶贫过程中需要注意的法律问题、违章建筑的法律问题、公共服务设施的维护问题、村级公共资金的使用问题、村级集体及集体成员权益保护问题及村一级干部的法律担当等内容。

三是开展法制扶贫宣传教育活动。进一步丰富法治扶贫的形式，组织专人收集近年来发生的涉及脱贫攻坚的违法案例，汇总整理这些典型案例并制作教学片，同时编印成册，在开展"法律明白人"培训时将手册印发给参加培训的各村支部书记、人民调解员和网格员，提升法治扶贫活动参与人员的法律意识，为脱贫攻坚营造良好的法治环境。

第六，农村社会精神风貌得到进一步提升。一是扶志扶智从思想上拔掉了穷根。屯昌县委县政府打破以往抓脱贫的思想桎梏，将电视夜校特色教学班和"两学一做"电视夜校结合起来，通过"抓党建促脱贫攻坚"的模式实现共同致富，带动各方面向好发展。屯昌县委、县政府拨款拍摄了"绿榕树"系列农业技术讲座视频，并刻录光盘分发给各镇各村播放培训贫困户。视频以本地方言以及通俗易懂的口语化叙述方式，由本地农技专家结合贫困户种养殖习惯特点，讲授农业技术知识。县委宣传部牵头举办了"脱贫靠奋斗，致富感党恩"脱贫攻坚宣讲活动，邀请全国著名教育演讲家宣讲，通过人物纪录短片和生动朴实的语言，深情讲述海南省、屯昌县的真实励志典型事例，深入浅出地阐述脱贫致富的质朴道理，激发村民脱贫致富的内生动力。通过扶志扶智教育，村民们改变现状的主动性变强了，有了共同的目标，学习的氛围越来越浓，人心也越发凝聚。

二是农村社会风气真正好起来。县文明办按照县委的要求，于 2020 年 5 月印发了《关于进一步规范道德评议会、红白理事会暨"红黑榜"评议工作的通知》，通过提升基层党组织管理服务水平，开展扶贫对象"六治"专项活动和农村环境卫生整治活动，通过树立宣传身边的先进典型，采取不同的奖励激励办法，引导动员组织贫困群众参与制定"村规民约"，参与"红白理事会"和"道德评议会"等村集体活动，破除"等靠要"和"以贫为荣"的落后思想观念，增强脱贫的信心和决心。目前全县 119 个村（居）委会均已完成"两会一约"的创建，2020 年 1 月至今共召开评议会议 1 027 场次，评议 1 034 人次，其中红榜 826 人次，黑榜 210 人次，全县各村"居"委会"两会一约"逐步发挥作用，实现了教育群众，营造和谐乡风的目的。

2. 启示

第一，政府以党建为引领，统揽全县脱贫攻坚工作，取得明显成效。几年来,屯昌县委、县政府共召开 34 次常委会、25 次政府常务会议、26 次扶贫领导小组会议、128 次脱贫攻坚周碰头会,研究部署脱贫攻坚工作任务和问题整改具体事项,提出全县动员、全县参与、自省工作、自找问题、自加压力,向党中央的政策方针看齐,向省委省政府的要求部署看齐,全面落实再精准再深入全覆盖,不达目的不罢休,全力打赢脱贫攻坚决战决胜的总要求,以党建引领集聚全县之力,共同推进扶贫攻坚工作。

第二,坚持党对脱贫攻坚工作的领导,不断提升基层党组织的业务能力和综合素质。屯昌县整合县扶贫开发领导小组和县打赢脱贫攻坚战指挥部力量,一套人马两套班子,实行县委县政府主要领导双指挥长制,成立 17 个指挥部专项工作组,印发《关于进一步加强和改进脱贫攻坚战斗体系运行机制的通知》,进一步健全理清县指挥部和脱贫攻坚战斗体系的运行机制,为落实脱贫攻坚工作提供坚实的制度机制保障。调整成立了以县委书记为组长、县长为常务副组长、48 个县直机关部门主要负责人为组员的扶贫开发领导小组,全面统筹扶贫开发工作。调整充实 1 121 名县直干部、441 名镇级干部作为全县建档立卡贫困户的帮扶责任人,平均每名责任人帮扶 3—5 户,由 654 名村"两委"干部作为帮扶联系人,加强沟通联络。在原有的省级派驻村工作队的基础上,调整增派 129 名县机关优秀年轻干部和 147 名镇干部脱产驻村工作,实现驻村干部所有建档立卡贫困户的行政村全覆盖。

二是加强基层党建。印发《屯昌县县级党员领导干部抓农村党建促脱贫攻坚联系点工作方案》,22 名县级党员领导干部分别指导 1 个乡镇,具体联系 1—2 个建档立卡贫困村,建立抓农村党建脱贫攻坚联系点,强化基层党组织战斗力,确保"两不愁三保障"政策落地生效。

三是强化三级战斗队体系。指定 5 名县委常委、3 名副县长担任镇脱贫攻坚大队大队长,各镇委书记、镇长担任副大队长,负责统筹调配全镇扶贫工作资源、力量,推动全镇脱贫攻坚战,充实各村中队战斗力量,全县111 个村(居)委会共有 72 名镇领导干部、39 名驻村工作队队长担任中队长,247 名驻村工作队队员、111 名村支部书记担任副中队长,在各小队层面,由 449 名镇级帮扶干部担任小队长,449 名村民小组长担任副小队长。印发《关于进一步明确脱贫攻坚战斗中队、乡村振兴驻镇(村)工作队和贫困村驻村工作队设置关系的通知》,进一步明确脱贫攻坚战斗中队、乡村振兴驻镇(村)工作队和贫困村驻村工作队的设置关系,强化脱贫攻坚战斗中队、乡村振兴驻镇(村)工作队和贫困村驻村工作队责任落实。各大队长定期深入各镇,召集各中队成员召开脱贫攻坚周碰头会,带头研究贫困户精准识别和退出、危房改造工作进度等重点难点问题。各中队坚持开展周六"扶贫日"活动,组织各双联双扶单位、各驻村干部进村入户开展帮扶工作,上下联动形成了分工明确、责任清晰、各方力量有效整合、攻坚压力传导到位的工作格局。

第三,"产业扶贫＋就业扶贫",持续提升脱贫的稳定性和可持续性。一是加强产业指导员、科技特派员帮扶产业项目。各镇、各村全面清查扶贫对象的产业扶贫项目帮扶情况,摸清互助合作社带动 5 683 户贫困户特色产业项目的可持续发展和受益情况,建立产业扶贫材料清单。选聘 160 名产业发展指导员建立县、镇、村三级"农老师"专家服务团,选定省 4 名挂职科技副镇长及县、镇、村三级科学技术人才,共 36 位科技人员作为科技特派员覆盖全县 36 个贫困村。根据贫困户的种养殖产业技术需求,借助特色夜校教学班等平台,采取集中培训、摆摊"坐诊"、田间地头一对一指导等灵活多样的服务方式,开展槟榔黄化病防治、苦瓜种植、油茶和茶树菇栽培、黑山羊养殖及其他种养殖农业技术培训共计 100 余场,受训贫困群众达 3 000 人次,进一步引导贫困户建立长短结合的发展思路。

二是加大产业帮扶力度。人力推广互助合作社,建立"产业互助合作社＋建档立卡贫困户"一体化产业扶贫模式,成立 321 个互助合作社,提高组织化程度,投入 1 574 万元,带动 4 587 户贫困户抱团发展,扩大苦瓜、水芹、茶树菇、辣椒、阉鸡等特色产业项目规模;投入产业扶贫资金 3 420 万元,引进新兴椰林等企业,采取"企业＋村集体＋基地""企业＋村集体＋专业合作社＋基地"等模式,指导36个贫困村建成56个黑猪养殖小区,推进金椰子种植示范基地,完成项目选址1 086亩,其中签订租地合同468亩,种植金椰子215亩,不断提高村级经济收入,有效促进农业增效、农民增收;做大做强槟榔、橡胶等传统种植产业,为3 692户贫困胶农购买橡胶保险,参保面积22 091.74亩。

三是引导贫困群众务工就业。完善9 307名贫困家庭劳动力外出务工台账,综合贫困劳动力就业意愿和用工企业用工需求,累计开展44期实用技术培训,受训3 305人,通过举办12场镇、村招聘会,创建10家扶贫车间,为贫困劳动力就业牵线搭桥,新增贫困人口务工2 027人。

四是开展爱心扶贫集市活动。实行各村(居)委会每两周、各镇每月、县级每季度开展一次爱心集市活动的消费扶贫常态机制,为贫困户的农产品提供稳定销售渠道,激发贫困群众内生动力,全年累计组织开展消费扶贫集市1 485场次,爱心扶贫网线上累计销售2 315件农副产品,为16 215户次贫困户创收620.7万元。

第四,紧盯民生保障,全力落实贫困群体帮扶措施。一是加大住房安全保障工作力度。全面完成8 668户4类重点对象的住房安全等级鉴定,几年来共投入2.758 9亿元,累计完成贫困户危房改造任务4 625户。

二是加强健康扶贫帮扶力度。健全全县2 113名建档立卡贫困患者和428名档外低保及特困患者帮扶台账,完善"一户一档"健康档案,为符合条件的1 241名贫困慢病患者和272名低保、特困慢病患者办理慢性病证书,办证率100%。组织77个家庭医生签约团队447名医务人员,与6 816户建档立卡贫困户签订服务协议,重点做好慢性病贫困患者的规范管理,全覆盖随访3轮次。加强村级医疗力量,新建25个村级标准化卫生室,全县104个村卫生室均已配有1名乡村医生或医师;落实城乡居民基本医疗保险、大病保险、商业健康险、60周岁老人意外险等医疗保障机制,与32家省内二级以上的公立医院签订"一站式"结算服务协议,落实"先诊疗后付费"

政策,截至目前贫困人口住院报销4 142人次,经"五道防线"住院费用报销比例为91%。

三是加大教育扶贫力度。建立"县政府—镇政府—村委会"和"县教育局—学校—班主任"的控辍保学"两条线"工作机制,坚持每周六扶贫日组织各级学校2 900多名教师通过上门走访、电话随访等形式开展家访工作,核实贫困生家庭信息,对各学段的在校生逐一登记建档,完善"一生一档"档案材料,重点对37名辍学贫困生进行回访,加强教育引导,确保其全部返校稳定就读。落实教育补助,共向贫困在校生、低保在校生和特困供养生发放春秋两季教育补助42 778人次,资助金额6 116.383 3万元,已做到应发尽发。

四是开展饮水安全监测工作。建立117宗农村饮水安全工程管理"三个责任"和工程运行管理"三项制度"责任体系,委托第三方公司一年两次对117宗农村饮水安全工程水塔水池进行清洗消毒,全覆盖检测集中式供水的4 698户贫困户、1 275户档外低保对象和自备水井供水的2 114户贫困户、727户档外低保对象的饮用水,水质检测全部合格。

第五,精准帮扶贫困户,实现一对一帮扶。

一是精准入户建档立卡。在2016年初省、县两级摸底调查基础上,自行设计《贫困户精准扶贫入户调查摸底和帮扶情况表》,自2016年10月2日起再次开展大规模的建档立卡"回头看",逐人逐户逐村不间断地做深入、具体、扎实、有针对性的走访帮扶,精准完善所有建档立卡贫困户档案。县委书记田志强亲自带队对建档工作进行全覆盖指导、督查。脚踏实地地深入调查、精准无误地建立档案是对扶贫一线干部扶贫政策、知识、措施和方法的实践培训,使扶贫干部对扶贫任务更加明确,开展群众工作的方法更加熟练,工作作风更加过硬,为打好脱贫攻坚战打下了坚实基础。

二是精准施策。对贫困人口的贫困情况进行调查,精准核查到人,提升"因户施策"为"因人施策"。在原有信息基础上,精准核查贫困人口住房、教育、医疗、饮水、务工、现有产业发展情况、现有家庭收入情况及贫困户发展需求,分析未脱贫原因,针对性的制定贫困户帮扶计划、帮扶措施,明确帮扶目标,与贫困户形成脱贫共识。

三是督查指导推动。县委办等 7 个部门、14 名干部组成专项督查指导组,由县委书记亲自带队深入各镇对调查摸底工作进度,对《贫困户精准扶贫入户调查摸底和帮扶情况表》填写精确度及整改落实情况进行三轮以上的专项督查指导,并从第二轮开始对上一轮督查 50% 的内容进行复查,实现以督促进、以督促干,全面提升建档立卡水平。

四是规范标准。不断完善建档立卡贫困户基础信息数据库,在开展 2017 年调查摸底的同时,逐项核查建档立卡贫困户与调查摸底表填写内容的准确性和逻辑性,对不一致的信息进行实地核查修改,完善《屯昌县建档立卡贫困户信息列表》和《扶贫手册》,及时更新全国扶贫信息系统上的数据信息,确保线上线下数据一致。

五是抓好动态管理。先后开展县镇村三级动态管理业务培训 124 场次,受训人数达 2 300 余人。组织各级扶贫干部对全县建档立卡贫困户进行入户调查,结合年度收入统计情况、2018 年大排查、2019 年两不愁三保障大排查工作的调查情况,确定新增建档立卡贫困户 15 户、61 人,清退 4 户、16 人,贫困人口自然增加 553 人,自然减少 510 人,因死亡自然销户 34 户、34 人,因判刑收监销户 2 户、2 人,因分散供养转集中供养自然销户 1 户、1 人,经贫困人口动态调整后,全县建档立卡贫困人口为 6 816 户、27 944 人;各镇对已脱贫不再享受政策对象的家庭情况和审定材料进行逐户核实,确定不再享受政策的对象共有 12 户、69 人。综合考虑建档立卡贫困户和档外低保户的家庭情况及"两不愁三保障"突出问题的落实情况,将住房等级鉴定全覆盖中住房不安全的 1 户档外低保户纳入建档立卡,为符合低保条件的 167 户、符合特困条件的 47 户建档立卡贫困户进行兜底保障。

第六,要将扶志与扶智相结合,着力补齐群众的"思想短板"。一是稳步推进脱贫致富电视夜校。实行县四套班子领导"流动课堂"机制,每周一电视夜校深入不同教学点，借助扶贫电视夜校，继续发挥特色教学班作用，每年平均录制 6 期现场特色教学和 5 期脱贫致富典型特色教学节目，发放到 111 个教学点，在电视夜校前组织贫困群众共同观看学习。积极开展线下教学，充分利用周六扶贫日，结合各教学班贫困户在扶贫政策和发展产业技术方面的需求，开展脱贫致富电视夜校线下培训，与贫困户面对面交流，现场提问，现场解惑。同时，以此录制 38 期特色教学视频，刻录光盘 15 000 多个，编制教学小册子 15 000 多本，下发到各教学班，根据需要组织贫困户收看或由驻村干部和帮扶责任人考录到电脑或手机中送学上门，使群众在田间地头就能学到脱贫致富知识。

二是建立扶贫惠农超市。在 8 个镇各建立 1 个"扶贫惠农超市"，每月对贫困户参与脱贫攻坚工作的情况进行评分，并鼓励贫困户以积分兑换超市物品。以此调动贫困户的积极性、主动性和创造性，激发贫困户脱贫致富的内生动力和自我发展能力。目前各镇已完成超市选址，2019 年 1 月初已全部建成并投入使用。

三是开展重点对象"六治"专项活动。将乡村存在懒散、酗酒、私彩、浪费、不孝、脏乱等 6 种陈规陋习的贫困群众列为重点治理对象，在 8 个镇 16 个试点村中，确定初步治理对象共有 48 人，指定 18 名转化指导员，组织"六治"对象帮扶责任人、村干部和其亲戚等，利用上门进行信息采集以及"周六扶贫日"时间，上门做好治理对象的思想教育工作。

四是营造良好的攻坚氛围。持续开展脱贫攻坚成果大宣传，在新华网、南海网、《海南日报》等主流媒体播报我县脱贫攻坚成效、先进事迹共计 163 篇，在屯昌电视台开小"脱贫攻坚访谈"专题节目，对全县各部门主要负责人进行访谈，目前已访谈 6 人。聚焦打好脱贫攻坚战，共开展 100 场"理论宣讲"文艺轻骑兵下乡巡演、207 场扶贫电影送下乡、73 场扶贫主题琼剧巡演、2 期脱贫攻坚宣讲等宣传活动。

第七，要开展扶贫领域腐败和作风问题专项治理，以严明的纪律为打赢脱贫攻坚战提供保障。一是广泛收集扶贫领域问题线索,落实扶贫领域问题线索台账"对账销号"制度,实行动态管理,已处置问题线索 20 条。严格落实扶贫领域腐败和作风问题集中整治,2016 年以来,已查处扶贫领域"四个专项"等方面腐败和作风问题 116 起、221 人。二是开展惠民惠农财政补贴资金"一卡通"专项治理,督促财政部门牵头开展"一卡通"清理的自然村124 个,调查人数 114 136 人次,调查户数 40 002 户,摸排"一卡通"总数103 403 张,发现问题 11 个,移交涉及疑似违规情况 1 例。三是深化警示教育活动,通过"屯昌廉政"微信公众号发布转载扶贫领域典型案例及相关警示教育文章视频共 16 篇,全面更新黄岭警示教育基地典型案例 21 个,组织县四套领导班子成员共 26 人前往参观学习,已组织 23 批次 1 700 多名党员领导干部参观学习。

二、海南自贸港"乡村产业发展"模式

(一)少数民族乡村特色产业发展模式

毛朋村位于保亭黎族苗族自治县新政镇西北部,距离镇政府驻地约5 公里,离县城约 30 公里,下辖 10 个村民小组,分别为京一村、京二村、京三村、什定一村、什定二村、什迁村、新村村、什灶大一村、什灶大二村、什灶仔村。全村耕地面积 1 469.01 亩,其中水田 1 050 亩、旱田 419.01 亩,人均耕地 0.94 亩,林地面积 4 250 亩。全村常住人口 413 户 1 554 人,建档立卡贫困户 152 户 550 人,2019 年已实现整村脱贫,贫困发生率为零。目前全村共有 4 个产业带动组织,分别为保亭新政益农黄秋葵种植农民专业合作社、保亭新政通京黄牛养殖农民专业合作社、保亭新政毛朋鸿兴种养殖农民专业合作社、保亭新政农兴禽养殖农民专业合作社。其中以黄秋葵产业为主导,通过"合作社+贫困户"模式带动贫困户增收致富。2019 年农民人均纯收入为 9 855 元,村集体经济收入为 7.69 万元。2017 年以前,村民种植的瓜菜以种植豆角、辣椒、青瓜、毛节瓜为主,瓜菜收入得不到保障,普通收购点的收购价会随市场供求关系增长或下降;2017 年起,黄秋葵有保底收购,公司负责收购,收购价会随市场行情涨而涨,市场价跌时公司保底回收,因此村民积极参与黄秋葵种植。

秋葵亦称黄秋葵、咖啡黄葵,俗名羊角豆、潺茄,性喜温暖,是降血糖的良药。黄秋葵适宜生长在热带地区和地中海气候地带,原产地为非洲埃塞俄比亚附近地区以及亚洲热带地区,是一种分布于热带至亚热带的植物,最适合在炎热气候下生长,温度在 26 ℃左右为宜。几十年前,黄秋葵就在江西萍乡引入种植,当地人非常喜爱这种蔬菜,几乎每家人都有种植这种蔬菜,由于形象有点像辣椒,又是从外国引入的,被萍乡人形象地称为“洋辣椒”。黄秋葵在海南一年可种植 2 次,夏季是它的产量高峰季节。黄秋葵是一种喜温性植物,耐热、耐旱、耐湿,但不耐涝、不耐霜冻。因其根系发达,故不必经常灌溉。黄秋葵可以深加工成花茶、饮料、胶囊、干蔬、油等。黄秋葵按果实外形可分为圆果种和棱角种,依果实长度又可分为长果种和短果种,依株形又可分为矮株和高株种,矮株种高 1 米左右,在毛朋村种植的黄秋葵品种属于水果型。

2016 年底,有一家公司将黄秋葵引入保亭县新政镇,起初该公司在毛朋村发动了一些农户进行种植,免费发放黄秋葵种苗。由于没有保底收购,且产量低,推广宣传少,农户对黄秋葵的认识还比较肤浅,因此当时种植户不多。2017 年开始,当地政府扶持黄秋葵产业,通过加大引导、宣传推广、产业扶持力度,黄秋葵产业成效显著,辐射面越来越广,并提供就业岗位;带动当地群众实现就近就业,建档立卡贫困户和一般农户都可申请黄秋葵种苗种植。2017 年,新政镇 543 户农户种植黄秋葵 2 553 亩,收入 19 147 580 元,其中毛朋村 224 户 1 611 亩,收入 12 082 000 元,种植户占全镇的 41%,种植面积占全镇的 63%,收入占全镇的 63%。2018 年,新政镇 750 户农户种植黄秋葵 3 131 亩,收入 23 482 560 元;其中毛朋村 315 户 1 439 亩,收入 10 792 500 元,种植户占全镇的 42%,种植面积占全镇的 50%,收入占全镇的 50%。2019 年,新政镇 978 户农户种植黄秋葵 5 133 亩,收入 38 497 540 元,其中毛朋村 352 户 1 795 亩,收入 13 463 200 元,种植户占全镇的 36%,种植面积占全镇的 35%,收入占全镇的 35%。由此可见,从种植户数、面积和收入来看,无论是全镇还是毛朋村,都在逐年上涨;从毛朋村种植情况的占比来看,毛朋村的种植户数虽然在逐年上涨,但占比却在下降,这说明了黄秋葵产业效益好,已覆盖到其他村,其他村的村民也纷纷参与到黄秋葵种植项目中。

从全镇来看,2017 年种植黄秋葵收入最高的是毛朋村委会京一村建档立卡贫困户朱某,收入 68 540 元;2018 年是毛朋村委会什定二村建档立卡贫困户黄某,收入 76 470 元;2019 年是石让村委会什抄村一般农户陈某,收入 97 450 元。就毛朋村而言,2017 年至 2019 年期间,种植黄秋葵收入最高的农户都是建档立卡贫困户,且其亩产收入在逐年上涨,2017 年亩产收入为 7 616 元,2018 年为 7 644 元,2019 年为 9 033 元。

经过 5 年的努力,毛朋村种植黄秋葵的农户从寥寥可数到如今的不可胜数,黄秋葵种植项目成为毛朋村村民增收、脱贫致富的主导产业,给村民、家庭、村庄带来了可喜的变化。为进一步了解黄秋葵发展现状、遇到的问题以及黄秋葵产业给毛朋村村民、家庭及村庄带来的变化,我们对毛朋村黄秋葵种植户进行问卷调查和访谈,进村入户,深入种植户家中展开调查。调研走访了毛朋村 323 名黄秋葵种植户,占 2019 年毛朋村黄秋葵种植户的 92%,收集了 323 份调查问卷,对毛朋村 3 名村干部和 1 名合作社理事长进行了访谈,掌握了第一手关于毛朋村黄秋葵的资料。问卷调查的 323 名调查对象中,男性 265 名,女性 58 名,初中学历的种植户占 56%,40 岁及以上的种植户占比为 80%。毛朋村黄秋葵种植户以男性为主,主要是初中毕业,且集中为 40 岁以上的劳动力。调查对象的基本情况符合农村从事农业劳作的实际情况。

1. 主要做法

第一，政府主导。该村经济和产业的发展以政府主导的方式推进，采用自上而下和自下而上有机结合的模式。2016 年当地政府没有扶持黄秋葵产业，当时某公司看到黄秋葵市场的前景而采取公司单方面进村宣传的方式，效果不太理想。2017 年开始，新政镇政府投入扶贫资金发展黄秋葵项目，通过帮扶责任人宣传、村委会干部宣传、驻村工作组宣传、驻村工作队宣传等多渠道广泛宣传，先"问需"，根据建档立卡贫困户对黄秋葵的种植意向和需求来确定投入黄秋葵项目的资金数额。调研发现，93.81％的种植户是通过当地政府宣传得知黄秋葵种植项目的，调查统计结果符合政府投入大量项目扶持资金的实际情况。

第二，村委会配合。毛朋村 2016 年换届选举组成的新一届村党支部和村委会班子，在宣传发动种植黄秋葵时发挥着重要作用，其中 1 名村两委干部是保亭新政益农黄秋葵种植农民专业合作社理事长，该合作社在 2017 年注册成立，从事黄秋葵种植、收购等业务。调查数据显示，农户获知黄秋葵种植项目的渠道最多的是通过村委会宣传，占比 98.14％；排名第二的是合作社推荐，占比 94.74％，符合村情实际。此外，还有公司宣传推介黄秋葵，有 77.4％的种植户通过公司宣传获知黄秋葵种植项目。因此，政府主导、村委会配合、公司推介等方式多管齐下，毛朋村农户知晓了黄秋葵种植项目。

第三，公司报价收购和技术指导。毛朋村村民之所以选择种植黄秋葵，是因为黄秋葵有公司保价收购、种苗免费、收入稳定，以及技术指导等优势，农户投入生产的成本减少，避免了市场低价的影响导致的亏本，种植技术难题得以解决。黄秋葵产业在发展推广的过程中也存在一些困难，如种苗的自然死亡、台风或暴雨等自然灾害、引水灌溉等问题。调查数据显示，89.16％的农户认为黄秋葵在种植过程中存在自然死亡的问题，75.85％的农户认为黄秋葵种植会受自然灾害的影响，44.58％的农户认为引水灌溉问题会制约黄秋葵产业发展。虽然黄秋葵种苗可以在当地培育，但也不可避免受土壤质量的影响,如果在种植前不对土壤进行科学处理,种苗的存活率会受到影响;虽然黄秋葵耐湿,但不耐涝,遇台风或长时间暴雨,水田里的水得不到及时排出也会影响种苗的存活率;虽然黄秋葵耐旱,但也不能缺水和不施肥,水和肥是作物生长的必需品,水和肥不足也会影响开花坐果,影响黄秋葵的生长和产量。

2. 主要成效

2017年至今,新政镇政府已投入黄秋葵项目资金2 138.61万元,产生了8 112.768万元的经济效益,其中带给毛朋村村民的经济效益高达3 633.77万元,带动毛朋村85%以上的农户增收,帮助毛朋村村民实现户均年收入增加34 411元,黄秋葵项目成为毛朋村主导产业。调查数据显示,95.98%的村民对种植黄秋葵的收入非常满意,4.02%的村民对种植黄秋葵的收入比较满意,没有不满意的村民。种植黄秋葵后,村里变化非常大,调查显示,村民们认为种植黄秋葵后生活越来越好,村庄环境更美了,家庭卫生更好了,更加注重家庭教育了,打架斗殴、酗酒闹事、懒汉更少了,村民更注重个人形象了,出去旅游的人更多了,购置家电和代步车的人更多了。当初谁也没想到,小小的黄秋葵竟然会给毛朋村带来这么大的变化,人们的获得感、幸福感和安全感越来越高,朝着幸福的小康生活努力奋斗,发展黄秋葵产业能够帮助人们脱贫致富奔小康,过上幸福的小康生活。

(1) 村民的变化

一是村里单身汉少了。毛朋村下辖10个村民小组,是新政镇大行政村之一,因此单身汉也不在少数,单身的原因有酗酒、赌博、闹事、家庭居住环境差等问题。通过当地政府引导、村委会宣传和工作队做思想工作,村民加入黄秋葵种植项目行列。近年来,毛朋村通过发展黄秋葵种植产业,帮助农户增收,村里的未婚青年和"光棍"腰包鼓了,盖了平房,黄秋葵采摘季节一到就在田里劳作,没有多余的时间喝酒、赌博、闹事,人也变勤奋了。保亭的气候终年适合种植黄秋葵,调查数据显示,61.92%的农户每年种植两季黄秋葵,74％以上的农户每年种植黄秋葵4亩以上,如果按2019年亩产收入9 033元计算,每年种植黄秋葵4亩以上,年收入至少3.6万元,这是一笔可观的收入。稳定的收入来源是组建家庭的物质基础,单身青年通过种植黄秋葵,帮助解决了个人婚姻问题。

二是村民文明行为越来越好。以前,村民光着膀子在路旁小店喝酒打牌、嚼着槟榔随地吐、随地吐痰、打架、酗酒、随地扔垃圾等不文明现象屡见不鲜。2017年以来,这种现象越来越少了,村民也更加注重自己的个人形象了。如今来到毛朋村,看到的是脸上挂满笑容的可爱村民、接待客人时着装得体的村民,随地吐槟榔汁、吐痰、扔垃圾的现象越来越少了,村民们不良的生活习惯和卫生习惯得到了较大改善。这些可喜的变化得益于黄秋葵,有的人称之为"金葵"。俗话说,"仓廪实而知礼节,衣食足而知荣辱"。百姓的粮仓充足了,丰衣足食,才能顾及礼仪,重视荣誉、懂得耻辱。

三是村民思想观念变了。调查数据显示,95.05％的农户认为家庭的主要收入来源是传统农业,4.95％的农户认为是打工所得。在农村,村民主要还是以务农为主,长期以来,村民种植的作物以豆角、青瓜、辣椒为主,最初对传入的新事物"黄秋葵"十分不屑一顾,认为没有这些新事物,自己祖祖辈辈在这片土壤照样一代代生活下来。殊不知,如果不转变传统老旧的生产思想观念,不尝试种植新的作物,不去创新、不去体验,是无法进步的。实践证明,黄秋葵给毛朋村带来全新面貌,种植黄秋葵的可观稳定收入,让村民领略到了产业发展给乡风村貌带来的巨大改观,渐渐地,村民们以积极的态度去面对新事物,用开放的心态认识、接受新事物。有了积蓄,有了金钱,农村与城市的差距越来越小,村民们更加注重生活品质了。2017年以来,村民每年还组团出去旅游,去北京、去香港、去上海,去看看祖国各地的变化,开阔了眼界和视野,回村发展新农业,做新农人、做现代职业农民也更有信心。

(2)家庭层面的变化

一是改善了生活条件。黄秋葵种植户中,98.45％的农户认为,种植黄秋葵后生活越来越好了,家里的生活条件也得到了很大改善,增添了空调、冰箱、洗衣机等家电。如今,炎热夏日里,吹空调代替了扇扇子,冰箱里放满了肉、蛋、鱼等食物,洗衣服不再是到河边洗或者用手洗,洗衣机省时省力,节省下来的时间可以做些其他事情,生活效率和生活质量都有所提升,人们生活的满意度也提高了。从前骑两轮摩托车、电动车,如今开上了电动代步车、小轿车、越野车等,从前担心下雨出门不方便,现在下雨出门也不用担心淋湿了;从前接送孩子上学,骑着摩托车带不了多少件行李,现在开车送孩子去学校,再多的行李也不用担心了,面子也有了。这些在农户家中摆放的新家电、车辆和盖起的一栋栋平房、楼房,无不体现出村民的家庭生活条件的改善。

二是改善了家庭卫生。从前,村民很少打扫自家卫生,家门口农具、厨房用具、衣物乱摆乱放乱挂,餐桌上残留着油渍,屋外如此,更不用说屋内了。随着村民收入不断提高,村民开始注重家庭环境卫生,村里有保洁员负责打造村道卫生,自家房前屋后的卫生由自己主动打扫,垃圾用垃圾桶放在家门口集中放置,每天拿到垃圾集中收集点倾倒垃圾。村民还积极参与到老鼠、蟑螂、蚊子、苍蝇"四害"专项治理行动中,主动翻坛倒罐,清理积水。有条件的家庭还打造起了庭院经济,装饰居家环境,门前搭棚种植百香果,房子周边空地种菜,房前空地砌花池种花,客厅摆放从网上买的鸟巢摇椅,等等。点缀装饰一番让家里别有风味,五颜六色的花朵给农村生活增添了几分姿色,人们的心情也更加美丽,家庭矛盾也少了。村民们开始打造美丽庭院和良好居家环境,朝着美好生活的共同目标而努力。

（3）村庄层面的变化

一是改善了村容村貌。黄秋葵种植户中,74.92%的农户认为,种植黄秋葵后村庄环境更美了。有政府的建设投入、村委会的组织、村民的参与,村庄面貌焕然一新。2018年财政资金投入300万元实施人居环境整治项目,2019年财政资金投入150万元继续实施人居环境整治项目,覆盖全村

10 个村民小组,包括修建水沟、村道加宽、铺设彩砖、修建停车位等。此外,2019 年实施京一、京二、京三村小组美丽乡村建设项目,修建了入户道、安装了路灯、建设了停车场、安装了宣传栏,各类资金的注入完善了基础设施建设,也让村庄卫生更好打扫了。村民参与村庄治理、村容村貌整治的意识也提高了,主动参与"三信三爱"美丽村庄日活动,整治村庄卫生死角,党员以身作则参与主题党日活动。"村庄是我家,卫生靠大家"的理念得以树立,大家积极参与村庄治理、村民议事,毛朋村成为了以黄秋葵为主导产业、村庄环境优美的新时代农村。

二是促进了社会稳定。毛朋村是一个黎、苗、汉聚居的村庄,以黎族人为主,10 个自然村中有 1 个苗村。从前村内打架斗殴、酗酒闹事、土地纠纷的案例不在少数,派出所的警车常出现在村里,派出所、司法所也经常到村里调解各种纠纷案件。如今酗酒、游手好闲的人少了,村民们忙着种黄秋葵赚钱。经过多年的引导教育,村民的思想观念也在逐渐转变,小矛盾在村里就能得到解决,村民也明白了一个道理:"退一步海阔天空"。随之而见的是,在农忙时节,村民互帮互助摘黄秋葵、插秧、收割稻谷的场景。农闲之余,村民在广场跳舞,重要节日时,村民齐聚一堂举办歌舞晚会,载歌载舞,好不热闹。

3. 主要经验和启示

产业发展是乡村振兴的重要内容,发展黄秋葵产业给当地群众带来了稳定的收入,提供了就近就业的工作岗位,还给村民、家庭、村庄带来如此大的变化。为了更好推进黄秋葵产业发展,通过问卷调查和数据研究分析,我们对黄秋葵产业的未来发展提出了一些对策与建议。调查数据显示,78.02％的村民希望发展黄秋葵加工业,98.35％的村民建议延长黄秋葵保价收购期,希望加大种植技术培训的村民占比为 80.5％。

第一,公司兜底收购保障。黄秋葵由种苗供货公司负责保价收购,保底价为每斤 3 元,保价收购期一般是从当年 9 月份(发放种苗)至来年 6 月份,村民在种植冬季瓜菜时节种下,若当年 9 月份种植,当年 10 月中下旬可结果开始采摘,终年挂果可摘。来年 6 月份以后,如果想继续管理的农户则没有了保底收购,市场售价则有可能仅为每斤 1.5 元,价格不稳定且偏低。因此,公司为吸引更多农户加入黄秋葵种植项目,扩大产业项目的覆盖面,可以延长保价收购期,让更多农户受益,形成更大种植规模。

第二,加大种植技术培训。黄秋葵种植也存在部分种苗自然死亡的情况。在台风和暴雨时节,排水不及时也会影响种苗存活率,这也就对黄秋葵抗病虫害和抗风能力提出了新的更严格的要求。每年政府都会投入大量的资金开办各种种养殖技术培训班,深入村庄开展培训,还发放培训补助。在黄秋葵种植过程中,种苗供货公司提供技术指导,组织种植户代表到种植好的地块实地参观,学习技术,还给农户发放名片留下联系方式,随时提供免费的技术服务。若出现死苗,农户还可免费领取种苗进行补苗。经调查了解,农户希望公司能对种子进行研发改良,提高种苗抗病虫害和抗风能力,加强种植技术培训,教授农户施肥、打药、灌溉、排水等技术,进一步提高种苗存活率和坐果率,增产增收。

第三,发展黄秋葵加工业。毛朋村建有冷库,为储藏和运输黄秋葵提供便利,提高了公司收购黄秋葵的存储能力和发货能力。黄秋葵通过冷链运输销往内地其他省份,其他省份的黄秋葵市场比海南广,消费群体和合作方更多,内地也有加工厂,可以对黄秋葵进行加工,加工成各种口味的秋葵脆再投入市场,在超市、便利店等进行销售,产品的价值得以提高。黄秋葵收购时对果的大小有严格的要求,挑拣合格的才符合收购标准,因此在挑拣过程中会产生不少剩果。在挑拣鲜果环节,可以提高黄秋葵的利用率,如建黄秋葵加工厂,将黄秋葵鲜果加工成干蔬、花茶、蔬菜油等产品,不仅减少了运输成本,还提升了产品的附加值。若在当地建厂,那么会提供更多的工作岗位带动当地群众实现就业,公司盈利、农户增收、政府认可,公司获得了社会效益,农户获得了经济效益,实现双赢双收。

（二）三亚吉阳产业融合样本村

三亚市吉阳区，不仅是三亚市委、市政府驻地和全市政治、经济、文化中心，而且还拥有依山傍海、得天独厚的自然环境，明显的区位、资源、生态等优势以及极其丰富的旅游资源和完备的旅游基础设施。吉阳区共有 19 个行政村，如今，已有 12 个行政村被列为美丽乡村建设示范村，占比超过六成。其中，精心打造的中廖、安罗、博后、大茅、田独、红花、六盘、罗蓬村等 8 个美丽乡村前期程序已完成，现场总体施工达到 90％，红土坎、南丁、新红、龙坡村 4 个美丽乡村正在抓紧推进，总体投资金额达 10 亿元。吉阳区美丽乡村成效显著。吉阳区委、区政府以美丽乡村建设为契机，通过对相邻各美丽乡村的建设进行通盘考虑，在建设基础设施的同时，以骑行绿道作为相邻美丽乡村串联点，将中廖村、博后村、六盘村、大茅村、罗蓬村、红花村等美丽乡村逐步整合成一个美丽的乡村生态旅游圈；同时，引进社会企业入驻开发旅游产品，并组织自行车骑行、驴友徒步等旅游赛事，丰富全域旅游内容，为乡村振兴战略注入了强劲的发展动力。

在海南已评定的 22 家五椰级乡村旅游点中，三亚市与琼海市并列第一，各占 4 席，其中 3 家均在吉阳区，分别是三亚市吉阳区中廖村乡村旅游点（中廖村）、三亚市吉阳区亚龙湾民宿村乡村旅游点（博后村）、三亚市吉阳区大茅远洋生态村（大茅村）。三亚吉阳区中廖村先后获评“2016 年中国美丽休闲乡村”“第二批中国少数民族特色村寨”“第五届全国文明村”“海南省五星级美丽乡村”“海南省五椰级乡村旅游点”“第一批全国乡村旅游重点村”“2019 中国千山·金峰奖”之“最佳人气乡村旅游目的地”“全国乡村治理示范村”“海南省五椰级乡村旅游点”（2020）等奖项。吉阳区委、区政府在产业振兴方面坚持规划先行、科学谋划，以项目为基础，引导各村以美丽乡村为发展契机，因地制宜整合农业资源，在产业振兴和发展美丽经济方面做出了大文章。

1. 引入龙头企业，以"旅游＋"形式精心打造中廖村

2017 年 4 月份，吉阳区委、区政府引进实力雄厚的央企深圳华侨城（海南）投资有限公司与中廖村进行合作，致力打造产业运营，通过"旅游＋"的形式，按照海南省五椰级乡村旅游点标准建设，将中廖的民宿、农家乐等产业发展起来，把旅游产品、旅游住宿等相关产业带入乡村，深度发掘中廖黎族特色资源及环境资源，整合旅游资源打造旅游＋农业示范村。在开发过程中，针对与村民的合作模式，华侨城前期主要以租金的形式向农民租赁土地或民宅，待农民看到旅游项目良好的收益后，再鼓励农民将土地或民宅入股旅游项目，享受旅游项目未来的持续收益。目前，华侨城海南有限公司已投入约 5 000 万元资金，进行统一规划，整体布局特色民宿，主要建设了黎夫果园、阿爸茶社、花瓣咖啡厅、李家院子民宿休闲园、东黎院等特色民宿51 间，还有小姨家厨房、黎家小院演艺点、"先有鸡"根据地等；共租赁了18 栋村民闲置房屋，其中 9 栋房屋融入当地民族文化元素后被设计改造为民宿（共计 51 间客房、102 张床位），剩余 9 栋作为演艺、餐饮、书吧、仓库、办公等配套使用，集民宿、餐饮、演艺、游乐等于一体。同时，部分村民自发性地在主干道两旁及大榕树广场下售卖起自家新鲜的瓜果蔬菜等绿色农产品，为游客提供了全方位的消费选择，促进了农旅融合发展，彰显了乡村特色文化，拓宽了村民增收渠道。村民人均收入从早期的每年每人 6 000 余元增加到现在的每年每人 15 000 余元，受益村民 70 余户 200 多人，累计带动创收 1 300 余万元。

2. 以"农业＋体育＋旅游"产业模式建设"大茅远洋生态村"

吉阳区委、区政府引导大茅村以"企业带动、土地入股、村民参与"的方式，开发乡村健身休闲农业，打造运动休闲特色乡村。通过引进远洋集团，进行生态农业、休闲体育、康养配套等农村多元产业融合，辐射和带动农户发展产业，使大茅村单一的产业向农旅融合的方向蜕变，高效多元的农业产业逐渐兴起。"农旅融合"的大茅远洋生态村现代农业生态园以发展民宿、

试验田创新种植业等为特色产业。在村党总支的引领下,村民不仅可以土地入股,获得村小组 22％ 和村委会 8％ 的固定年分红金,还可以到公司就业,获得稳定的工资性收入。目前,在公司从事长期工作的本地居民有 120 人,短期用工涉及全村 500 多人。大茅里一村、上塘村也借助远洋集团旗下的大茅奇幻世界共享农庄"百香果共享种植示范园"平台成功完成农业转型,由传统的大田轮作发展为百香果种植。2019 年,大茅村全村人均收入达到 17 583 元,比 2017 年翻了一番。

3. 通过"专业合作社＋民宿"做强博后村

博后村依山傍海,具备独特的地理优势,结合美丽乡村建设优势,因地制宜,发展以玫瑰产业和民宿产业为主的农村特色产业。由于看中了海南优越的气候条件及博后村独特的地理条件,玫瑰谷公司于 2009 年选择在博后村"安家",租用农田 2 755 亩,并围绕玫瑰产业大作文章,成功打造了以"美丽·浪漫·爱"为主题,以玫瑰文化为载体,以玫瑰产业为核心,集玫瑰种植、种苗培育、玫瑰衍生产品加工销售、玫瑰文化展示、休闲度假于一体的乡村旅游综合体,实现了玫瑰产业小镇和美丽乡村区域融合发展,既丰富了乡村全域旅游业态,又多渠道带动村民就业增收,形成了可持续发展、有长效增收机制的产业链条。近年来,博后村依托亚龙湾国家度假区资源和平台,以玫瑰文化、黎族文化、创意文化为底蕴,以农民专业合作社为主体,自主经营和引进企业进驻相结合,因势利导大力发展民宿产业、特色餐饮业和文创产业。截至 2020 年 5 月 1 日,全村共有民宿 44 家,房间数 1 300 间,已成为全省最大的民宿村之一。在民宿业和玫瑰产业的带动下,博后村实现了脱贫致富,人均收入由 2013 年的 7 400 元倍增到 2019 年的 24 520 元,实现了富而美的华丽蝶变。不仅如此,2019 年 5 月,吉阳区还在博后村成立了首个乡村文化创意产业研究与实践基地,通过专家、民间艺人现场授课,开展黎族歌舞、非遗传承、文化礼仪等精准化、规范化的培训与指导,传承民俗文化,为美丽乡村建设注入更多文化内涵,实现文旅结合,助力美丽乡村产业转型升级。

此外,吉阳区委、区政府还引导六盘村以"村集体+企业"的模式走出民宿发展新路子,吃上"旅游饭",带着村民致富;以"合作社+农户+政府"的模式在罗蓬村建设黎乡壹叫小种鸡养殖合作社;引导田独村利用颂和水库,发展渔业养殖、休闲旅游等产业;引导红花村以红花和龙文化为主题,以"企业带动、土地入股、村民参与"的方式,以"农业+体育+旅游"的产业模式,建设红花生态园共享农庄,开发乡村健身休闲农业,打造运动休闲特色乡村,使得美丽的红花村焕发蓬勃生机。

(三)儋州市探索"国有独资公司+乡村集体经济"发展模式

儋州市委、市政府探索组建国资公司,壮大乡村集体经济,探索实现乡村振兴的新路。2018 年 7 月,儋州市委、市政府组建国有独资的儋州市乡村振兴投资开发有限公司,旨在通过政府引导、市场化运作的方式,充分发挥国有资本和政府资源的引导放大作用,整合各类生产要素,带动更多社会资本,吸引更多社会资源向"三农"领域聚集,在保护矿藏资源、盘活土地资源、用活扶贫资金等方面做出突破性探索。

1. 盘活土地资源,"死"地变"活"资本

儋州市农村承包土地碎片化问题突出,农田水利基础设施建设薄弱,撂荒土地面积大,根据第三方对全市撂荒土地测量,现有撂荒土地 30 250 亩,分布在全市 16 个镇。广大农村青壮年农民外出务工,大量土地撂荒,耕地质量和生态经济功能衰退,基本口粮无保障,影响国家粮食安全,村民难以增收,导致"有田无力种"和"有力无田种"的矛盾尖锐,是乡村普遍存在的现象。调研发现,农民进城打工,有的举家外迁谋生,又不放弃土地承包经营权,土地承包经营权没有流转他人,甚至出现极个别的农民一边撂荒耕地、一边一分不少地领取粮食直补等种粮补贴的现象。有些村民想通过发展高效农业产业增收致富,却面临土地种植规模太小的资源困境。

儋州市通过政府引领、市场化运作的方式，按照"规划引领，政府引导，企业运作"的模式，开展土地整治工作，解决耕地占补指标需求问题，结余耕地占补指标通过公开交易获益。加快低效农用地和撂荒地整合流转，将其整治成集中连片、配套完善、高产稳产、生态良好、抗灾能力强的农田，最大限度提升土地利用效益。从2019年1月至8月中旬，儋州市乡村振兴投资开发有限公司共组织实施9个土地整治项目，其中2019年完成2个项目、2 111亩耕地指标入库，异地交易1 000亩耕地指标；2019年竣工验收2个土地整治项目，在建项目7个，待建项目8个，计划完成1.2万亩土地整治项目耕地指标入库。土地整治项目共发放补偿款2 000多万元，19个村委会、52个自然村、1 860户农户受益。

将干旱撂荒地改造为水田，提升耕地产能，增加耕地资源。白马井镇山花村委会有一片面积为1 664亩的旱地，大部分沟渠堵塞，无法排灌，二级硬化田间道路只有2条，其余道路均为土路。500多亩地种花生，其余土地撂荒多年。这片整治区域在儋州市总体规划图上标注为基本农田，2017年度土地利用现状变更调查数据为旱地，符合旱改水土地整治项目的条件，改造后，可增加水田耕地数量。这是儋州市乡村振兴投资开发有限公司受儋州市土地开发整理储备中心委托代管项目，2019年8月开工，投资1 565万元，清淤疏通堵塞灌沟，拆除破旧排灌沟，新建32条排灌沟渠，使每块田都有单独进水口，确保耕地都得到灌溉。原土路全部硬化，新修6条一级田间道路、1条二级田间道路、8条生产路。平整土地，重新翻耕土壤，每亩耕地施有机肥1吨，有效提高土壤肥力。2019年10月竣工验收，耕地从原来的9等提升至8等，旱地变水田，提高土地产能后，除了种花生，村民还能种高效农作物，年轻村民务农积极性增加，耕地产能得到提升。

干旱撂荒地改造为水田，既为市财政创收，收入远超改造的投入成本；又为村民造一片良田，带来长久的丰厚收益。1 375亩旱改水指标入库，其中1 000亩旱改水指标，去年底卖给三亚、省土地储备整理交易中心，为市财政创收 3 亿元。1 条宽约 4 米的水泥混凝土道路,从白马井镇山花村委会一直通到旱改水后的耕地,路两旁平整的土地已种花生、地瓜等。经过整理后的水田租地价格,从原来的旱地每亩 550 元提高到现在的水田 1 000 元;村民除了种花生,还种番薯、水稻等,带动 731 户农户、4 380 人增收,每年户均增收 9 376 元,人均增收 1 564 元。

按照规划把低价值的草地改造为高价值的耕地,充分挖掘土地的价值,增加村民收入。排浦镇瓜兰村委会的 1 511 亩草地,干旱缺水,没有村路等基础设施配套,村民无法正常耕种,村民在大部分草地种桉树,小部分草地撂荒,每亩草地年收入不足 300 元。2017 年通过土地整治,增加了儋州市耕地数量。排浦镇瓜兰村委会补充耕地项目总投资 1 496.51 万元,2019 年8 月开工,新建 7 条田间道路,总计 4 公里,增加灌溉系统配套设施建设,新建灌溉管道 20 条,总计 4.25 公里,新打 2 口机井,在就近的河边及水库支渠边新建泵房、机房、蓄水池,把水引到每一块地,翻耕土地,使土地从原来的10 等提升至 9 等。2019 年 12 月竣工验收,租地价格从原来的每亩 450 元增加到现在的 800 元,完成 737.75 亩耕地指标入库。

盘活农村闲置土地和撂荒地,破解耕地撂荒和村民粗放经营难题,提高土地利用率,让长草的土地"生金"。儋州市推行"土地租赁＋土地整理＋产业导入"的模式,由儋州市乡村振兴投资开发有限公司直接与农户或村集体经济合作社签约租地,流转农村耕地、闲置地、撂荒地的经营权,尤其对面积小而分散、基础设施差、灌溉能力弱的农田,统一规划整理、改造升级,推动农田集中连片流转出租,承接大型农业产业项目,解决"项目等土地"的难题。

碎片化土地集中连片整治后,满足农业大项目对用地的需求。四川省西充茂源生态农业发展有限公司在儋州投资大规模开发现代农业,但找地很难,小的地块只有几分大,大的也只有一两亩大,关键是还不连片,东一块西一块,无法大规模开发,出现"项目等用地"难题。儋州市乡村振兴投资开发有限公司与四川省西充茂源生态农业发展有限公司进行战略合作,计划在2年内给该公司及下属企业提供连片3万亩以上农业用地,解决了这一难题。儋州市乡村振兴投资开发有限公司从村民手中租地,对土地进行集中整治后,再流转给四川省西充茂源生态农业发展有限公司下属海南子公司联明农业有限公司,一举解决难题。截至目前,流转联明农业有限公司3 195亩农业田地,其中包括王五镇光村村委会妙山村1 535亩土地、峨蔓镇大桥村1 660亩土地。联明农业有限公司计划投资2亿元建设热带水果生产基地,目前这2片田洋已动工建设热带水果生产基地。儋州市乡村振兴投资开发有限公司整合土地资源后,包装项目,招商推介,吸引社会投资规模开发高效农业、美丽乡村、共享农庄、田园综合体等乡村振兴产业项目,有力支撑全面建设小康社会。

地租直接增加村民纯收入。2018年1月至8月中旬,儋州市乡村振兴投资开发有限公司在大成、王五、东成、海头等10个乡镇累计流转土地约5.1万亩,共支付土地租金约3 762万元,今年计划流转土地10万亩,有效促进农民增收。2020年,儋州市乡村振兴投资开发有限公司与峨蔓镇峨蔓村委会大桥村签订土地经营权流转合同,流转土地1 660亩,流转价格为每亩每年租金500元,每3年为1期,每期支付3年租金。现已交地1 660亩,支付村民地租249万元,共带动村民34户增收。

整合零散集体建设用地,统一整理后导入规模产业,壮大村集体经济。2019年,新风村委会把村里闲置的集体建设用地、低效农地整合流转并包装成村集体资产后,通过租赁的方式将土地流转给儋州市乡村振兴投资开发有限公司,由其策划招商导入项目,为发展产业项目打下基础。到目前为止,儋州市乡村振兴投资开发有限公司已流转新风村委会用地约400亩,村集体和农户已获得土地流转收入1 037万元。引入碧桂园集团、欣丰农业等企业投资建设民宿、开发高效农业项目等,有效激活“沉睡”的农村房屋、碎片化建设用地及闲置宅基地。新风村委会被列入土地制度改革试点,探索通过科学规划,将零星分散的集体经营性建设用地,就地入市或集中调整后异地入市,让农民手中的"死"资产变成"活"资本。

2. 保护矿藏资源,保护生态环境

儋州市的河砂等矿藏资源一度成为少数人暴富工具,掠夺性非法采砂严重,导致破坏河流生态环境,矿藏资源税收流失,当地群众几乎没有收益。海头镇处于珠碧江入海口,河砂资源丰富,是掠夺性非法采砂重灾区。2019年前,海岛村委会村民每年都举报非法采砂线索60多条,执法部门平均每隔2天至3天出警一次。岛村村委会岛村村民说:"非法采砂最严重的时候,村里河段有22个采砂点,同时非法采砂。"

近年来,随着儋州市开发建设速度加快,河砂价格日益上涨,最高达每立方米300元,非法采砂者暴富,长期掠夺性非法采砂破坏了河流生态环境。2018年10月,犯罪团伙在排浦镇龙山农场非法开采陆砂,儋州公安部门一举抓获犯罪嫌疑人20人,查扣陆砂约1000立方米,缴获赃款10万元。掠夺性非法采砂成为滋生黑恶势力土壤。2017年11月至2018年5月,涉黑组织人员采取暴力、胁迫等手段,非法对外发布采砂招标公告、签订运砂合同、哄抢转卖他人河砂等。海头镇岛村村委会枫根村位于珠碧江下游地区,优质河砂的河床宽达400多米。枫根村负责人说,近300米宽河床,被非法采砂者挖出二三十个大坑,粗粒河砂堆在大坑周围,影响河床行洪。"原来河床没现在这么宽,非法采砂导致河岸连续垮塌,近年来,河床加宽几十米。"河岸缺树少草,土壤流失严重。儋州公安部门打掉这一涉黑团伙,移送起诉相关涉案人员23名。

2019年6月,儋州市委、市政府践行"绿水青山就是金山银山"理念,创新推出"政府引导,集体主导,市场运作,群众监督,收益共享"村企合作河砂开采新模式,构建保护优良生态、保证财政收入、保障村民利益、保育集体经济多赢新格局。保护绿水青山,守护村民的"金饭碗",让村民长久享有金山银山带来的稳定收益,奔小康有产业保障。

儋州创新推行村企合作开采河砂新模式,"按照'统一监管,统一运输,统一堆放,统一经营'原则,开采和销售河砂",在全市范围内规划一批合法采砂点,定点开采,以保护生态为前提,以发展壮大村集体经济为目标,严格控制开采总量,做到河道保护性开发。选择海头镇岛村村委会、珠江村委会的3个自然村为试点村庄。2019年9月至2020年8月中旬,儋州市在海头镇岛村、珠江村委会3个自然村试点村企合作开采河砂,市财政2019年获得河道采砂权出让收入629.18万元,至8月中旬,共获得试点河砂销售税收857.23万元;合法开采河砂33万立方米,统一销售河砂32万立方米,收入6 167万元。

村企合作开采河砂,既保障了采砂点所在村集体和村民获益最大化,又能确保矿藏资源税收不流失。市政府挂牌出让采砂权,由采砂点所在村组建农民专业合作社竞买、开采河砂。2019年,珠碧江海头镇岛村村委会岛村和枫根村、珠江村委会面前地村等河段3宗建筑用砂采砂权,在全国公共资源交易平台(海南省)·儋州市挂牌出让。所采河砂优先保障儋州市场供应,未经市政府同意不得销往市外。岛村村委会岛村和枫根村、珠江村委会面前地村分别成立农民专业合作社,竞买河砂开采权。

在实际运营中,竞买采砂权每立方米需12.12元,还要购置采砂船、采砂设备,以及建河砂堆场等,合作社面临无法解决的巨额资金投入难题。儋州市政府指定儋州市乡村振兴投资开发有限公司,与采砂点所在村农民专业合作社联合开采和统一经营河砂,乡村振兴投资公司垫付竞买采砂权、建设河砂堆场等所需资金。河砂销售总收入扣除总成本后的全部利润,归采砂点所在村农民专业合作社、村集体共享。儋州市乡村振兴投资开发有限公司组建儋州乡投矿产资源开发有限公司,专门负责河砂开采,公司负责人说:"目前,儋州3个采砂点,以及河砂堆场,投资近1 000万元。"

保护性地开采矿藏资源,形成村集体产业,成为振兴乡村奔小康的产业支撑。河砂销售总收入扣除总成本后的全部利润,归采砂点所在村农民专业合作社、村集体所有,儋州乡投矿产资源开发有限公司承诺给合作社不低于销售量每立方米30元的保底利润,提取每立方米15元作为生态补偿、道路修复以及集体经济发展资金。从2019年9月至2020年8月中旬,儋州乡投矿产资源开发有限公司为3个自然村发放采砂保底分红941万元,村民户均分红2.14万元;发放生态补偿费434万元,运砂车辆经过的沿途村庄,均可以分到相应的补偿金。

保护生态环境,实现河砂资源可持续开采。儋州乡投矿产资源开发有限公司受3家合作社委托,严格按照时间节点开采河砂。开采河砂过程中,监理方和采砂点所在村的集体监督小组,严格监督开采河砂范围和深度,不准越界开采,避免超采超挖河砂,防止河床水土流失。施工方封闭施工,用围堰、引流、沉淀等方式清洗河砂,注重环保,严格按照规划部门批准的红线图采砂,采砂深度只有2米左右。开采河砂结束后,用推土机平整已结束采砂的河床,河岸复绿,保护河流生态环境。

引导村集体和村民积极参与可持续性河砂开采,自觉保护河流生态环境。岛村村委会岛村成立巡逻队保护河砂资源,2020年1月的某天半夜,村民发现有人偷运河砂,立即通知村干部把偷砂人拦住并报警处理。村民小组说:“偷砂等于偷村民的钱,村民当然不答应。”村民合法采砂的法律意识增强了,参与打击非法采砂的主动性也有所提高,自觉成为河流生态环境保护人员,群策群力,防止盗采、乱采河砂,有效保护河砂资源。

增加就业岗位,使村民在家门口就业。开采、经营河砂为岛村村委会村民提供95个就业岗位,上班的村民薪酬为2 000—5 000元不等,村民稳定工资性收入增加。转运河砂车辆都是当地村民的,岛村村委会岛村村民符某算了一笔账,他的运砂车1趟可运14.9立方米的河砂,1天运砂8趟,除去油费等成本,1天净赚近千元。“在家门口干活,1天赚到这么多钱,比外出打工强多了。”

规范市场经营,稳定河砂市场价格。在海头镇歌康村建设占地60多亩的歌康河砂堆场,分别堆着 3 个自然村的河砂,24 小时值守和监管,"规范管理,统一堆放"。开通微信公众号预约平台"儋州砂石市场",线上申购,线下购砂,"严格程序,统一经营"。2020 年 8 月中旬,每立方米河砂售价 186 元。"现在河砂供应稳定,价格降低不少。"海南蓝岛混凝土有限公司副总经理陈某说,以前河砂供应最紧张时,每立方卖到 300 元左右,现在降到 186 元。

筹集资金修复采砂点河流生态。2018 年 12 月以来,儋州市共筹集 900 万元,清理河岸建筑垃圾 6.18 万吨,修复非法采砂点、洗砂点破坏的生态环境 26 处、面积 353 亩。中和镇北门新隆砂场河道修复时,外运建筑垃圾 8 770 立方米,抽砂 5 263 立方米回填大坑、平整场地、加固河堤、种树植苗、复绿种草等,修复河道生态环境。长村村委会清塘村村民说:"以前河清岸绿的美丽风景又回来了。"

3. 用活扶贫资金,巩固脱贫成果

散种散养的扶贫资金运作模式,无法推动规模扶贫产业发展,有的扶贫资金无法收回,带动贫困村民增收难度较大、可持续性不强。贫困村民缺乏种养技术和经验,很容易使扶贫资金化为乌有。2018 年以前,儋州市运用扶贫资金发展扶贫产业,基本上都是由各镇自主谋划,就地选择相对适合产业投资。但贫困村民自主发展小规模扶贫产业,抵御自然灾害风险的能力薄弱,扶贫资金容易损失殆尽。2016 年,木棠镇积万村委会 9 户贫困户联合养殖绿壳蛋鸡,在强台风肆虐下,养鸡棚一夜之间变成废墟,养了近 2 个月的绿壳蛋鸡全部死掉,4 个养鸡棚只剩下 1 个,扶贫资金血本无归。同时,小规模合作社抵御市场风险能力不强,在吸收大数额产业扶贫资金时,稍微不慎,容易造成扶贫资金有去无回。2018 年 4 月,峨蔓镇政府将 142.88 万元产业扶贫资金入股儋州雄起珍禽良种产业专业合作社,但合作社经营不善,一场大雨冲毁鸡舍,导致鸡苗、种鸡大量死亡。2019 年 5 月,儋州雄起珍禽良种产业专业合作社宣告破产,部分产业扶贫资金打了"水漂"。

为规避投资风险,让产业扶贫资金真正发挥效益,儋州市创新投资模

式,构建产业扶贫长效机制,探索"贫困户(低保户)＋村委会＋镇政府＋市乡投公司＋优质企业"的产业扶贫资金投资模式:由贫困户或低保户把产业扶贫资金集中授权给村委会,由村委会委托儋州市乡村振兴投资开发有限公司负责产业投资,以项目合作的投资方式,把难以落实产业的产业扶贫资金,统筹投资到筛选出的经营规模大、财务状况良好、抗风险性强、收益可持续、有相应资产抵押或质押的优质规模农业企业,按 10％的年化收益率,以5 年为期限,每季度分红;儋州市乡村振兴投资开发有限公司分期把所得收益按投入资金比例,分红给贫困户所在村委会,由村委会统一分配给贫困户或低保户,既让贫困户或低保户增收脱贫,又帮助发展村集体经济。从 2018 年至今,儋州市乡村振兴投资开发有限公司统筹各镇难以落实产业的产业扶贫资金 2.17 亿余元,将其中的 2.14 亿余元先后投入 16 家优质规模农业企业,累计获得投资分红收益 1 860.8 万元;2020 年第二季度分红收益 449.15 万元,全部下发村委会;2020 年投资 1.17 亿余元,获得分红收益205.7 万元。共带动贫困户 14 889 户、68 931 人脱贫致富,为巩固脱贫成果和全面建成小康社会打下坚实基础。

三、海南自贸港乡村新型经营主体培育模式

(一) 东方市乡村培育融合型新型主体发展模式

乐妹村坐落于东方市大田镇东南部,土地总面积 7 506 亩,其中,村集体土地对外承包 4 814 亩,村民耕种土地 2 592 亩(水田 280 亩、坡地1 312 亩、林地 1 000 亩),村庄面积约 100 亩。全村共有农业人口 124 户、561 人,全村共有 2 个村民小组,村"两委"干部共 6 名,现有党员 26 名。近两年来,通过创新运营模式,科学打造集体经济,乐妹村在产业发展、党建带动、脱贫攻坚等方面持续发力,探索出一条乡村集体经济发展模式。

　　2018 年以前,乐妹村是典型的基层党组织软弱涣散村及"十三五"深度贫困村,也是一个黎族革命老区。贫困人口基数大,全村建档立卡贫困户 102 户、467 人,占全村总人口的 83％;村集体经济收入来源单一,每年的收入仅为发包土地的 15 万元租金;村里仅有黑山羊产业。实施乡村振兴战略以来,村集体依托市场调研,因地制宜选择秋石斛兰花作为村集体经济的产业,该村种植了 20 亩秋石斛兰花基地,通过长期试验,成功筛选和培育出来的三亚阳光、水晶等多个杂交品种,非常适合在乐妹村湿润高温的环境中生长,一年四季都可开花。2018 年 1 月投产以来,兰花基地市场销售一直很好,当年年底就实现销售收入 110 万元,盈利 25 万元。乐妹村作为东方市实施农村集体产权制度改革的试点村庄,紧紧围绕省委、市委的工作要求,将发展壮大村级集体经济作为抓党建促脱贫攻坚、促乡村振兴的重中之重,带着广大农民朋友清产核资、盘活经济,唤醒农村"沉睡"资产,多措并举积极探索发展壮大村集体经济产业,创新性采用"政府＋高校＋党支部＋合作社＋贫困户"的运作模式,充分调动了各方参与乡村振兴和扶贫工作积极性。通过引进政府扶贫资金、依托海南大学技术支撑、发挥党支部引领作用、利用合作社平台、吸纳贫困户就业等方式,完全由贫困户种植、管理和销售,实现真正意义上的"造血式"扶贫。据了解,东方市大田镇乐妹村股份经济合作社累计获得政府下拨各类资金 335 万元,两年多来不断发展,合作社总资产现已超 800 万元,另有账面先进 100 万,累计分红 50 万元以上。

　　村集体经济带头人符某是乐妹村的一名年轻党员,2014 年大专毕业后,为了家里早日脱贫致富,做起了槟榔销售,每月收入七八千元,遇到节假日,每月收入上万元。符某于 2018 年 6 月返回乐妹村,投身兰花产业,在基地担任场长,带领村民一起脱贫致富。在符某的管理下,兰花基地产销两旺,兰花产业被打造成资产超过 800 万的特色产业,2019 年兰花销售突破 230 万元,盈利约 50 万元,给全村 524 人每人分红 800 元,比 2018 年的分红款翻了 1 倍,实现了带头致富和带领群众致富的目标,同时带动村贫困户脱贫致富。村内共有5个贫困户全职在合作社工作,每月基本工资3500元以上,除了全职以外,基地还为其他村民提供闲时零工的机会。几年来,累计共有2000人次参与了劳动。比如,兰花根部包装的工钱为每株1.2元,某村民夫妇有一次为了多赚工钱,两人参与了20多天的包装,赚了将近8000多元,致富希望也间接改变了村民酗酒的恶习。据统计,两年来,合作社累计发放劳务费70万元。

近几年,在市政府、镇政府、海南大学、审计局和爱卫办的通力合作和精准帮扶下,乐妹村彻底解决了"两不愁三保障"的问题,乐妹村的产业发展主要有三种途径。一是创办集体经济兰花产业。投入资金300多万元,种植40多万株秋石斛、2万株火焰兰,共计20亩,用两年多时间将兰花产业打造成资产超过800万的特色产业。二是引领农户自我发展山柚产业。通过组织外出实地考察、免费提供种苗和政府发放补贴,引导农户调整产业结构,将产量低、经济效益不高的作物改种为收益高、可持续上百年的海南山柚,在海南大学的大力支持下,成功推广种植了200多亩山柚,开始产生经济效益。在2020年东方市扶贫会议上,市领导号召学习乐妹村模式,并开始在大田镇推广种植山柚。三是科技示范发展产业。兴建乐妹村100亩高效生态循环农业示范基地,用于种植燕窝火龙果等优稀热带水果,该基地担负起效益示范、技术培训和宣传推广的使命,用科技力量助力乐妹村脱贫致富。截至2019年底,乐妹村贫困户102户、467人全部脱贫,贫困人口脱贫退出率100%,人均纯收入由2015年的2836元增长到2019年的9888元,实现5年翻3倍,成为东方市整村脱贫的样本。

(二) 三亚市大茅村产业发展模式

大茅村属于三亚总体规划中的十个浅山风景旅游区之一,位于三亚市吉阳区的北部浅山地带,是三亚市海榆中线"东大门",坐拥1200亩三浓水库,背倚青山(甘什岭省级自然保护区)、呀诺达雨林文化旅游区及槟榔谷风景区,贯穿碧水(蜿蜒 12 公里的大茅河)。大茅村休闲旅游资源丰富,交通便利,临近亚龙湾、海棠湾双湾,距保亭槟榔谷旅游区车程 6 公里,距北部保亭呀诺达旅游区 11 公里,距海棠湾 5 公里,距亚龙湾 15 公里,距凤凰机场 30 公里,距亚龙湾高铁站 6 公里,距三亚市区 25 公里。大茅村土地总面积 33 000 亩,其中居住面积 5 695.17 亩、耕地 3 785.79 亩、水田 3 085.79 亩、林地 12 915 亩、坡地 4 500 亩。全村总户数 922 户,常住人口 5 630 人,其中本村户籍人口 4 478 人,非本村户籍人口 1 152 人。

大茅村的乡村振兴坚持以党建引领工作为原则,以"一村一企""一村一品"运作模式,通过村企党组织共建、村企合作、资源共享、家庭农场联合发展,联农带农等多种方式推动大茅村多元化产业融合发展,成为三亚"乡村振兴"的样板。

1. 村企合作盘活闲置资源,导入特色产业

大茅村虽然资源丰富,但早些年前土地、旅游资源利用率低,产业单一、规模小,村民收入主要来自传统农业种植,人均收入较低。2017 年,大茅村与远洋集团合作,围绕海南省"发展以共享农庄为抓手建设美丽乡村"政策指导意见,遵循土地集约利用原则,利用村集体荒坡和村民部分零散闲置的果园以及远洋集团近千亩热带果园(芒果园、百香果园、火龙果园、葡萄园),以农业升级为基础,以教育研学、休闲教育、康养产业为纽带,通过"农业＋旅游""农业＋科研教育""农业＋体育康养"等产业融合模式,创建了一个集现代农业、吃、住(特色民宿)、游、玩、教于一体的"农旅融合"的综合性共享农庄主题园区的大茅远洋生态村项目,实现乡村资源资产化和资本化,变"绿水青山"为"金山银山"。

大茅远洋生态村项目以"共享、共益、共生"为经营理念,采取"公司＋农户＋合作社"及"订单式农业"模式,不断通过企业资本投入、人才导入、文化导入、生态文明建设、美丽乡村改造、产业项目发展,带动大茅村经济发展和文明提升。大茅村企合作破解了农村民生、土地、产业、资金等难题,实现了

基层组织治理良好发展,促进产业融合、生态文明建设。同时,坚持以农为本、资源共享、助力脱贫、保护生态。在不改变土地、房屋产权归属的前提下,最大限度地运用农村土地、闲置农房等资源的租赁权和使用权。以村集体、村民出地并享受"保底收益＋分红"的合作模式进行开发建设,将村集体、村民闲置丢荒土地、闲置房屋交由企业进行改造建设,动员大茅村建档立卡的贫困户参与运营务工,享受保底收益、佣金和分红,企业利润分配中,大茅村委会每年享有8%固定分红金,村小组每年获得固定收益和20%利润分红,村民获得地租和上班工资收入,项目整体带动村民脱贫致富。

大茅远洋生态村的建设经营,不仅有效盘活了农村闲置资源,还使土地货币化(每亩每年7 000元),同时为村民提供122个固定就业岗位和每年上万个人次临时岗位,解决村民就业问题、增加村民固定收入,项目本身也实现了2019年营业收入859万元。在大茅远洋生态村项目的带动下,大茅村村民实现在地就业和返乡创业,收入不断增加,村民人均收入从2017年的8 620元提高至2019年的17 853元,实现翻番。

2. 大茅村休闲农业联农带农,家庭农场联合发展

大茅村和远洋集团共同打造的乡村振兴项目作为核心,不断辐射和促进大茅区域周边其他企业乡村休闲项目发展,同时推动村民自主创建了119家家庭农场、农家乐、垂钓、家庭旅馆、民宿、传统手工艺品销售等项目,让村民多元化发展产业,增加旅游资源,带动大茅村经济发展,并为三亚全域旅游补充资源、夯实基础。大茅远洋生态村项目还免费为当地村民提供摊位售卖农家土特产,在某次活动中,村民售卖农产品收入高达2万元。免费给村民提供摊位和无偿为当地村民代售农家自产农产品已成为常态化村民服务之一。

大茅村果林资源丰富,村民收入主要以单一的种植槟榔、橡胶、芒果等经济作物为主。2016年开始,大茅村借助国家鼓励和支持家庭农场发展的政策机遇,以李初"青春之歌农家乐"和高宁"波宁农庄孔雀谷"为模板,探索了"林下经济"之林养、林种、林游相结合的休闲产业发展模式,同时带动周

边区域村民,充分整合资源,有效推进全村家庭农场联合发展。

3. 结合美丽乡村建设,鼓励村民联合创办特色民宿

大茅村结合美丽乡村改造工程,整改建设 14 公里骑行绿道,并对骑行绿道沿途的闲置宅基地、闲置民房进行改造利用,建成了一批骑行驿站、特色民宿(总客房 54 间),通过以点带面、绿道串联的方式,逐步扩大大茅村区域内的民宿经营规模。

大茅村将结合村集体产权制度改革,联合家庭农场和远洋集团等驻村企业,合力开展大茅村产业内容丰富及产业升级建设。推动城市近郊型国家级田园综合体建设,打造城郊融合型乡村振兴样板,为村民提供城市生活品质,为都市人提供田园生活需求,以农业产业、素质教育产业、康养产业为纽带,打造一个“乡愁”回得去的现代人梦想家园。经过 2 年的建设和运营,村集体已建成现代农业温室大棚、百香果共享种植园、火龙果园、葡萄园、芒果园、桑葚迷宫、百香丛乐童乐园、儿童乐高、LULU 童趣场、儿童漂移车、萌宠乐园、LULU 餐厅及咖啡厅、欢墅精品亲子主题民宿、云宿房车营地、草坪广场、山故茅庐、漫溪桥、科普教育博物馆、马术俱乐部等。同时,获得了“2019 年度中国首届中非农业合作论坛唯一考察项目”“2019 年中国乡创地图乡村振兴创新示范村”“海南省首批省级共享农庄”“三亚市中小学生农业科普教育基地”“海南省特色产业小镇”“海南省五椰级乡村旅游点”“海南省省级现代农业产业园”“农民教育培训升级实训基地”等荣誉称号。

(三) 三亚市崖州区产业合作社模式

崖州区是海南省三亚市四个辖区之一,位于三亚市西部,地处素有“两千年建置史,八朝州郡治所”之称的崖州,是热带农业主产区和国家种子硅谷,也是最重要的冬季蔬菜生产基地和全国人民的“菜篮子”基地之一,下辖7 个社区和 24 个行政村。崖州区曾经是三亚市经济发展较落后的区域之一,基础设施和公共服务都相对落后,产业支撑乏力,脱贫攻坚任务较为艰

巨。近年来,崖州区各项事业逐步起飞,现代化产业格局雏形初显,民生福祉有力提升,发展基础不断夯实,营商环境改革优化,文化宣传丰富创新,生态环境持续改善,产业结构日趋合理,城乡居民可支配收入稳步提升,年均增长率达 9% 以上,高于全市增长水平,城乡面貌显著改善。2019 年,全区58 户未脱贫户 187 人全部脱贫退出,建档立卡贫困人口年人均纯收入达1.3 万多元,同比增长 33.7%,全面实现小康目标。

崖州区坚定不移地把产业扶贫作为打赢脱贫攻坚战的"重头戏",坚持产业进村、扶持到户,以建档立卡贫困人口脱贫增收、村集体经济发展壮大和广大群众共同富裕为落脚点,按照"宜种则种、宜养则养"的原则,"靠山吃山唱山歌、靠水吃水念水经",立足实际、立足资源、立足特色,因地制宜培育抱古睡莲、赤草水产、北岭黑山羊、凤岭百香果等一批市场前景好、辐射带动强、群众满意度高的扶贫产业。"输血""造血""活血"多管齐下,把建档立卡户牢牢附着在产业链上,建档立卡贫困人口年人均纯收入从 2014 年的6 000 多元提高到 2019 年的 1.3 万多元。一村一品、一个产业带动一片群众、一个产业搞活一个地方、一个产业形成一个优势,村村有主导产业、户户有增收项目、人人有致富门路的良好格局逐步形成。

1. 主要做法

一是以合作社为载体,建立长效稳定的多元化利益联结机制。依托区国资公司、村农业开发公司和农民专业合作社,广泛推行"村委会＋企业＋合作社＋贫困户＋农户"的经营模式,让有劳动能力的建档立卡户参与生产,没有劳动能力的通过入股分享产业增值收益。2019 年,抱古村香水莲花农民专业合作社发放分红 7.8 万元,130 户建档立卡户受益,户均增收600 元;根据劳动出勤登记发放务工补贴和工资 5 万元,建档立卡户受益117 人。截至目前,崖州区已有 25 个村社区与区国资公司按人均 1.1 万多元标准签订绿色生态循环肉牛繁育示范基地扶贫产业资金托管合同,带动全区建档立卡户 542 户、2 369 人。北岭村委会与建档立卡户签订帮扶协议,将村集体取得的收益分配给建档立卡户,帮扶 161 户、642 人,2020 年上半年预计可实现收益 20 万元。赤草牛腊水产养殖农民专业合作社年产值预计可达 270 万元,带动建档立卡户 108 户、480 人稳定增收。凤岭村 18 名建档立卡户联合成立农民专业合作社,帮扶建档立卡户 85 户、440 人。

二是以融合为"链子",不断延伸短中长期价值链。通过建设抱古莲花加工基地、肉牛加工基地,研制莲花茶、莲花香皂、莲花面膜、香水香料,牛肉丸、牛肉干、牛肉酱等衍生产品。同时,加快打造千亩崖州莲花公园,建设抱古村旅游扶贫示范点,在赤草村牛腊水库发展钓鱼、农家乐等,并在沿村沿河沿路实施景观林绿化,通过发展美丽庭院住宿餐饮、销售生态精品农副土特产品,形成吃在乡村、住在乡村、娱在乡村的旅游模式,释放旅游产业扶贫发展新动能;利用凤岭、北岭、赤草村建档立卡户庭前院后的空闲土地,种植 2 466 株泰国椰子和 475 株百香果,年产值 94 万元,带动 343 户建档立卡户,户均增收 2 740 元。同时,在果树林里搞土鸡、鸽子等家庭适度规模养殖,让小庭院变成村民增收的"聚宝盆"。

三是多措齐发力,不断强化产业扶贫机制保障。提供扶贫小额信贷支持,为产业扶贫注入"血液"和强劲动力。在生产技能、经营管理、市场销售等方面,由产业发展指导员和技术专家组对扶贫产业的实施进行跟踪服务。利用冬季瓜菜价格保险为建档立卡户进行兜底,理赔金额 371 万余元,300 户建档立卡户受益。组织开展"党建＋扶贫助农"爱心消费扶贫活动,共计为建档立卡户创收 15 万元。严格按标准落实"两不愁三保障"政策,42 户贫困对象危房改造完工率、义务教育阶段贫困学生入学率、贫困人口家庭医生签约率、安全饮水覆盖率均达 100%。坚决落实"两项制度衔接"要求,实现"双向"纳入应纳尽纳,低保家庭劳动力全部纳入自强行动计划进行帮扶。在凤岭等 3 个村庄发展庭院经济,改组成立北岭黑山羊等 3 个新型农民专业合作社,大力扶持北岭村黑山羊养殖、赤草村牛腊水库水产养殖、抱古村睡莲种植和凤岭村百香果种植产业。扶贫产业累计收益 124.7 万元,爱心扶贫日累计销售扶贫农产品 31 万元。北岭村黑山羊基地路段道路扩建等 8 个贫困地区基础设施项目陆续完工。积极开发 241 个公益性专岗，贫困家庭劳动力转移就业 1 242 人，零就业贫困家庭至少 1 人就业。以典型带动为导向，评选三亚市 2019 年度贫困家庭劳动力"创业脱贫致富之星" 8 人、"转移就业脱贫之星" 4 人，申报就业扶贫基地（车间）3 个。在北岭、抱古等 2 个试点村开展重点人群"六治"专项活动，不断强化脱贫致富夜校"扶志扶智"功能，贫困户内生动力明显增强。

2. 主要经验和启示

5 年来，崖州区扎实推进产业扶贫，推广技术，及时嫁接南繁创新，因地制宜地借助完善基础设施、帮助就业、金融支持、开发光伏产业等多种形式助力农村发展。凤岭、北岭、赤草等村借助农牧业产业项目，给本村村民以直接实惠，并形成示范效应。目前，三亚市崖州区分布在 25 个村（社区）的 542 户、2 368 人贫困人口已全部脱贫，足以证明崖州区立足资源、找准特色、打造一村一品扶贫产业格局的做法是成功的。

在乡村振兴方面，崖州区利用海南自由贸易港大力建设崖州科技城的大好契机，把融入科技城发展圈作为主攻方向，充分发挥毗邻优势，谋划培育高新技术产业。以科技城为龙头，在区域合作上重点突破，加强产业协作分工，互为补充、相互促进，将政策优势落实到具体企业、具体项目上，推动乡村产业转型升级。

一方面，优产业调结构促转型，推动经济高质量发展，热带农业迈上新台阶。2019 年，崖州区农业生产总值 20.65 亿元，同比增长 4.3%。冬季瓜菜种植面积 6.3 万亩，农民专业合作社发展到 144 个，农业规模企业达 3 家。以现代种业为主导产业，积极创建生产方式绿色高效、经济社会效益显著、辐射带动快速有力的国家现代农业产业园和国家农业绿色发展试点先行区。全面落实惠农政策，调整优化种植结构，大力实施冬季瓜菜种苗和农资（肥料）补贴工程。持续加大耕地保护力度，加快推进水南、白超田洋 1 万余亩高标准农田整治,田洋管护面积 4.9 万余亩,秸秆还田作业 2.1 万亩。深入推广减药增效行动,实行田间网格化全过程管理,农产品检测合格率 98％以上,全年无农产品质量重大案件发生。畜禽养殖规模化成效明显,绿色生态循环肉牛繁育示范基地(一期)和罗牛山现代化养殖场建设速度加快。城西等 3 个试点村均成立经济联合社,农村资源资产得到有效盘活。

另一方面,做大做强农业产业,做优做亮养殖产业。坚定不移实施质量兴农、绿色兴农、科技兴农和品牌兴农战略,突出产业特色、要素集聚、质量效益、辐射带动,逐步构建科研、生产、销售、科技交流、成果转化的一体化发展体系,全力创建崖州区现代农业产业园,打造国家农业绿色发展试点先行区。积极引进龙头企业培育冬季瓜菜新品种,广泛进行优势品种技术改良和新品种示范推广。建成南繁科研育种基地 1.9 万余亩高标准农田和抱古、梅东等 2 个高标准农田建设项目。借助市南繁科学技术研究院等技术平台,开展绿色种养技术应用试验,有序建设北岭村冬季瓜菜培育示范基地,探索建设农业绿色发展先行先试支撑体系。通过"冬交会""农博会"等农展会及电商平台,强化品牌效应,做好产销对接。建设绿色生态循环肉牛繁育示范基地(一期)和罗牛山现代化养殖场,确保存栏种牛 1 500 头和存栏肉猪 15 万头的生产规模。同时加快发展海洋牧场,大力建设热带海水种苗育种示范基地,逐步构建起以热带育种创新、养殖技术研发、休闲观光渔业为主的水产产业园。截至 2020 年,崖州区农民人均可支配收入达到 1.93 万元,继续保持全省第一。

四、海南自贸港城乡协调发展模式

(一) 海口市琼山区城乡融合发展模式

琼山区下辖 7 个乡镇、4 个街道办、2 个居委会,共 39 个社区、74 个建制村,总人口 65.55 万人,其中城镇人口 47.67 万人,乡村人口 17.88 万人。2021 年地区生产总值为 304.12 亿元,其中第一产业总值 28.58 亿元,第二产业总值 50.79 亿元,第三产业总值 224.74 亿元。农业是琼山区的传统优势产业,全区耕地面积 32.07 万亩,占海口市耕地面积的 48.89%。2021 年,全区农产品产量占全市比重达到 30%,生猪、粮油年产量占全市的 60% 以上。琼山区具有 8 800 亩高标准农田、5.5 万亩现代农业产业园,建成全国最大的胡椒生产基地、全省最大的荔枝生产基地,新认证"三品一标"产品达 17 个,形成一批有全国影响力的农业品牌,基本形成了"一镇一品"的发展格局,热带高效农业规模化、现代化和品牌化发展路径越来越清晰。为推进乡村振兴发展,琼山区充分发挥资源优势,紧紧把握海南自由贸易港建设这一关键战略机遇期,以现代农产品加工业、旅游业为引擎,以产业园区建设为龙头,通过交通网络建设将产业布局空间布局串联起来,形成"城市经济驱动＋乡村特色种植产业园"双向互补的城乡融合发展模式。

在乡村振兴方面,辖区大坡镇以联农带农为发展基石,通过"基地＋合作社＋农户"等一系列利益联结方式,带动农户种植胡椒数量达 3 000 户以上。胡椒种植面积约 3 533 公顷(约 6 万亩),占全省种植面积的 15.8%,胡椒产量占全国 90% 以上,年产值达 2.08 亿元,是全省胡椒种植面积最大的乡镇,也是全国最大的现代化连片胡椒生产基地,产品远销全国,已获得"大坡胡椒"国家地理标志商标认证及国家农产品地理标志登记保护。该镇树德村探索"党支部＋村集体合作社＋农户"发展模式,成立海口昇科种植胡椒专业合作社,党员带头先试,带领群众在品牌建设、品质品控、品牌营销上下功夫。经过 1 年的努力,合作社打造了 220 亩标准化示范基地,形成一套胡椒防病丰产栽培技术,并依托大坡胡椒地理标志示范园的建设,实行经营管理、种植标准、技术指导、品牌包装和销售渠道"五统一",基地还被认定为省级热作标准化示范基地。

为了让大坡胡椒在同类产品中脱颖而出,政府首先牵头塑造大坡胡椒品牌,先后完善品牌支撑体系架构,包括构建"1＋N"的产业发展政策体系、创建大坡胡椒地标品牌形象、夯实知识产权保护基础、推广胡椒标准化生产体系等。其次是探索品牌长效运营服务体系,采用"村集体经济合资＋企业经营管理"的模式,由公司与镇政府下辖的大坡、中税两个村委会共同出资成立了印象大坡农产品展销店,由公司统一经营管理、宣传推广和市场营销。印象大坡农产品直营店采用"线上新零售＋线下专营店"的商业模式运营,通过线上直播带货、平台网店、社群营销、微信端推广等多渠道展开矩阵式销售,并与海南农垦热作产业集团达成大额意向订单。同时推动大坡胡椒产业数字化转型升级,建立全省首个农产品地理标志管理平台,平台不仅可以线上申报大坡胡椒地理标志品牌的使用授权,还可汇总农业经营主体的生产数据,建立农业经营主体数据库,形成大坡胡椒产业数字云图,清晰直观地掌握产业全貌,还联合工商银行推出大坡胡椒源头交易平台,在这个交易平台上,农户们除了可以与胡椒收购商进行线上交易、申请相关惠农补助和金融保险,还可向专家进行农事咨询,真正实现数据"新农具"的使用。

辖区红旗镇基本农田约 30 000 亩,主要种植水稻和瓜菜。2022 年,红旗镇投入 200 万元建设坤太洋 800 亩高标准农田建设项目,2021 年投入 196 万元对 2.45 万亩农田设施进行管护,投资 300 多万元,解决云岸、道崇、福坡、石案南、新宅湖、福本、琉璃、龙湖、群楼、大敖、云山、谭墨等村饮水困难,2022 年农田管护面积达 1.5 万亩。颇具特色的"四果一花一菜"初步产业化,形成福坡荔枝基地、道崇龙眼基地、道崇荫生油茶基地、昌文花卉基地、七水洋"菜篮子"基地等 6 个种植示范基地。全镇共种植荔枝 5 000 亩、龙眼 1 500 多亩、莲雾 800 多亩、油茶 2 500 多亩、花卉 6 000 亩、冬季蔬菜 4 000 亩,初步形成热带水果集散地、花卉展销集散地,初具特色农业产业区。在示范基地的带动作用下,传统农业也齐头并进,红旗镇共种植槟榔 25 000 亩、椰子 2 500 亩、青桔 3 000 亩、沙姜 1 000 亩,落实粮食播种面积 2 万亩,粮食产量达 8 000 万吨。养殖业方面,全镇共有年存栏量 100 头以上的规模化养猪场18家,年出栏3万头生猪以上;养羊年存栏30只以上的农户有近百家年出栏4 000多只,养牛年存栏10只以上的农户20余家,年家禽出笼25万羽;罗非鱼养殖户18家,养殖水域面积2 500亩,水产品总量达1 500吨。种养结合、优势互补的发展模式初步形成,推动了乡镇农业产业化、规模化进程。

红旗镇目前有11家镇村集体公司,先后在红旗镇昌文村建设粮食仓储加工展示项目和道崇村农产品仓储分拣包装中心项目,现有道崇村委会山茶油基地、龙眼产业园项目、椰子种植基地、三角梅共享农庄等各项产业项目,形成了初具规模的"乡村产业+旅游观光"的经济产业发展模式,有效提高了村集体及农民经济收入。目前正在实施的5个合作发展项目包括墨桥村"稻香驿站"项目、道崇村"仓储分拣中心"项目、道崇村"澳洲龙虾养殖基地"项目、福坡村"易腐废弃物堆肥点"项目,道崇的爱国主义教育基地项目,形成了一条"以农促旅、以旅兴农"的发展之路,持续推动农旅深度融合。近年来,该镇泮边村获评全国第二批乡村旅游重点村,苏寻三村获"全国防灾减灾示范社区"和省卫生村的称号,红旗村获"国家森林乡村"、省卫生村及省健康城市健康乡村示范村的称号,本立村获评首批美好环境与幸福生活共同缔造精选村。另外,成功创建泮边农庄、三角梅共享农庄2个四椰级共享农庄,完成道崇村五星级美丽乡村、红旗村三星级美丽乡村、合群村一星级美丽乡村建设,该镇边洋村荣获"2021年海南省美丽乡村"称号。2022年,红旗镇共投入1 420万元开工建设4个美丽乡村项目,分别为红旗镇花卉特色产业小镇项目、大旭村第二批美丽乡村建设项目、道崇村委会尔裕村美丽乡村建设项目、墨桥村委会美丽乡村建设项目,初步形成红色文化+农旅产业带。红旗镇成为游客乡村休闲度假最热门旅游目的地,据初步测算,该镇2022年旅游收入约为200万元。

从村集体产业发展来看,红旗镇辖区内目前有大小企业25家,其中发展比较好的项目分别由五田家、荣丰、现代集团、大湖桥、万颂壹等公司经营。比如，五田家打造了优质高端大米品牌，建立了"优质稻产学研合作创新示范基地"，通过专业研发、绿色高效、智慧管控，创新性地将绿色与高效型技术相结合，引进53种高品质水稻种质资源，打造契合海南自贸港新高度的优质高端大米品牌。又如大湖桥的三角梅主题公园，每年带动3 000人流量消费，7年产值达1.2亿元。现代集团的万亩椰林、万颂壹的千亩美丽乡村建设、荣丰公司的现代花卉产业园等也为红旗镇的经济发展带来了新机遇。

近年来，琼山区统筹城乡协调发展，一方面作为海口市农业发展大区，加快推动现代农业产业园建设，培育壮大农村集体经济，积极打造海南自由贸易港乡村振兴示范区，助力琼山区创建国家现代农业示范区，把提高农业综合生产能力放在更加突出的位置，切实打牢种子耕地基础，深入实施种业振兴行动，加快推进农业种质资源普查收集，积极推广应用新品种，在有条件的地方有序推进生物育种应用试点建设。另一方面，围绕拓展农业多种功能、挖掘乡村多元价值，重点发展农产品加工、乡村休闲旅游、农村电商等产业，不断推进热带农业特色化、规模化、品牌化、绿色化，助力农业产业转型升级，有效衔接脱贫攻坚与乡村振兴。

（二）东方市港产城融合发展模式

东方市位于海南岛西南，西邻北部湾，海岸线长达134公里，所辖海域面积达1 285平方公里，海岸线漫长，坐拥八港七湾。绵长的岸线资源为形成建设大港口、大码头提供了自然基础条件。东方市的八所港是距离东南亚国家最近的中国港口之一，其距离越南仅120余海里，毗邻国际海上运输通道最繁忙的南海海上航线，且为海南唯一拥有边贸政策的城市口岸和进境水果指定口岸，具有建设成为海上交通枢纽的巨大潜力。东方市基于本地港口、岸线、航线等交通便利条件的优势，积极推动港产城融合发展模式。2011年开始建设东方临港产业园，重点围绕海上能源炼化、油气加工、新材料研发生产等业态,打造琼西重要油气化工、精细化工、新材料制造等工业基地。经历近10年的发展,东方市依托海港、铁路、航空空港优势,相继实现海港码头扩容、铁路站点"进城"、航空机场落地的立体化交通枢纽布局,空海铁三港合聚的巨大优势使东方成为琼西交通枢纽,为临港产业物流便利提供重要保障,极大地推动了港产城融合发展。

八所港始建于20世纪40年代,属国家一类开放口岸,与全国沿海各港以及全球20多个国家和地区通航、贸易往来,货运航线遍布亚洲、欧洲、中北美洲、大洋洲等22个国家和地区,其中大部分国家和地区都处于21世纪"海上丝绸之路"沿线。近年来,八所港主要聚焦港口装卸、港口物流和港口管理服务总包三大业务板块。其中,港口装卸是公司核心业务板块,自2015年,已连续5年突破1 000万吨吞吐量;港口管理服务总包业务覆盖中石油、中石化和中海油三大石油集团,累计装卸货物6亿吨,在业内创造了极大的影响力,成为八所港核心竞争力;港口物流是延长港口服务链与价值链的体现,受惠于海南国际旅游岛建设和自贸港建设红利,八所港累计运输量达3 300万吨。

从地理位置上看,八所港及东方市距离东盟国家较近,具有将八所港打造成为海南重要的对外开放口岸、建设保税物流园区的先天优势。近年来,东方市对八所港进行高水平的升级改造,不断改善码头装卸及港口航运条件,完善港区基础设施建设水平,满足开放型经济的需求。2015年12月,海南环岛高铁建成通车,东方纳入海南环岛铁路路网,与海口、三亚两大核心城市交通时间压缩在1.5小时以内,成功实现全岛3小时经济圈。受惠于环岛高铁穿城而过的便利,东方市通过铁路服务延伸港口作业服务链和价值链,同时积极推动建设保税物流园区,打造对外贸易、航运枢纽服务保障基地,使东方市成为海南自贸港南部重要的交通枢纽中心。

从空港优势来看,2000年左右,国内规模最大的通航企业中信海直就进驻东方市,开展运营保障海洋石油勘探和开采的通航业务。2020年,新通航机场东方大田机场建成投入使用,新机场占地244.3亩,建设800米跑道、14个停机坪等,能够满足各类型直升机和小型固定翼飞机使用。该机场与临港产业园区、八所港的距离只有8公里左右,承担海南海洋石油勘探、开发的飞行保障任务,并具备海上搜救、医疗救护、执法飞行、物探、磁测、遥感飞行等能力。同时,根据海南省通航产业发展规划,东方大田机场还将重点发展航空旅游、飞行培训、航空器维修及其他通航业务项目,吸引更多通航企业进驻,促进相关配套行业发展,逐步建设成为具有多元化综合功能的大型通航机场,使得东方市在航空、港口、铁路交通运输方面具有得天独厚的先天优势。

在产业发展上,东方临港产业园是海南省规划建设的主要工业园区之一,也是国务院关于海南国际旅游岛建设意见中明确的两大化工基地之一,2018年被《中国开发区审核公告目录》收录,进入省级开发区之列。2019年7月,海南省政府印发《关于支持洋浦经济开发区发展的措施(试行)》,明确将东方临港产业园纳入洋浦经济开发区,实施"一区多园"管理,作为海南自由贸易港建设的11个重点园区之一。园区政策红利不断集聚,尤其是自贸港建设总体方案公布后,东方临港产业园成为海南园区经济中的政策高地。2020年6月,中共海南省委《关于贯彻落实〈海南自由贸易港建设总体方案〉的决定》,明确"高度重视11个重点园区作用发挥,使园区成为自由贸易港实施早期安排、实现早期收获的展示区,贯彻新发展理念、高质量高标准发展的示范区,制度集成创新的先行区,'一线'放开、'二线'管住和有效防范化解风险的样板区,开放、公平、安全、便利、法治化营商环境的标杆区,国内外资本、人才和各类高端要素的集聚区"。东方临港产业园区作为海南省重要工业发展基地和自贸港建设的重点园区,是东方市的发展重点。2019年11月,东方市发布《海南东方临港产业园控制性详细规划(修编)》,指出东方临港产业园的发展定位是"以天然气化工、精细化工产业为基础;着重发展八所港重要门户港口,积极拓展国际航运物流及面向东盟的贸易产业;同时引进南海资源开发装备制造产业;从而将东方临港产业园区打造成海南自由贸易区(港)的重要现代化临港产业基地",明确了"现代化油气加工储运基地、东南亚国际航运物流基地、面向东盟的综合贸易中心、南海开发装备制造后勤基地"四大发展目标,确立天然气化工产业、精细化工产业、油气储备产业、新能源产业、海洋装备制造业和国际贸易产业等六大主导产业,并在土地规模供给上拿出 1 317.79 公顷土地供园区中长期发展使用。

2020 年 7 月,中共东方市委出台《关于推进海南自由贸易港建设的实施意见》,明确"立足'全省一盘棋',加强与洋浦经济开发区沟通联系,做好要素和服务保障,积极推动临港产业园与洋浦经济开发区联动发展,共同建设港产城一体的海南自由贸易港先行区",提出东方临港产业园要依托南海丰富的石油天然气资源,围绕中海油产业体系,坚持集约、集群、环保、园区化、高技术的原则,大力发展油气化工、精细化工、新材料、新能源等产业,积极主动开展产业链招商、以商招商,吸引企业聚集,进一步优化园区产业结构,拉长产业链,提升附加值,形成上中下游一体化的完整产业链,打造现代油气化工产业集群。同时,东方对临港产业园推进园区产业布局、产业能级、产业质量持续优化给予更高的期待和要求。在产业集聚方面,东方临港产业园近 10 年来锚定油气化工、精细化工两大产业,通过大项目进驻、大企业带动、大链条形成,逐渐实现了链条完整的临港产业区集群。

1. 港产融合方面的主要成效

一是突出规划先行,为相关产业实现集聚打好规划提前量。临港产业园在总体规划、产业规划、环保规划和生产加工南片区、综合服务区、北片区控规,以及园区防洪、消防、安全生产等专项规划中均根据产业集聚需要,围绕产业发展定位来谋划,通过规划体现产业园以临港物流、油气化工、精细化工、能源化工及能源储备、低碳制造、海洋工程装备制造及维护、边贸加工等产业为主的临港新型工业基地特征。

二是注重引进大项目，以大项目培育大产业，以大产业带动大发展。近10年来，东方先后引进世界500强和中国500强企业多家，诸如中海石油化学股份有限公司、中海油东方石化有限责任公司、华能东方电厂、海南华盛新材料科技有限公司、东方德森能源有限公司、东方傲立石化有限责任公司等16家企业已经在临港产业园区落地投产，其中规模以上企业9家。

三是产业集聚的经济效益明显，临港产业园目前已入驻项目达到25个，已建成投产项目23个，其中有75万吨合成氨、132万吨大颗粒尿素、140万吨甲醇、140万千瓦火力发电、200万吨精细化工、20万吨碳四综合利用、风能和光伏发电等项目；在建项目3个，既有高新科技材料的2×26万吨非光气法聚碳酸酯项目、特种玻璃深加工项目，也有传统化工产品的8万吨/年甲醛生产项目。尤其是"十三五"以来，临港产业园成为东方工业转型升级提质增速的关键动力源。东方市工科信部门统计显示，"十三五"规划实施以来，临港产业园带动的东方整体工业转型升级步伐加快，60万吨柴油加氢项目顺利竣工投产，油气化工产业链进一步延伸。18万吨/年碳四异构联产MTBE装置项目顺利竣工投产，东方天利和10兆瓦渔光互补示范项目并网发电。此外，临港产业园为东方市工业增长持续注入新动能，产业结构进一步延伸和优化，传统油气化工产业结构占比大的局面正在被新型化工产业、新材料研发制造等产业占比逐年增加的局面所替代，如特种玻璃深加工项目建成投产，华盛PC项目工程稳步推进，投资27亿元的中海油丙烯腈和3 000万平方米纸面石膏板生产线等项目均在临港产业园内开工建设。

四是东方正在临港产业园打造新的产业形态，探索建立适应自贸港产业发展需要的新产业链条。东方地理交通位置优越，城区和临港产业园区紧邻高速公路、环岛高铁铁路，东方机场被海南省政府明确定位为"打造成全国乃至全球快递物流枢纽"。这都使得东方具备发展航运物流、仓储转运等产业的"海陆空"交通优势。因此，《中共东方市委关于推进海南自由贸易港建设的实施意见》提出，"依托东方航空物流国际枢纽机场和八所港，大力拓展航运服务产业链，推动保税仓储、国际物流配送、转口贸易、大宗商品贸易、进口商品展销、流通加工、集装箱拆拼箱等业务发展"。未来，形成百亿级乃至千亿级的冷链物流产业，在东方将不是梦想。

正是在临港产业不断升级提质的基础上，东方市把握新的历史机遇，将临港产业园区内的八所港原有的"两个基地、一个中心"规划进行了调整，打造形成海洋工程装备制造维修及南海资源开发服务基地、临港油气化工产业物流基地、国际化工品交易贸易中心。2017 年至 2019 年，园区工业总产值分别实现 168.68 亿元、185.45 亿元、192.47 亿元，园区对地方经济发展贡献逐年增多，尤其在 2019 年，东方临港产业园上交全口径税收 24.7 亿元；园区企业为市级口径收入贡献 4.84 亿元，占税收收入的 58.6%，占地方一般公共预算收入的 31.9%。2020 年，尽管受到新冠肺炎疫情及国内外石化能源市场需求放缓的影响，东方市以临港产业园为代表的全市工业运行依然有向好态势，2020 年全市实现地区生产总值（GDP）186.50 亿元，比上年下降 1.9%。其中，第一产业增加值 50.54 亿元，增长 5.6%；第二产业增加值 70.30 亿元，下降 9.2%；第三产业增加值 65.66 亿元，增长 1.9%。三次产业结构为 27.1∶37.7∶35.2①。

2. 三产融合的现代服务业方面

除了地理位置的先天优势，东方市还拥有百万亩热带平原，辖区拥有耕地 71.84 万亩（水田 28.89 万亩、旱地 42.95 万亩），园地 48.56 万亩，特别是具有能够提供集中连片耕种的万亩感恩平原，土地肥沃、日照充足，境内有大广坝水库，水网密布、水利设施齐全，具备发展热带高效农业的优越条件。东方市常年降水量低于蒸发量，光照充足，特别适合种植芒果、火龙果、哈密瓜等海南特色水果，且完善的水利基础设施大大减缓了气候干燥用水不足

---

① 数据来源：东方市人民政府.2020 年东方市国民经济与社会发展统计公报［EB/OL］. http://dongfang.hainan.gov.cn/xxgkzl/stjj/xxgkml/202104/t20210430_2972769.html.

的困扰。依托上述自然优势,在海南热带特色高效农业板块中,东方占据了重要一席。同时,以现代仓储物流、国际化教育、区域性国际组织会议会展、医疗康养等业态为代表的现代服务业,更为东方打造琼西服务业产业高地和产业人才高地不断赋能。

目前,东方全市已经建设火龙果、哈密瓜、芒果等 28 个特色农产品标准化示范基地,实现冬季瓜菜面积 22 万亩,热带水果种植面积 31.39 万亩。在推进产业融合发展方面,东方引进并大力支持火龙果深加工项目,已经建成一条年产 3.6 万吨鲜榨火龙果原浆、5 000 吨火龙果酵素、5 万吨火龙果汁及处理 20 万吨火龙果鲜果分拣包装生产线。在农产品质量安全监管检测体系方面实现了市、乡镇、村三级全覆盖,全市建成 14 个农产品质量安全检测站,实现农产品 100％检测合格、100％持证出岛、100％可溯源、为 31 家新型经营主体建立农产品质量安全追溯平台。依托热带高效农业优势,东方市秉持农业产业集群化发展理念、坚持农旅融合发展,引导农业企业向现代农业产业园区集中,推动特色产业迈向价值链的中高端;积极打造特色小镇,推动农旅三产融合,形成独具特色的乡村振兴发展模式。

一是以四个产业特色小镇为基础,打造特色小镇产业集群化发展。自2017 年起,东方对东河、大田、板桥、新龙等四个产业特色鲜明、产业集聚性强、产业带动致富能力好的小镇在项目资金、用地保障、人才支撑上给予重点倾斜,已初步建设起以黎锦产业、乡村休闲产业、花卉产业、水果种植加工产业为特点的四个特色小镇。如黎锦产业。该产业主要集中在东河镇发展,是东河黎锦小镇主要扶持发展的产业之一。东方大力扶持少数民族村庄成立黎锦合作社,通过专业合作社、电商等平台打开黎锦销售市场,2018 年东河镇在玉龙村成立了 3 家黎锦技艺合作社,分别是金鑫黎锦农民专业合作社、白玲黎锦农民专业合作社、符小清种养农民专业合作社,主要以黎锦植物染色技艺为主,依托黎锦传统工艺,带动种植染料产业及黎锦产业化发展。目前,该镇黎锦合作社每家合作社成员约 24—30 人,均为当地村民和建档立卡贫困户,他们通过专业合作社、电商等平台将黎锦销往全国各地,自成立以来,3 家合作社年均创收共约 19 万元。

二是以农旅融合不断赋能传统农业小镇的现代服务业。农旅融合是拉长农业产业价值链条、扩展农民增收空间、扩大农村土地利用价值的新方式。东方市旅游业占比较小,但农业占比大,近年来,东方以特色小镇为抓手,走出了一条农旅融合的新路子。如大田镇,积极利用自身拥有野生动物保护区、水果精深加工区的优势,实施"农业＋旅游"产业发展模式,依托大田坡鹿自然保护区、火龙果种植基地、容益现代农业设施产业园、乡村旅游示范村主要打造乡村休闲旅游产业。东方市火龙果种植大户海南北纬十八度果业有限公司,位于大田镇大田村的一号火龙果种植基地是有名的"明星基地",吸引了全国各地的高度关注和各类媒体的聚焦。该公司致力打造以热带水果为主,集种植、销售、深加工、观光休闲农业为一体的现代农业示范园,吸引了不少游客和研学家庭到来。大田镇有多个示范村,也具备发展乡村休闲旅游产业的基础,其中有入选国家首批绿色村庄的马龙村、中国"少数民族特色村寨"的报白村,还有正在打造的乡村旅游示范村的老马村和俄龙村,都在探索适合当地发展的农旅结合模式。此外,东方还深挖本地民族旅游资源,尤其是黎锦、黄花梨等旅游资源,为传播东方黎锦美名,提高黎锦旗袍的知名度,东方于 2017 年、2018 年连续举办了"东方黎锦旗袍佳人(全国)大赛",自 2015 年以来连续举办"海南东方黄花梨文化节"等,为实现将黎锦、黄花梨等当地特色文化转化为经济效益,将文化优势转化为经济优势扩展旅游空间。

三是深挖农业深加工潜力,完善特色小镇全产业链。农产品深加工一方面有助于提升农产品附加值,一方面有利于农民增收,是农业现代化进程中必不可少的环节。近年来,东方市不断完善农业设施和体系,通过引进龙头企业建设深加工产业链条。以东方的火龙果产业为例,这里是海南最大的火龙果种植基地,火龙果作为东方重点打造的"十大农业知名品牌"之一,通过扩大种植规模、提升产品质量、提高知名度等方式，火龙果产业得以蓬勃发展，成为本地农业的特色产业。海南北纬十八度果业公司是东方火龙果种植的龙头企业，该公司在大田、八所、新龙建有火龙果种植基地，位于新龙镇的火龙果加工基地已于2018年底建成投产，未来新龙镇将以火龙果为主导产业，建设特色小镇，并依托小镇，大力发展火龙果产业。在板桥镇，这里建有全国最大的冬季节菊花出口基地和全省最大的绿萝种植基地。除绿萝外，板桥花卉小镇还种植石斛兰、积水凤梨、三角梅、沙漠玫瑰等热带花卉，仅一个公司的营收就实现了从投产至今累计产值超过1.2亿元的良好效益。目前，东方正在依托板桥花卉小镇，以上彩绿萝基地为中心，辐射带动周边村庄连片打造特色花卉种植产业。

四是农业特色小镇现代服务业不断兴起。东方抓住了农业特色小镇发展的契机，正在形成农业特色小镇供给现代服务业需求的新气象。如康养产业，正在建设的新龙果果小镇是东方齐源小镇发展有限公司投资建设的集现代农业、科研产业、旅游文创和养老养生产业于一体的康养项目，在依托火龙果种植及加工产业的基础上，投资方采用"新西兰莱曼健康养老模式"，打造一个集热带水果种植、农产品加工、产品研发、共享农庄、休闲康养、滨海文创度假融合发展的精品小镇。板桥镇则在滨海会展产业上发力，板桥镇东方索契项目是金月湾滨海旅游度假区的重点项目，建设内容包括俄罗斯文化旅游产业园、上合人文国际交流中心、国际青少年营。目前已建成运营的东方佳源索契酒店在2018年11月成功举办了首届上海合作组织国家青年代表大会，东方也正在依托东方索契项目打造国际文化交流平台，充分发挥板桥镇"山海互动"的优势资源，大力发展会展产业。

2017年，国务院批复北部湾城市群发展规划，东方被纳入北部湾城市群规划覆盖范围；2019年，国家发改委印发《西部陆海新通道总体规划》，明确距离八所港仅60海里的洋浦港为区域国际集装箱枢纽港。这两个发展规划都直接利好东方市的城乡发展和产业聚集，为东方三产融合发展提供了更大可能。建省初期,东方市 GDP 仅为 3.02 亿元,2019 年增至 193.08 亿元,增长 63 倍,其中全市服务业增加值占 GDP 的比重为 33.4％;2018 年城乡居民人均可支配收入分别为 35 075 元和 15 385 元,30 年间增长了 20 多倍。工业总产值从建省初期的 4 520 万元增长到 2018 年的 204.64 亿元。随着自贸港建设的不断深入,东方市的区位优势将更加凸显,现代服务业产值增长潜力巨大,三产融合的现代化服务业体系将更加完善。

五、海南自贸港"热带农业＋旅游特色"发展模式

(一) 三亚市博后村玫瑰产业园十乡村集体经济发展模式

博后村是习近平总书记"小康不小康,关键看老乡"重要论述的发源地。它位于三亚市吉阳区亚龙湾国家旅游度假区西南边,辖区总面积约 8 500 亩,辖红旗、糖丰、新坡一二三、红光一二三 8 个村民小组,总户数 667 户,总人口 3 680 人,是黎族聚居村庄、三亚市革命老区。2013 年 4 月 9 日,习近平总书记来到该村玫瑰谷考察调研,与村民聊增产、话增收,并提出了温暖亿万农民心窝的话:"小康不小康,关键看老乡。"近几年来,博后村始终牢记习近平总书记的殷切嘱托,在习近平新时代中国特色社会主义思想的指引下,走出了一条"农业＋旅游业"的富民之路。

1. 主要做法

(1) 因地制宜发展民宿业

习近平总书记指出,"发展产业是实现脱贫的根本之策。要因地制宜,把培育产业作为推动脱贫攻坚的根本出路"。乡村振兴无定式,宜种则种、宜养则养、宜外出务工则外出务工、宜整村搬迁则整村搬迁,基本要求是因地制宜。博后村全村上下就是因地制宜、培育产业,从过去在盐碱地里刨食,发展形成今天的以民宿业为特色、多种产业并存的良好局面。

一是成立民宿协会。民宿业对区位优势比较挑剔,亚龙湾、博鳌这类地方发展民宿业的条件得天独厚,因为它们本身就是中外驰名的度假区,很多游客慕名前来。相对于酒店群,民宿群拥有更为温馨的主人文化和更高的性价比,这对年轻游客非常有吸引力,因此入住率就比较高。立足于亚龙湾区位优势,博后村的民宿群近几年高速发展,全村现有民宿 44 家,客房总数约 1 300 间,是全省最大的民宿村之一。博后村民宿群还助力吉阳区2019 年成功申请首批国家全域旅游示范区(全省仅三亚市吉阳区和保亭县)。

二是发展民宿合作社特色产业。村两委依托博后地理位置优势,确定民宿特色产业,成立民宿合作社,以村民自建自营、引入社会资本合作等形式大力发展民宿产业,致力于打造"北有莫干山,南有博后村"。2019 年3 月,博后村成立了三亚吉阳区民宿协会及其党支部(兼合式),协会会员以村集体和投资会员为主,制定《三亚吉阳区民宿协会章程》等相关制度规范管理民宿行业,通过设置准入门槛,解决村内民宿经营过程中出现的低价倾销等无序竞争问题,做到民宿住宿体验多样化,避免同质化倾向,进一步规范民宿行业管理,为游客提供了更为优质的服务,真正让民宿产业推动博后村乡村经济的可持续性发展。2018 年至今,民宿合作社的参与者由最初的10 余户村民发展到现今的 50 余户村民,全村民宿由 15 家已增至 44 家。2019 年以来,博后村先后被中央、省内外等诸多知名媒体宣传推介,并积极对接抖音、公众号等自媒体平台,促使 2020 年"五一"黄金周期间全村民宿群实现了"报复式增长",入住率整体达到 85.4%,日均客流量达 2 000 多人次,不少比较好的民宿,如宿约 107、久悦、莫言莫语等,自 6 月初开始就已经满房。民宿产业不仅促进了全村增收,而且带动了亚龙湾及周边的旅游消费。博后村民宿群近两年蜕变成了三亚旅游的一张崭新名片,形成了颇具规模的民宿产业,在壮大民宿合作社队伍的同时,还因地制宜建起超市和农家乐,形成村民越富、村子越美的良性循环。

（2）积极发展特色产业，带动博后村经济发展

博后村以玫瑰产业作为重点发展产业，2009 年成立玫瑰谷公司，租用农田 2 755 亩，通过玫瑰种苗培育、土壤改良、品种筛选、玫瑰种植等，开创海南玫瑰鲜花的历史，以"美丽·浪漫·爱"为主题，以玫瑰文化为载体，以玫瑰产业为核心，打造集玫瑰种植、种苗培育、玫瑰衍生产品加工销售、玫瑰文化展示、休闲度假于一体的乡村旅游综合体，实现了玫瑰产业小镇和美丽乡村区域融合发展，将游客引入乡村民宿，将玫瑰衍生产品植入乡村商户，既丰富了乡村全域旅游业态，又多渠道带动博后村民就业增收，形成了可持续发展、有长效增收机制的产业链条。博后村牢记习近平总书记的嘱托，时刻心系百姓，在建设发展玫瑰产业的过程中辐射带动周边村民致富，并结合实际，依托优厚的地理位置和朴实的村民，充分采取开创助农带农四大模式，带动博后村整体经济发展。

一是采取"公司＋合作社＋农户＋科技＋生产标准化"经营模式和"五统一分"的管理模式（"五统一分"即"统一种苗、统一农资、统一技术、统一品牌、统一销售，分散种植"）带动周边农民规模化种植玫瑰。目前，博后村共有合作社 22 家、种植面积 2 500 亩，每亩收益超 3 万元，带动农民就业500 多人，人均年收入超 6 万元。

二是创新农旅融合发展模式。公司目前租用农业用地共有 2 091 亩（核减了二通道、水务工程、美丽乡村、127 亩出让建设用地），租金为每亩每年 3 370 元，带动博后村 2 000 位农民增收，村民人均年收入达到约 4 万元，家庭年均收入 8 万元，其中技术岗位和管理岗位人员年均收入超过 10 万元，家庭年均收入约 25 万元。

三是不断创新衍生产业链。博后美丽乡村建设依托亚龙湾的区位优势，以及玫瑰谷景区每年约 150 万的游客流量和玫瑰产业发展中的资源嫁接。景区流量保障了民宿、餐饮、农副产品的消费市场，玫瑰衍生产品植入乡村商户，为美丽乡村项目提供产业支撑，既丰富了乡村全域旅游业态，又

吸引村民到园区务工,多渠道带动村民就业增收,形成了可持续发展、有长效机制的产业链条。

四是通过产业小镇项目将开创"旅游＋农业""旅游＋电商""旅游＋扶贫"等新业态,在获取建设用地时就近为村集体划拨预留用地,并将村集体预留用地纳入产业小镇项目统一规划、统一开发、统一运营、统一管理。村集体以土地入股,财务独立核算,年终获取收入分红。产业小镇项目建成后,村民收益将由"地租＋就业＋分红"三部分构成,村民将永享产业小镇建设的红利,产业发展助农带农的长效机制形成。

2.发展成效

一是村民人均收入增长迅速。2016 年,博后村村民年人均收入为9 700 元,2017 年三亚市委在博后村开展美丽乡村建设,2019 年底村民人均收入增加到 24 520 元。村集体通过因地制宜发展产业,闯出了一条以民宿业带动产业兴旺、促进乡村振兴的路子,取得了一定成效,实现了全面脱贫走向小康。2020 年 5 月 18 日,省委书记刘赐贵来该村调研、开座谈会,"对引进民宿建设美丽乡村、带动乡村旅游的成效给予肯定"。

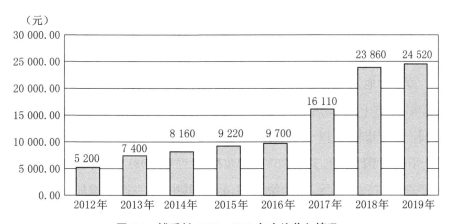

图 5.1　博后村 2012—2019 年人均收入情况

二是民宿产业形成品牌效益。通过近几年的发展,该村民宿产业已基本形成品牌效益。2019年,该村民宿宿约107获评海南乡村民宿"金宿"、相见无墅获评"银宿"、海纳捷和蓝雅居获评"铜宿";相见无墅和朋泊乐青奢宿获评"海南省品牌民宿";宿约107、海纳捷、蓝雅居荣获"海南省十佳民宿"称号。2018年9月,该村被评为全省五星级美丽乡村;2019年6月,被评为省委组织部农村党建示范点;2019年11月,被评为省委党校现场教学点;2020年4月,被评为海南省卫生村;2020年5月,被评为全省五椰级乡村旅游点;2020年7月,被评为第二批全国乡村旅游重点村;2020年8月,获评全省民族团结进步示范区示范单位。

三是不断延伸产业链,形成产业规模效益,助力乡村振兴。该村紧扣美丽乡村建设理念,根据《海南省特色风情小镇(村)建设总体规划》和《海南省美丽乡村建设指导意见(2014—2020)》的安排,推进民族风情特色品牌建设。不断延伸民宿业产业链,带动村庄经济发展、村民增收。以生态环境政治和美丽乡村建设理念,建立相关的机制,进一步加大对水和湿地的保护项目的投入力度,建立水源涵养和植被隔离带的生态修复工程。突出以玫瑰谷美丽产业带动、与民宿产业相互协调促进的发展模式。

(二) 万宁市"现代农业产业基地+体育赛事旅游"城乡一体发展新模式

万宁市地处海南岛东南部,辖区陆地面积1 883.5平方千米,海域面积2 550.1平方千米,属热带季风海洋性气候,夏无酷热,冬无严寒,旱季、雨季分明。万宁市辖区12个镇(含农垦改革后新设立5个居)、1个国营林场、1个华侨旅游经济区,共有207个行政村(社区)。2021年,万宁市实现地区生产总值276.03亿元,同比增长11.6%。其中,第一产业增加值81.04亿元,同比增长4.3%;第二产业增加值66.59亿元,同比增长27.4%;第三产业增加值128.41亿元,同比增长9.4%。三次产业结构为29.4∶24.1∶46.5。党的十八大以来,万宁市立足特色产业,以产业园区为依托,聚焦产业结构优化升级,促进三产融合。2020 年,全市还有 44.68 万农业人口、10 096 户建档立卡贫困户、30 个贫困村。截至 2021 年 1 月,万宁市建档贫困户全部脱贫,30 个贫困村整体出列。2020 年人均纯收入 11 513.6 元,比上年同比增长 25.8%,贫困发生率从 6.76% 下降到 0。①

1. 打造现代农业生产基地

万宁是海南省槟榔产业主要发展区,槟榔种植面积约占全省的 1/3、全国的 30% 以上,先后被国家林业局认定为"中国槟榔之乡""国家槟榔示范基地",产品主销海南以及长江以南各省市区,远销欧美、南亚、东南亚等国家地区,初步形成了"买全省、卖全国、闯世界"的发展格局。兴隆咖啡也已获得国家的地理标志产品保护和农业部的农产品地理标志产品登记,种植面积达 1 万亩以上。万宁更是成为海南省最大的菠萝传统产区,三大王牌产业发展为农民稳定增收提供了坚实支撑。从绝对值上看,全市农民收入总量为 14 850 元,比全省多出 862 元,比全国多出 233 元,在全省 18 个市县(不含三沙市)中排名第 5 位。增速 8.5%,高于全省平均水平 0.1 个百分点,低于全国 0.3 个百分点,在全省 18 个市县(不含三沙市)增速排名中居于第 11 位,比去年上升 1 个排名位。

一是槟榔产业。万宁市地处海南省槟榔种植优势区和东中部槟榔主产区核心位置,全市 13 个镇区均有槟榔种植传统,全市 64 万人口中有近 30 万农户都在从事槟榔种植工作,拥有发展槟榔产业的天然优势。2010 年起,万宁市率先引入湖南口味王槟榔有限公司在后安镇落户,带动周边乡镇及全市槟榔产业进入快速发展期,同年启动了槟榔行业标准制定,相继出台了《槟榔种苗》《富硒槟榔》《槟榔丰产高产栽培技术规程》《槟榔病虫害防治技术规程》《槟榔鲜果》《槟榔初加工技术规程》《槟榔干果》等系列地方标准,当年槟榔收获面积 20.6 万亩,占全市 62.4%,占全省 17.5%,槟榔产业的经

---

① 数据来源:万宁市人民政府.2021 万宁市国民经济和社会发展统计公报[EB/OL]. http://wan-ning.hainan.gov.cn/wanning/zfxxgk/sgbmgk/tjj/gkml/202205/t20220510_3188394.html.

济效益和社会效益初显成效,奠定了槟榔产业的发展之路。2012年开始,万宁市在全省率先进行绿色环保槟榔烘干技术改造,从政府补贴、标准制定、市场建设等多方面入手,一方面,政府对购买环保炉进行1万元补贴,农户只需先付1万元就可以购置8—9万元的环保烤槟榔设备,提高农户使用绿色环保设施的积极性。另一方面,出台槟榔初加工干果标准,强制规定"消烟",不符合烘烤初加工产品标准的就必须退出市场,引导生产主体淘汰落后土法设备,大力推动了绿色环保初加工设施应用,加快了槟榔初加工的转型升级。2015年后,万宁槟榔产业链逐步延伸,从种苗培育、标准化种植、初加工到深加工、市场物流、电子商务,槟榔产业发展的定位更加清晰。在海南口味王科技发展有限公司、海南雅利农业开发有限公司等龙头企业的带动下,槟榔产业园新型经营主体加快发展,目前已聚集了212家参与槟榔产业生产经营企业,培育了162家农民合作社和6家家庭农场,土地适度规模经营占比已达40%。同时,产业园积极创新联农带农机制,探索了"企业+生产基地+农户"生产化经营模式、"龙头企业+村集体经济社+贫困户"的入股分红模式和"帮扶单位+企业+小农户"协同帮扶机制、"园区+科技辐射+小农户(小初加工作坊)"带动发展模式,并积极推广土地入股等股份合作模式、订单农业模式,鼓励企业通过PPP等多元模式参与产业园项目建设。

二是兴隆咖啡。兴隆地处热带和亚热带交界处,是著名的侨乡,70年来几代华侨人在这里开山劈岭、开荒创业,造就了兴隆独特的咖啡文化。兴隆咖啡产于万宁市太阳河畔,以兴隆华侨农场为中心延伸至周边南桥、牛漏、长丰、礼纪等乡镇为地标产品保护范围。秉持这一资源优势,万宁市委、市政府高度重视兴隆咖啡产业发展,深入推进农业供给侧结构性改革,以种植推广工作为重点,以兴隆咖啡质量认证为中心,以科研合作项目为载体,以品牌保护和打造为抓手,坚持"以销带产、科技兴农、品牌富农"的产业发展战略,着力打造万宁兴隆咖啡"王牌"产业。目前,全市兴隆咖啡种植面达 1 万亩,共有 9 家加工企业,2018 年咖啡干豆加工量 205 吨,产值约 1.2 亿元。扶持产销一体化的兴隆咖啡龙头企业,发展"企业＋农户"的订单农业模式。坚持走精品咖啡的产业发展路线,培育了中国兴隆咖啡谷、海南兴隆隆苑有机咖啡庄园等一批集有机咖啡种植、加工、品尝、休闲体验、观光旅游为一体的精品兴隆咖啡庄园。中国兴隆咖啡谷已累计投入 8 500 万元,初步形成了"种植＋加工＋销售＋休闲旅游"的产业深度融合发展格局,2018 年营业收入超 5 000 万元,接待旅游人数 24 万人。依托中国热科院科技资源,探索科研与应用的新体制,整合行业科技资源,组织瓶颈技术创新攻关,加快科技成果转化应用,振兴万宁兴隆咖啡产业,打造中国咖啡民族品牌,推动万宁地方特色产业持续发展。

　　三是菠萝产业。自 20 世纪 80 年代引进巴厘菠萝推广种植以来,万宁现已成为海南省最大的菠萝传统产区,主要分布在龙滚、山根、后安镇等地。万宁市立足自身优势,高度重视菠萝产业发展,相继出台了《万宁市 2017—2018 年菠萝品种结构调整扶持资金实施方案》《万宁市 2017 年菠萝运销应急补贴方案》等一系列扶持政策,通过建设优良新品种核心示范基地、扶持推广生态护林种植、加大优良新品种种苗补贴力度、支持标准化种植、开展价格保险等一系列措施,大力推进菠萝产业结构调整,种植户、合作社、收购商和运销商之间建立了稳定的供销关系,有效促进了农业增效、农民增收。截至目前,全市菠萝种植面积 7.9 万亩,年产量 14.3 万吨,年产值约 6 亿元,已推广菠萝优良新品种金菠萝、台农 16 号、台农 17 号,实行统一肥料供应、统一种苗供应、统一技术指导、统一病害防治、统一订单收购的"四统一"标准化种植模式,在龙滚、山根镇建设核心示范基地共计 3 000 亩。针对建设较集中连片的菠萝优良新品种集中育苗基地由财政按每亩(3 000 株/亩)种苗价格的 70％给予补贴,对标准化种植的菠萝品种(含优良新品种和高品质安全的巴厘品种)10 000 亩进行投保,同时开展菠萝价格保险,由市财政补贴 70％,种植户自缴 30％。

2. 聚焦产业结构优化发展，全力打造热带特色现代农业基地

目前已打造了 28 万亩优质绿色果蔬基地、67 万亩珍稀热作南药基地、5.1 万吨肉类无疫区畜禽养殖基地、6 万吨水产精品生态养殖基地等"四大"热带特色现代农业基地。同时，大力发展咖啡、菠萝、百香果、莲雾、西瓜、东山羊、和乐蟹、山寮鸡、海鸭和冬季瓜菜等特色农业，加快推进 3 000 亩兴隆咖啡标准化种植园建设，调优菠萝品种 1 万亩，创建种桑养蚕示范基地 600 亩。同时，万宁市全力开展三品一标农产品建设。目前，全市已获认定无公害产地 8 个，无公害农产品 15 个，有机食品认证 3 个，农产品商标注册 217 个；国家地理标志农产品 4 个，分别是和乐蟹、东山羊、兴隆咖啡、万宁柠檬；海南省著名商标 7 个，分别是怡然、太阳河、小旺奇、兴科、香圣、口味王和后安海鸭；海南省名牌产品 4 个，分别是兴科兴隆咖啡、兴科香草兰茶叶、口味王槟榔和怡然咖啡。

二是培育新型经营主体，推动三产融合发展。近年来，在三产融合思路的指引下，农村经纪人、农业园区、农民专业合作社和工商企业结合市场实际调结构促转型，变单一产业为复合产业，变单一效益为多重效益，走出了充满活力的新天地。全市依托农业企业、农业园区、工业园区等企业转型发展加速创建一批一二三产业融合发展项目。目前，全市农民专业合作社已达 1 563 家，省级示范社 5 家，国家龙头企业 1 家、省级龙头企业 3 家，特别是海南口味王科技发展有限公司、海南雅利农业开发有限公司、兴隆华侨农场咖啡厂和兴隆咖啡谷等农产品加工企业加快一二三产业融合发展进度。同时，万宁市以共享农庄为抓手推进一二三产业融合发展，扎实推进 8 个省级共享农庄试点建设，加快建设兴隆咖啡国家公园等具有特色的休闲农业主题公园。创建 2 个市级农村电子商务综合服务中心、30 个农村电商服务点，搭建"万宁万家特色产品商城"线上平台，发展"互联网＋"模式，借助"电商"平台推广农产品，引导农民、农业从"生产导向"向"消费导向"转变的"新农人""新业态"等。

三是厚植绿色生态底色，打造美丽乡村。万宁市贯穿绿色发展理念，在经济持续快速发展的同时,生态环境得到了很好的保护,美丽乡村建设成绩斐然。2017年,万宁市启动了美丽乡村建设三年行动计划,主要集中在北中南三个片区,北片依托毗邻琼海市博鳌开发区的优势,精选山根镇大石岭村和龙滚镇文渊村等村庄,打造田园风光骑行、侨乡红色文化、养生垂钓等乡村旅游项目;中片依附东山岭景区,精选万城镇永范村、北大镇竹埇村、禄马田村等村庄为重点,挖掘特色小吃、海边捕捞、长寿之乡等热门元素打造休闲、美食、养生等乡村旅游项目;南片以兴隆旅游区作为依托点,精选长丰文通村、兴隆橄榄树山庄、礼纪镇老黄村、老蔡村、下深湾等村庄为重点,打造特色休闲观光、农家采摘、异国风情等乡村旅游项目。截至2019年,全市共打造美丽乡村104个,其中文通村梦想庄园等8个乡村旅游点被评为海南椰级乡村旅游点,总投资共计3.43亿元,乡村旅游全年接待游客8.67万人次,同比增长4.35%,乡村旅游总收入418.15万元,同比增长18.45%。美丽乡村的建设带动了乡村旅游的发展,也改善了本地群众的生活环境,增加了从业群众的收入,为万宁经济社会发展作出了一定贡献。

四是打造以体育赛事为主体的旅游新业态,推动城乡一体化。万宁市旅游资源丰富,辖区兴隆、神州半岛、石梅湾等地风景如画、美不胜收,且基础设施建设超过城区。万宁市依托资源优势,实施旅游供给侧结构改革,突出的是以体育赛事为主题的全域旅游新模式,促进旅游产业转型升级提质增效,发挥“旅游＋”的综合带动功能,将各行业融入其中,促进旅游与其他产业融合发展,延伸产业链条,形成全域化旅游产品和业态,规划海上运动旅游、热带雨林旅游、文化体育旅游、节庆赛事和会展旅游、美食购物旅游、乡村度假旅游等旅游新业态,推动万宁旅游从“景点旅游”向“全域旅游”、从“旅游驿站”向“旅游目的地”的转变,探索出一条以体育赛事为主题的旅游新业态,推动城乡一体化发展进程。万宁市的重点体育赛事主要有以下几项。

第一,国际冲浪赛。自2010年国际冲浪赛落户万宁日月湾以来,经过11年的培育发展,冲浪已成为万宁水上运动的一张金色名片,万宁也被誉为"世界冲浪胜地""中国冲浪之都"。万宁国际冲浪赛包含国内、国际两个赛段,其中国际赛段的世界男、女子冲浪挑战系列赛得到国际顶级的两大组织国际冲浪协会(ISA)与世界冲浪联盟(WSL)授权,汇集了世界各国顶尖冲浪选手。全国冲浪冠军赛、全国青少年冲浪锦标赛暨冲浪 U 系列赛事和全国冲浪锦标赛代表着国内冲浪的最高水平。特别是 2019 年第二届全国青年运动会冲浪项目在万宁日月湾举办,这是海南省首次承办全国综合性赛事,其中海南选手取得了 7 块金牌,占海南代表团总奖牌数的一半。11 年来,万宁市共投入资金 1 亿多元举办赛事活动和基础设施建设,发展冲浪产业,冲浪小镇已初成规模。如今,日月湾冲浪基地初步建成、沿岸分布着 5 家冲浪俱乐部,冲浪的氛围越来越浓,每年有 3 万多人次到日月湾"浪尖起舞"。

第二,中华龙舟大赛。中华龙舟大赛是一项奖金总额和赛事级别最高的中国龙舟赛事,自 2012 年起,每年的二月二"龙抬头"这天,中华龙舟大赛的首站比赛在和乐镇港北港举行。中华龙舟大赛(海南·万宁站)比赛是国家体育总局和中央电视台为弘扬中华民俗文化、大力发展传统体育项目而极力打造和推广的重大体育比赛之一,每年赛事期间,中央电视台体育频道都会进行赛事现场直播。全国近 30 家主流媒体记者也会亲临现场,报道比赛盛况。万宁已经成功举办 8 届中华龙舟大赛,大赛的群众参与面、社会关注度、赛事影响力等方面逐年提升。特别是 2015 年中国龙舟协会授予万宁和乐"中国龙舟小镇"称号之后,小镇建设迎来了新的机遇与活力,和港大道、和乐新牌楼相继建成,更是赋予了万宁小海这个全国仅有的海上龙舟赛场新的内涵与魅力。如今中华龙舟大赛已经成为万宁的一张靓丽城市名片,成为弘扬龙舟精神、传承中华文化的一个重要平台。

第三,环海南岛国际公路自行车赛。自 2006 年环岛自行车赛创办以来,万宁已与环岛赛携手走过 13 个年头,与环岛赛邂逅的 13 个年头,万宁见证了环岛赛太多的荣耀时刻。从办赛最初的洲际 2.2 级赛事成长为目前的洲际 2.HC 级,并为世巡赛的亚洲顶级公路自行车赛品牌,环岛赛成为海南省委、省政府着力打造的百年赛事。同时,也因为环岛赛,万宁不断加大高端体育赛事引进力度,带动开发相关产业,以此营销城市品牌,走出了一条独特的发展道路。让万宁更加坚定了"办赛事、办城市"的体育营销城市发展理念。2015—2017年,万宁连续三年成为自行车环岛赛的主办城市,起终点均设置在兴隆。参与环岛赛尤其是成为主办城市的这几年来,万宁在体育基础设施建设、市民综合素质提升和全民健身计划推动等方面都成果颇丰。万宁的公路建设也随着环岛赛高标准的赛道需求,飞速发展起来。被誉为中国"环境最好、景色最美、风情最特"的兴隆国家绿道,不仅多次入选环岛赛比赛路线,更是通过如此独特的骑行资源,直接带动了万宁自行车运动新文化的发展,日益壮大的民间骑行爱好者队伍,以及丰富多彩的自行车活动,也逐渐成为万宁旅游的一张新名片。正是通过一辆辆飞驰的公路自行车,把万宁独特的地理环境、深厚的历史文化、丰富的旅游资源带向全世界,万宁气候与自然环境生态宜居这一点也通过环岛赛迅速享誉海内外,城市知名度和美誉度得到极大提升。

截至2021年底,万年市全年城乡常住居民人均可支配收入27 988元,比上年同期增加2 028元,同比增长7.8%。其中,城镇常住居民人均可支配收入38 159元,比上年同期增加2 228元,同比增长6.2%;农村常住居民人均可支配收入19 071元,比上年同期增加1 812元,同比增长10.5%。全年全市接待游客总数709.59万人次,同口径同比增长107.69%;全市实现旅游总收入53.42亿元,同口径同比增长80.64%。其中,接待过夜游客351.84万人次,同口径同比增长32.23%,实现过夜旅游收入44.49亿元,同口径同比增长55.72%;一日游357.75万人次,同比增长343.11%,实现一日游旅游收入9.93亿元,同比增长365.73%①。经过多年探索,万宁市走出了一条产业优、特色足的城乡发展新路径。

① 数据来源:万宁市人民政府.2021万宁市国民经济和社会发展统计公报[EB/OL]. http://wan-ning.hainan.gov.cn/wanning/zfxxgk/sgbmgk/tjj/gkml/202205/t20220510_3188394.html.

六、海南自贸港乡村振兴特色发展模式

（一）琼海市乡村会客厅

2017 年以来，琼海市为服务国家总体外交战略，推进实施乡村振兴发展战略，坚决贯彻落实习近平总书记关于博鳌田园小镇建设的重要批示精神和"4·13"重要讲话精神，积极探索乡村振兴发展新路径，以美丽乡村建设为抓手，与海南省委外事办共同创新打造"美丽乡村会客厅"，为服务保障博鳌亚洲论坛年会增添新亮点，充分展现新时代社会主义中国建设全面小康社会的新成果，坚决扛起服务国家总体外交战略的责任担当。

1. 高标准建设美丽乡村，夯实"美丽乡村会客厅"基础

琼海市始终坚持"绿水青山就是金山银山"的发展理念，依托自然生态、特色农业、民族村寨、文化遗产等资源禀赋，打造休闲旅游型、高效农业型、文化传承型、休闲渔业型、生态保护型、特色产业型等多种形态的美丽乡村，形成了"多点布局、串点成线、联线成面"的全域美丽乡村局面，全市有 32 个美丽乡村被评为海南省美丽乡村示范村。近年来，琼海紧紧围绕建设"国际公共外交基地"的目标定位，不断探索美丽乡村建设新模式，在全域美丽乡村建设基础上，优选博鳌及周边地区美丽乡村，成功打造了"北仍""沙美""南强""留客"等一批"美丽乡村会客厅"。

（1）注重发挥顶层设计的引领和导向作用

坚持把加强顶层设计作为全面推进美丽乡村建设的首要工作，研究出台《关于乡村振兴战略的实施意见》《琼海市乡村振兴战略规划（2018—2022 年）》《琼海市 2017—2018 年美丽乡村建设工作实施方案》《琼海市服务保障博鳌亚洲论坛"美丽乡村"建设实施方案》等，为统筹打造全域美丽乡村谋好篇、布好局。邀请专业设计院高标准编制村庄规划，按照"一村一特

色、一村一主题"的发展思路,注重突出各村的历史底蕴、资源禀赋、文化特色,为每个村量身打造美丽乡村建设方案,有效避免了美丽乡村建设的盲目性和无序性。

（2）注重加强生态环境保护,维系自然本底

在美丽乡村建设过程中,始终严守生态底线,最大限度地保护乡村生态环境。统筹山水林田湖草系统治理,积极通过生态修复和整合提升等方式,全面展现乡村自然资源和生态特色。深入推进农村人居环境整治,全面开展垃圾清理、卫生改厕、河沟清淤、生活污水治理、畜禽粪便和化肥农药等源污染治理,推动农村人居环境持续改善。例如,沙美村按照"山水林田湖草是一个生命共同体"的生态保护理念,推进沙美内海全面退塘还林还湿,恢复生态和景观功能,先后清退鱼塘虾塘复植红树林568亩,形成了以红树林保护为主的湿地生态区。在原有自然生态风光基础上进行整合提升,打造出"椰林水韵""饮水思源""滨海长廊""耕读传家""山海在望"和"金牛泉涌"等沙美六景生态景观。

（3）注重加强文化传承,保护和培育乡风文明

在美丽乡村建设过程中,始终把文化传承、保护和培育文明乡风放在重要位置,既塑形更铸魂,使美丽乡村"乡愁味"更浓。

一是深入挖掘本地传统文化。通过挖掘传承红色文化、耕海文化、农耕文化、南洋文化、建筑文化等,进一步丰富和提升文化内涵,打造出各具传统文化、历史记忆的美丽乡村。比如,在椰子寨村深挖红色文化底蕴,传承和弘扬"孤岛奋战,艰苦卓绝,23年红旗不倒"的革命精神,激发树立奋发图强的时代精神。

二是加强古建筑保护。坚持不搞大拆大建,在保持和展现村落传统风貌的基础上,有机融入现代元素进行基础设施改造和景观提升,使美丽乡村既能留住乡愁,又不失生机活力。在南强村美丽乡村建设中,尽量保留其极具南洋文化特色的建筑及古道、古巷、古井、古树、古宅,融入现代风格,打造南

强客厅、凤凰客栈、艺术家沙龙,使村落处处散发着古朴与现代相融合的意境。

三是积极培育文明乡风。充分利用新时代社会文明实践站,广泛开展各类文明实践活动,繁荣发展乡村文化,大力培育和弘扬社会主义核心价值观。深入开展"好民风之村""先进典型户""文明家庭""最美人物"等典型评选表彰活动,设立善行义举榜,加强道德模范、身边好人评选表彰和学习宣传,树立农民身边的先进典型,潜移默化地影响村民群众的价值取向和道德观念。建立完善村规民约,积极培育文明健康的生活方式,进一步引导农民群众素质的提升和文明生活习惯的自觉养成。在美丽乡村普遍成立"理事会""议事小组"等,充分发挥乡贤作用和乡村优良民俗功能,引领形成文明乡风。

(4)注重保障和改善民生

坚持以人民为中心的发展思想,把"让群众实实在在受益"作为美丽乡村建设的出发点和落脚点,加大公共财政对农村的投入,高标准完善配套镇村基础设施,补齐公共服务短板,在全省率先实现行政村"村村通"硬板化公路,具备条件的自然村100%通硬化路、行政村100%通班车。深入推进"互联网+",率先在全省实现行政村4G信号覆盖率100%,博鳌地区实现"5G"商用,行政村光纤宽带覆盖率达99.6%,全市自然村自来水普及率95%以上。建立起"户清扫分类、村收集、镇转运、市处理"的城乡生活垃圾一体化处理模式。统筹推进城乡交通、供水、垃圾等基础设施向农村延伸,推动行政服务、旅游服务、教育、医疗、互联网等公共服务产品覆盖农村。

(5)注重发挥体制机制的保障作用

在美丽乡村建设中进一步强化组织领导、发挥基层党组织作用、优化工作机制,充分发挥体制机制的保障作用,有效确保美丽乡村建设任务落实。

一是强化组织领导。成立了市级美丽乡村建设领导小组,实行市委书记、市长双组长负责制,建立了党政齐抓共管、部门协调配合、一级抓一级、层层抓落实的工作机制,形成举全市之力统筹推进美丽乡村建设工作局面。

二是发挥基层党组织作用。通过支部引领、党员带头，广泛凝聚村民群众的思想共识和建设合力，引领带动广大党员干部群众积极投身美丽乡村建设，为美丽乡村建设的顺利推进提供强大动力。再如，在沙美村特色产业的发展过程中，沙美村"两委"干部带头创办农家乐，以实际行动打消了群众的疑虑，纷纷加入到发展特色产业的队伍中来，最终实现了共同致富。

三是优化工作机制。开设项目审批的绿色通道，实行并联审批、容缺审批。成立由业主、设计方、施工方、监理方、第三方（专家组）等五方人员组成的联合确认工作小组，对需变更的项目事项，现场办公、现场确认，保障美丽乡村建设项目顺利推进。将美丽乡村建设列入重点督查督办事项，综合采取联合督查、网上督查、实地督查等多种方式加强督查督办，以督查倒逼责任落实、推动工作落地。

2. 探索外事商务活动新模式，推动"美丽乡村"变身"会客厅"

琼海坚决贯彻落实习近平总书记关于博鳌田园小镇建设"要营造出'舒适、和谐、非正式'的会议氛围"的重要批示精神，在高起点、高标准、高水平建设博鳌田园小镇的基础上，进一步强化政商对话平台的功能定位，突出体现"非正式""舒适休闲""田园风光"等特点，与省委外事办积极探索"田园外交""田园商务"新模式，推动"北仍""沙美""南强"等美丽乡村变身"会客厅"。

（1）探索开展"美丽乡村会客厅"＋外事活动

在当前国际社会交往中，非正式外交气氛相对轻松，形式更灵活，话题也更开放，领导人可围绕重大战略问题进行深入沟通交流，亦可增进私人友谊、密切工作关系，"不打领带的外交"正成为传统外交的补充和外交发展的新趋势。2014 年，琼海积极与省委外事办加强沟通联系，将北仍村确定为"夫人外交场所"，共同打造中国特色大国外交试验田。北仍村美丽乡村建设按照"科学规划布局美、村容整洁环境美、创业增收生活美、乡风文明素质美"的目标，坚持不搞大拆大建，注重保护生态环境，在维护村庄原有风貌的基础上,就地完善提升公共基础设施,使现代化的生活功能与古朴自然的村庄景观融为一体。

2015年3月28日下午,在出席博鳌亚洲论坛2015年年会期间,习近平总书记夫人彭丽媛教授与奥地利总统夫人玛吉特、乌干达总统夫人珍妮特、赞比亚总统夫人埃斯特、尼泊尔总统女儿阿妮塔一同参观了嘉积镇北仍村。北仍村被彭丽媛教授称赞为"社会主义新农村建设的一个缩影"。

（2）探索开展"美丽乡村会客厅"＋商务活动

在博鳌亚洲论坛2019年年会召开前,按照海南省委、省政府的决策部署,琼海市与省委外事办积极策划"美丽乡村会客厅"系列商务引资活动,将外事会见、洽谈签约的场所延伸至会场外的美丽乡村。沙美、南强先后高标准完成了沙美村相关业态、稻田茶韵、游客接待中心、国家农业公园以及南强村南强客厅、凤凰公社、花海、栈道、入口道路绿化、夜景灯光等硬件提升改造工作,并重点加强志愿者、中英文讲解员等服务人员培训。

博鳌亚洲论坛2019年年会期间,海南省领导在沙美、南强等"美丽乡村会客厅"通过茶叙、田园漫步等形式,与微软、三星、强生等多家国外知名机构和企业开展30多场外事会见和"一对一"精准招商活动,邀请全球企业和投资者共享自贸区、自贸港发展机遇。琼海市积极把握论坛年会推介招商机遇,依托资源禀赋和产业规划,梳理筛选世界500强、全球排名前5位的行业龙头企业和知名品牌企业,主动策划储备优质招商项目,共接待客商50余批次、近500人。

（3）探索开展"美丽乡村会客厅"＋对外交流活动

一年一度的博鳌亚洲论坛年会云集大批国家和国际组织的政要、企业领袖、国际组织领导人、专家学者,也吸引了越来越多的游客。琼海市充分发挥北仍、沙美、南强等美丽乡村自然生态优势,不断完善基础设施和丰富产业业态,进一步展现浓郁田园风光特色,"美丽乡村会客厅"迅速成为与会嘉宾及国内外游客喜爱的热门打卡地,也成为讲好中国乡村振兴故事的新载体。博鳌亚洲论坛 2019 年年会期间,老挝总理通伦·西苏里和夫人娜丽·西苏里一行、圣多美和普林西比总理热苏斯一行分别参观了"沙美美丽乡村会客厅"。

3. 借助"美丽乡村会客厅"推动特色产业发展,催生"美丽经济"

在"美丽乡村会客厅"建设中,琼海市坚持把做大做强特色产业、因地制宜培育新产业、打造新业态作为核心任务,着力构建多元化产业体系,努力把"风景"变成"产业",让"美丽"创造"财富"。

（1）加快推进农业现代化发展

依托博鳌国家农业公园建设,积极引进海南神农基因科技股份有限公司、海南新发地现代农业发展有限公司等 2 家企业,通过租赁农民土地进行经营管理,推广应用优新品种和先进生产技术,探索推广先进管理和经营模式,辐射带动农业农村现代化发展。海南神农基因公司主要实施水稻高产优质绿色全程机械化种植项目,项目投资 9 670 万元,实施期限为 10 年,采取"公司＋基地＋专业户"的管理方式、技术示范与农业旅游相结合的经营模式,进行高标准农田建设,清理修复完善田洋排灌系统,建设完善田间机耕路网,平整田间地块,建设旱涝保收、稳产高产的现代田洋。海南新发地公司主要实施优新品种种植与体验式休闲农业项目,通过土地流转发展适度规模经营,与村委会或村小组共同成立合作社,运用先进的种植技术种植高品质、高效益的经济作物,同时在农田道路旁建设简易木质茅草游憩场所、驿站、公厕等配套设施,发展农业观光、体验、科普教育等休闲农业,丰富田洋业态,促进农旅深度融合,延长产业链,拓宽农民增收渠道。

（2）积极培育打造特色农产品品牌

按照"一村一品"的发展思路,立足区域特色和优势产业,将美丽乡村建设与做大做强特色农产品有机结合,积极培育打造本地特色的农产品品牌,全力推动农业品牌化发展。目前,琼海市"三品一标"认证农产品累计达 22 个,传统特色农产品市场竞争力进一步增强。比如,北仍、沙美、南强等

"美丽乡村会客厅"充分结合地域特色,深挖本地农副产品,借助"美丽乡村会客厅"品牌,将农产品变为旅游商品,促进特色农产品提档升级,打响了北仍山柚油、鳌宝鸡、叠彩螺以及"沙美鱼干""沙美虾干""沙美鸭蛋"等一批特色农业品牌,本地农民的生产性收入进一步提高。

(3)深入推动农旅融合发展

坚持把美丽乡村建设与发展乡村旅游相结合,在美丽乡村建设过程中进一步完善提升旅游配套设施和旅游休闲功能,丰富旅游产品供给,积极引导村民利用自家房屋创业办民宿、书屋、农家乐、采摘园等,在家门口吃上致富"旅游饭"。北仍村在槟榔园中建起了草寮咖啡屋、乡愁味道农家乐,将闲置的民居改建成民宿,打造农业观光采摘园、建设北仍客厅休闲文化广场等,并通过绿道,将各乡愁景点互连互通,连成一片。沙美村依托独特的自然生态景观吸引来了大量的游客,村民们纷纷成立合作社抱团发展,形成农家乐、民宿、特色小吃、农村电商等15处新兴业态,该村成为乡村旅游的热门目的地。南强村注入"艺术+"元素,精心打造出南强客厅、凤凰客栈、凤凰公社、陶醉音乐酒吧、花梨人家、兄弟商行、凤鸣书吧、润华味之家、古沉木展销馆、南强村互联网OTO体验馆等特色乡村旅游业态和"艺术+"配套设施,引进羊城晚报艺术研究院入驻,引入国内外知名艺术家和艺术团体开展文艺展示交流活动,打造集艺术、休闲、旅游、度假、康养为一体的生态"艺术+"村。

(4)创新培育经营主体

积极探索政企合作建设美丽乡村、政企村合作经营发展等模式,包装策划农旅融合、休闲农业等项目,多渠道吸引社会资本,着力培育新型经营主体,凝聚多方力量共同参与推进美丽乡村建设经营,让农民既当股东也做员工。比如,南强村采取"公司+合作社+农户"的经营模式与碧桂园集团达成美丽乡村合作共建协议,引导鼓励南强村近30户村民通过房屋、土地或现金方式自愿入股,成立专业合作社,由碧桂园公司负责管理指导、招聘培训和营销宣传,由村民合作社负责具体运营,共同开发了南强客厅、兄弟商行、凤鸣书吧、凤凰客栈等旅游精品业态。

得益于"美丽乡村会客厅"的品牌效应持续扩大,"美丽经济"的持续良性运转。北仍村在2014年5月以前,全村80%以上的村民外出打工,随着"夫人外交"活动打响北仍乡村旅游品牌,近年来北仍村年均接待游客近50万人次,极大地带动了本地村民创业就业的热情,7个农民专业合作社先后成立,直接帮助北仍村及周边村庄285人实现就地就业,全村有4户农户每年获得土地租金4 000多元;有26户农户定期领取农民专业合作社每年的分红300元;有210位农民(含周边村庄)当起服务员,获得了工资性收入约每月2 000元;有45位农民自主创业当上了老板,每人平均年收入达36 000元;拥有"夫人咖啡套餐"的草寮咖啡老板娘阿香嫂每年纯收入50万元;全村人均年可支配收入从2014年的0.8万元涨至2019年的3万多元。沙美村旧貌换新颜后,15处乡村旅游业态点营业者中返乡创业17人、村民自主创业26人、吸纳村民就业125人,2019年共接待游客40.96万人次,实现旅游收入1 150万元,其中民宿过夜接待游客1 268人次,餐饮住宿收入217.6万元。全村人均年可支配收入从2017年的1.4万元涨至2019年的1.9万多元。南强"艺术＋"村打造完成后,已举办了多场全国性重要艺术沙龙,广州雕塑院院长许鸿飞已经连续两年在南强村举办个人雕塑作品展,吸引了广大游客和艺术爱好者,累计吸纳村民就业56人,2019年南强村共接待游客22.48万人次,实现旅游收入643.7万元,其中民宿过夜接待游客327人次,住宿收入26.2万元。全村人均年收入从2017年的1.7万元涨至2019年的2.1万多元。

4. 以"美丽乡村会客厅"成功经验,引领带动全域美丽乡村建设

通过成功打造北仍、沙美、南强等"美丽乡村会客厅"集群,琼海市走出了一条美丽乡村建设新路径,为引领带动全域美丽乡村建设提供了可学习、可借鉴、可复制的美丽乡村精品样板。

（1）坚持以人民为中心的发展思想

坚持把让农民群众实实在在受益作为"美丽乡村会客厅"建设的出发点和落脚点,发挥群众的主人翁作用,激发群众参与积极性,引导群众参与"美丽乡村会客厅"建设。通过完善基础设施建设和公共服务体系,提高村民生活质量。持续夯实农村产业基础,进一步发展壮大农村经济,推动农业规模化、集约化发展,促进农村产业升级,构建出农民群众多元化、持续稳定的增收渠道,吸引更多外出务工农民返乡创业,让农民群众在"美丽乡村会客厅"建设中真正得到实惠,共享发展成果,不断增强幸福感和获得感。

（2）坚守绿色发展理念建设美丽乡村

坚持以良好的生态环境为支撑,深入践行"绿水青山就是金山银山"的理念,始终维护好优良生态环境这一最大优势和宝贵财富,决不以牺牲生态环境为代价实现发展。在"美丽乡村会客厅"建设中,因地制宜做好规划,强化建筑风貌管控,坚决守好生态保护红线。统筹山水林田湖草系统治理,深入开展农村人居环境整治,提高农民群众生态环保意识,促进人与自然和谐共生,让村庄形态、自然环境、人文风情和产业发展相得益彰,使"美丽乡村会客厅"望得见山、看得见水、记得住乡愁。

（3）坚持共管共赢理念经营美丽乡村

坚持"政府主导、社会参与、市场运作"的原则,积极为社会资本参与美丽乡村建设疏通渠道、搭建平台,发挥财政资金引导作用,吸引有实力的优质企业参与"美丽乡村会客厅"建设。充分利用企业资金、产业优势和先进的市场经营管理理念,探索推广企业直接投资、合作联营开发等共管模式,在保护好农民群众权益的前提下,找准利益联结点,构建起社会资本与本地农民之间的紧密利益联结机制,实现企业盈利、农民增收、地方发展三方共赢。

2019年度,琼海市登上《2019年中国中小城市发展报告·绿皮书》4个"百强县市"榜单。此外,琼海还进入全国综合实力百强县市(排名97)、全国绿色发展百强县市(排名 62)、全国科技创新百强县市(排名 96)、全国新型城镇化质量百强县市(排名 79)等榜单。博鳌、潭门两镇分别位列 2019 全国综合实力千强镇榜单第 687 名和第 947 名。

(二) 定安县"地域特色文化＋乡村旅游"发展模式

定安县位于海南岛的中部偏东北,东临文昌市,西接澄迈县,东南与琼海市毗邻,西南与屯昌县接壤,北隔南渡江与海口市琼山区相望;东西宽45.50 公里,南北长 68 公里,疆界长 251.50 公里,全县面积 1 177.70 平方公里。该县下辖 10 镇、4 个居民委员会、108 个村民委员会,还有 3 个处级国营农场。全县共 107 798 户、341 379 人,农业人口 24 2801 人,占总人口的71.12%。

1292 年,琼山县南境置定安县。1329 年,定安县升为南建州。1369年,改南建州为定安县,县治定阳,1520 年,定阳改称定城。20 世纪 50 年代县城东扩,60—70 年代县委、县政府相继东迁至初七坡。随着县城继续东扩,2007 年 12 月县委、县政府再度东迁塔岭新区。南渡江南岸的定城是定安县的政治、经济、文化中心。定安县旅游资源丰富,风土气息浓郁,有"古色古乡　百里百村"乡村旅游线路、南丽湖名胜风景区、文笔峰道家文化旅游区、海南热带飞禽世界、定阳古城(定城)、见龙塔、太史坊、八角殿、张岳崧故居、母瑞山革命根据地纪念园等,许多古建筑和革命纪念物被列为省、县级保护文物。"军坡"文化节(庙会)最具本地风土人情气息,是千百年来定安人民祭祀祖先、历史英雄人物的传统民俗活动。定安粽子、定安黑猪骨头汤、白切定安鹅、红烧仙沟小黄牛、白灼定安黑猪排骨、南丽湖啤酒鸡、定安坡寨羊火锅、定安农家红豆煲、定安鸭饭、翰林焖猪蹄、清蒸南丽湖沙蚌鱼等特色美食誉满琼州,深受各地宾客喜爱。

1. 主要做法

5 年来,定安县突出特色文化发展定位,坚定不移地走绿色崛起之路,充分发挥定安淳厚的人文历史、清幽的人居环境、地道的特色美食、和谐的乡风民情等优势,以项目促发展,以改革添动力,着力建设热带富硒循环农业基地,着力建设环保型农副产品加工园区,着力建设康体养生旅游城,把定安打造成为全国知名休闲康体养生胜地和海南特色生态产业强县,如期实现全面建成小康社会。

(1)传承定安文脉,提升文化软实力"变现"核心竞争力

定安县历史悠久,地灵人杰,民风淳朴,名伶辈出。明清两代中进士12人,举人93人。明代南京礼部尚书王弘海的"奏考回琼",为琼州士子科考作出了重大贡献。清代张岳崧殿试被钦点为一甲第三名(探花),为海南历代科考名次之冠。嘉庆皇帝有"何地无才"之谕,定安在海南享有"一里三进士""父子进士""公孙举人"的美誉。定安也是琼剧的发源地,名伶辈出,素有"无定安人不成剧团"的民间说法,被誉为海南"琼剧之乡",2011年11月,文化部授予定安"中国民间文化(琼剧)艺术之乡"的称号。

为延续定安文脉,提升文化"软实力",定安县主要采取了两种措施。

一是打造"红色"IP,加大对红色革命资源的挖掘、保护和利用力度,传承好红色基因。定安县除了加强对定阳古城、老县衙等历史建筑、文化遗址的保护修缮外,从2014年起,不断加大红色文化建设力度,至今已投入1.5亿元完善母瑞山基础设施。母瑞山位于定安县南部,是琼崖革命的"摇篮",于1928年、1932年两次成功保留革命火种,创造了琼崖革命"23年红旗不倒"的奇迹,为海南解放作出了不可磨灭的贡献。母瑞山革命根据地纪念园于1996年8月1日落成,同年8月15日被列为省级革命纪念建筑物,2001年6月被中宣部定为全国爱国主义教育示范基地。2004年2月22日,母瑞山革命根据地被中宣部、国家发改委、国家旅游局等17个部委审定为全国100个"红色旅游经典景区"之一。母瑞山革命根据地不仅是全国、全省爱国主义教育示范基地,也是全国、全省国防教育示范基地。2014年起,定安对母瑞山革命根据地纪念园进行扩建,先后建成了红军驿站、新展

馆、红军广场景观工程、遗址修缮、拦水坝、停车场、进山大门、垃圾收集点、LED 信息发布屏、主题雕塑等，并依托红色文化资源建设党员干部培训基地（一期投入 5 900 万元），建成"战备岁月"爱国主义、国防教育展示馆（投入 1 542 万元），综合功能会议厅（投入 1 144 万元，打造多功能学习报告厅、红色电影院）、骑行慢道、旅游厕所。目前，全国关心下一代工作委员会、省关心下一代工作委员会、省机关工委、团省委、海南日报报业集团、省国资委、省委党校分别在母瑞山挂牌，将纪念园作为党员干部教育实训基地。中瑞学校获"全国红军小学"授牌，成为全国第 213 所红军小学。

二是打造琼剧 IP，改革创新，振兴琼剧，开创琼剧传承和发展新局面。定安县是著名的"琼剧之乡"。琼剧是岭南四大名剧之一，至今已有 300 多年的历史。定安县琼剧群众基础深厚，因此名伶辈出，各种琼剧人才举不胜举，有"无定安人不成剧团"的美誉，全省琼剧团几乎都有定安人担任主角。卜效村是著名的"琼剧村"，演出历史悠久，名伶辈出，基础雄厚，男女老少，几乎人人都懂唱琼剧。琼剧在定安人民的精神生活中是必不可少的，尤其是一些上了年纪的人，平时喜欢唱几句流行琼剧，自娱自乐，鼓舞信心。遇上结婚等喜庆事件，村民则请来八音唱琼剧，以之助兴。每年军坡节期间，农村乡镇都请来琼剧团进行演出，接待亲戚、宾朋，欢庆佳节。

在持续加大力度支持打造"琼剧村"卜效村的基础上，定安县根据中央和省委的部署，制定《定安县国有文艺院团体制改革实施方案》，基本完成琼剧国有艺术表演团体转企改制。同时，出台奖励措施鼓励琼剧创作创新，琼剧剧目创作水平不断提高，《定安娘》《梅卉传》《双教子》《父爱如山》《母瑞红云》《祖宗海》《同在蓝天下》《自贸港是我家》等一批优秀剧目成功创排演出，其中琼剧《定安娘》《父爱如山》《母瑞红云》《祖宗海》参加全国基层院团戏曲会演，定安县琼剧团成为全国唯一的连续四年上京演出的基层院团。《定安娘》荣获第二届海南省艺术节文华优秀剧目奖、海南省 2014—2016 年度优秀精神产品（"五个一"工程）奖、第二届南海文艺奖。《母瑞红云》荣获第三届海南省艺术节文华优秀剧目奖、海南省 2017—2019 年度优秀精神产品（"五个一"工程）奖、第三届南海文艺奖。在此基础上，县委宣传部组织专家团队精心研究，编制专著《琼剧传统艺术视觉形象标准化创作研究》，为海南琼剧文化品牌标准化建设和可持续发展提供了强大的专业依据和传承贡献。

（2）讲好定安故事，推动城市传播力"变现"强劲生产力

历史文化如何表现、怎样活化活用融入生活？这就需要采取现代化表达方式，强化具有渗透性的传播力。随着文化旅游消费升级，讲好文化故事尤为重要。定安县不断解锁文化内涵和尘封的历史，采取创新的、渗透式的传播方式，以"文创＋"概念来讲好定安故事，创造了文化"变现"消费产业的定安模式。

一是以"琼剧＋美食"强力传播美食文化，更有效地传播地方戏曲和饮食文化，使其走进人们的生活。定安县与海南日报报业集团南国智库联手策划制作了定安创意竖版宣传片《琼剧说定安》美食专辑，用琼剧的形式介绍定安粽子、鸡屎藤粑、仙屯鸭饭、田野木薯糕等定安美食，在抖音、微信、快手等社交媒体得到了广泛传播。经典的琼剧段落被重新编曲作词，传统唱腔与流行音乐、美味佳肴碰撞出别样的火花，让不少网友直呼"打破了次元壁"，传播量达到"100 万＋"级别，有效地讲好了定安故事。定安县还将根据有关专家和广大网友提出的意见、建议，陆续推出《琼剧说定安》民俗、风景等专辑，用创意和匠心打造具有广泛传播力的新媒体产品，助力定安城市形象传播。

二是用"消费＋扶贫"助力脱贫攻坚，打造消费扶贫节庆活动大平台，培养新型消费文化。2018 年以来，定安县共举办 27 场消费扶贫活动。消费扶贫是定安县在全省率先实施的一项具体行动，政府搭建供需对接渠道，推动贫困户和合作社产品走入市场，通过以购代捐、以买代帮的形式，鼓励引导社会各界人士购买扶贫农产品，以消费促进贫困户生产增收，提高自身

"造血力",增强贫困户脱贫致富奔小康的信心。2019 年,举办"美食节＋爱心消费扶贫大集市""迎国庆·庆丰收"爱心消费扶贫集市等活动,为全县贫困群众架起消费扶贫供需对接的桥梁,海南爱心扶贫网上定安的总销售额达 447 万元,销量居全省第 4 名,获 2019 年海南消费扶贫年货大集"最佳组织奖"。定安县凭借"一丰一创两带三争"的良性循环模式入选为消费扶贫典型案例,成为海南省唯一一个成功入选并荣获 2019 年全国消费扶贫典型案例奖的市县。

三是全面导入"直播＋电商"带货模式,通过网红直播等方式推介定安粽子和特色美食,在全国范围内讲好定安故事。从 2010 年开始,定安连续举办 11 届"海南(定安)端午美食文化节",尤其是近年来每年举办的为期一个月的美食文化推广活动,为定安粽子的热销提供了有利平台。在 2020 年的端午美食文化节上,定安推出网红推介定安美食短视频《21 天爱上定安》,点击量超过 500 万人次,同时融入了时下热门的"直播＋电商"带货模式,在全国范围内的关注群体得到有效增加,关注定安的粉丝以"1 000 万＋"计算。定安倾力打造美食文化,做大做强粽子产业,使定安粽子从一种传统的节日食品,发展壮大成为绿色生态的富民大产业。2020 年,定安粽子总产量 2 900 万只,比 2019 年增长 26.09％,实现总产值 4.35 亿元,同比增长 24.29％,销量则实现了 10 年增长 29 倍的跨越式增长。定安粽子产业链,从上游的定安黑猪养殖、富硒稻米种植、柊叶种植等原材料生产到中游的粽子加工制作,再到下游的粽子销售及粽元素产品营销,有效地带动了当地人增收致富。据统计,粽子产业每年拉动定安黑猪肉及大米销售达 600 多万斤、咸鸭蛋 2 800 万多只、粽叶 1.5 亿多张,同时带动包装制作、快递物流、调味用品、煤气供应等行业的生产就业和增收。

（3）创新定安模式,锻造硬实力"变现"发展力

定安县以文化资源为依托,创新文化发展模式。一是立足文化资源,强化文化策划能力。定安县依托融媒体中心巩固宣传思想文化阵地,壮大主

流思想舆论。县融媒体中心积极发挥传播服务聚合效益,用心用情服务好本县重点产业项目建设。创新利用融媒体指挥大屏服务本地企业冷泉阉鸡"智慧"养殖系统,主动为企业推广"智慧"系统养殖经验,为海南建设自贸港挖掘"智慧"建设的生动实践案例。同时,融合报纸、广播、电视、网站、微信公众号及微博、抖音等平台,紧扣中央、省、县宣传主线,创新设置了"海南自贸港""人才系列专访""定安好人""走向我们的小康生活""自贸英语角"等一系列主题专栏、专题板块。自县融媒体中心创建以来,各大主流报刊网络媒体刊发定安新闻稿件526篇。2020年端午美食节文化节期间,定安推出《琼剧说定安》《爱上定安21天养成记》等45个视频,通过抖音、微信、快手等社交媒体在各大短视频平台发布,全网播放量共计896万次。

二是打造定安"形象"IP,塑造创新城市旅游产业新形象,增强与旅游者消费者之间信任度。定安县先后设计发布了城市旅游代言人漫画形象"小青梅"、农副产品形象"小黑猪",通过营销(网络投票)等手段进行宣传推广,得到广泛好评和游客、消费者的认可。以农副产品形象"小黑猪"为设计元素,建设一批"我是小黑 来自定安"城市微景观,推动"小黑"融入城市生活,提升品牌知名度、美誉度。另外,还授权县内各类农产品经营主体使用农副产品形象"小黑猪",打造农产品整体品牌形象,提升定安农副产品品牌的核心竞争力。定安县还聘请专家团队对定安黑猪、仙沟黄牛、富硒大米等农副产品产业链进行深度研究,形成并发布报告,极好地树立了定安的城市形象。

三是推动"全民代言",以鲜活的细节和可触可感的故事全力做好"定安营销"。定安县创新对外宣传方式,发起"人人都是志愿者"倡议,开展"热力自贸港、活力定安人"系列传播活动。2018年以来,以人们喜闻乐见的方式,如快闪、志愿者短片、短视频接龙等,分别制作了《定安贫困户给全国人民拜年》《我和我的祖国》《我和我的自贸港》《志愿定安》等视频,并上线"学习强国"学习平台,讲好定安故事,传播好定安声音。唯有润物无声,软实力变"硬实力"才会实至名归。2018年定安县"互联网＋"爱心消费扶贫农副产品展销会的认购总额达1.02亿,两天的展销会活动,线上、线下总销售额近210万元。2020年上半年共举办8场展销活动,累计消费金额达352.5万元,受益贫困户多达900户;发起7期爱心助农团购活动,累计售出430只红鸭、66只阉鸡、10 800枚鲜鸭蛋、1 575斤地瓜芋头、116个椰冻奶酪、1 580斤山药、440斤黄金百香果等,总销售额达3.8万元,参与团购的机关、企事业单位达280个次。全县18个贫困村村级服务站2020年上半年上行金额132万元,下行金额208万元;在海南爱心扶贫网上架贫困户产品108批次,线上销售额达6.5万元。截至2020年6月30日,海南爱心扶贫网显示,定安县累计总销售额达732.5万元,累计总销量名列全省第二。

四是提升定安影响力,"硬化"文化软实力,实现县域文化和经济双翅腾飞。数据显示,2017年以来,母瑞山爱国主义教育基地共举办了385期培训班,共计1.96万人参加培训,2019年培训班次同比增长120%,培训人数同比增长113%。此外,定安县还积极发动有条件的农场职工自愿提供住房参与"三同"培训活动,为培训学员与群众"同吃、同住、同劳动"创造有利条件,让当地群众优先从红色资源中受益,目前已有77户职工加入,提供床位296张。2016年以来,培训收入达210万元。2018年,全县社会消费品零售总额完成28.25亿元,同比增长7.4%。2019年,全县社会消费品零售总额完成29.96亿元,同比增长6%。2020年上半年,社会消费品零售总额完成12.43亿元,同比下降15.5%,增幅在全省排名第3位。

2. 经验启示

在文化软实力建设中,定安模式有很多值得学习和推广的地方,但从目前文化软实力的建设现状来看,仍存在三个值得思考和注意的问题。一是传统文化在发展过程中仍旧存在一定的局限性。定安历史文化悠久,文化积淀深厚,需要加大力度弘扬、传播,但当前在传统文化的传承和发扬上,仍存在一定的历史局限,未能充分挖掘定安县历史传统文化资源的内在价值,而是较为片面地侧重于文化经济价值的开发,这在一定程度上制约了定安县文化软实力的提升。

二是文化软实力建设专业人员缺失。文化软实力的建设和社会成员的整体道德素质水平有直接关系。近年来,定安县的精神文明建设成效显著,但由于文化软实力建设专业人员的相对缺失,该县文化软实力的建设和提升速度较慢。

三是优秀传统文化培育空间大。经济全球化不仅缩短了国与国之间的距离,还加强了国际交流。但由于不同国家、民族和地区之间存在风俗习惯、价值观念和行为方式等方面的差异,彼此间难免产生冲突与碰撞。随着经济全球化的加强,定安本土文化也不断受到外来文化的冲击,这在一定程度上削弱了优秀传统文化的影响力,为文化软实力的建设和提升带来阻力,从而影响到文化产业的发展壮大和文化产业链的形成。

(三) 临高县乡村漫道"公路十乡村旅游"模式

近年来,临高县继续打造旅游"珍珠链",全域旅游创建工作有序推进。龙波湾森林公园、松竹梅三友公园等绿地休闲公园以及县体育公园、文化艺术中心等文化景点建成;皇桐古银瀑布、新盈彩桥红树林等乡村游景点成为旅游新亮点;南宝农业公园、富力创意农业园等田园综合体有序推进,金晨、华雨等共享农庄逐步发展。从全县来看,临高角、古银瀑布等热门景区仍是游客关注的重点,一日游、周边游、夜间游、短途自驾游等成为旅游新热点,乡村休闲旅游、住民宿受到更多游客的青睐,小规模、自组织、家庭型、开放性的乡村旅游方式逐步成为新的发展潮流。2018 年,临高县接待游客86.51 万人次,实现旅游收入 3.9 亿元,分别增长 16％和 13％。2019 年,临高县旅游业势头良好,全年旅游收入 4.46 亿元,同比增长 14％。

1. 主要做法

一是突出规划先行,政策支持。2008 年,临高出台《临高县旅游发展总体规划(2008—2028)》,确定全县乡村旅游的总体布局及功能分区,创新策划重点项目,构建乡村旅游与休闲农业的休闲、观光、度假产品体系。2017年,提出"全域旅游"战略,决定把全县作为"一盘棋"来打造,建成集旅游观光、休闲度假、养生养老于一体的旅游目的地。

二是依托项目建设,夯实基础。2019年,临高投入1.8亿元,推进9个旅游资源公路项目建设,全速推进全域旅游。9条旅游资源公路项目总建设里程约为43.21公里,通过"公路+乡村旅游"的模式,有效解决乡村旅游交通设施落后的问题。

三是融合发展,全域旅游。围绕"旅游+"一体化发展战略,坚持乡村旅游促进发展与新型城镇化、美丽新村落、农业产业基地、乡村文化、扶贫开发紧密结合。通过整合各类资源和生产要素,加快旅游业与其他产业的融合发展,继续延伸产业链,拓宽产业范围,集聚开发区、乡村旅游景区、特色村镇的产业集群,打造乡村度假、休闲农庄等具有规模和特色的新型乡村旅游形式。例如,皇桐镇通过"旅游+农业+生态"等模式,打造旅游休闲目的地,积极推进农业与旅游等产业融合发展,建设集产业、文化、休闲和旅游为一体的现代农旅发展集聚区,打造全域旅游新亮点,推出了"古银瀑布"及"美巢传统古村落"、金波荷花基地等旅游点。

四是创新模式,打造特色旅游节日活动。鼓励探索创新乡村旅游发展模式,不断提高乡村旅游管理的组织化程度,增强乡村旅游发展动力,切实推动农村集体经济发展。比如,南宝镇松梅村委会因地制宜,引进海南迅达实业有限公司,对村里闲置的集体建设用地、废弃房屋、老屋、猪圈、牛棚进行盘活改造,打造了南宝稻香园民宿项目。同时,充分利用丰富的乡村旅游资源,深入挖掘民风民俗,顺应节假日、近郊游、自驾游消费增长的趋势,做足休闲、避暑、观光、体验型乡村旅游的文章。例如,举办主题为"助力乡村振兴 相约美丽多文"的"2020临高乡村振兴多文行采摘游"活动,300余名市民游客掀起"乡村游"热潮,促进乡村旅游消费增长。举办以"'乡'约海南精彩无限"为主题的"2020 美丽海南乡村游临高站"的活动,来自海航航空集团有限公司党委的党员代表、各行业协会人员、省内外游客约 200 余人走进临高,缅怀革命先烈,传承红色基因,体验乡村游,助力扶贫消费。碧桂园金沙滩温泉酒店在端午节"小长假"期间,推出"自助烧烤大餐＋住宿"优惠套餐活动,吸引岛内外旅客纷至沓来,带动了周边的农家乐、海鲜店的生意。

2. 主要问题

虽然临高乡村旅游发展势头良好,但与丰富的乡村旅游资源相比,仍存在一些问题和不足,主要表现在以下几个方面。

第一,乡村旅游资源丰富,但特色不"特"、开发不足。临高资源丰富,全县境内海岸线长 114.7 公里,空气质量好,渔业资源丰富,适合发展观光、垂钓、休闲、运动、养生休假等乡村旅游项目。全县有规模庞大的农业园区,以及数量众多的乡村田园景观、花卉苗圃园艺基地及一批知名的特色农产品,适合发展休闲观光、农事体验、特色餐饮、度假游乐等乡村旅游产业。临高地处丘陵地带,处于高山岭下,气候宜人,盛产多种经济作物,适合发展休闲康养、避暑休憩等乡村旅游项目。临高历史悠久,有众多保存完好的历史建筑,有一批具有影响力的历史人物和极具地域特色的民间文化等。总体来说,临高乡村旅游资源丰富、类型多样,但核心资源优势不突出,存在文化底蕴不足、资源布局分散等短板,大量优质乡村旅游资源处于闲置状态。

第二,乡村旅游发展加快,但业态不全、层次不高。近年来,在经济发展、交通改善和景区旅游的带动下,临高县的乡村旅游产业呈现出加速发展的态势,数量不断增加,规模不断扩大。但其经营形式相对单一,功能不完善,总体而言处于低水平发展的初级阶段。据不完全统计,全县有各类乡村旅游经营主体 126 家,其中农家乐 89 家,花卉苗木园、生态种植园 37 家,美丽乡村建设示范村 15 个。

第三,基础设施不断建设,但配套不完善、档次较低。目前,临高的交通网络还不完善,通往镇村的道路大多等级较低,路况较差。由于位置偏远、道路建设标准低、安全隐患多、可达性差等原因,旅游中巴进入困难,乡村旅游的发展受到严重制约。在配套设施方面,不少乡村旅游景区的住宿、餐饮、购物、停车场设施建设,以及观光道、游憩设施、旅游厕所、垃圾收集等卫生设施建设存在不足。一些农家乐项目一直停留在休闲、简单娱乐的初级阶段,布局分散,规模小、档次低,配套建设薄弱。

第四,旅游景点不断增加,但管理不规范、服务不好。在管理方面,相关部门管理不到位,由于没有规划作为指导,乡村的农舍建筑由经营者自行规划、设计和施工,导致资源得不到有效利用,甚至造成浪费,破坏原有生态环境,无序开发导致重复建设,形成恶性竞争。一些乡村旅游产业还处于"小而散"的自发发展状态,经营粗放,管理不到位。在服务方面,目前已有相当数量的民间资本进入乡村旅游产业,但旅游经营者缺乏专业知识和经验,缺乏专业的旅游管理人才,导致服务质量难以提升。

第五,举办乡村游活动增多,但营销不强,氛围不浓。首先,乡村旅游整体营销做得不够。近年来,临高旅游宣传主要集中在临高角、古仁瀑布等景区,对乡村旅游包装、宣传、推介缺乏统筹安排、投入明显不足。其次,乡村旅游品牌不响。与其他市县乡村旅游"叫得响"的项目相比,临高乡村旅游缺少"叫得响"的大品牌、大项目,对县外乃至岛外的游客吸引力较弱。再次,乡村旅游业主对宣传不够重视,乡村旅游项目大多对旅游宣传的重要性认识不足,在这方面的投入较少,没有形成宣传声势和独特的品牌,对游客缺乏足够的品牌吸引力,难以形成稳定游客群体。

3. 主要经验和启示

为进一步推动临高乡村旅游更好发展,针对存在的问题,可提出如下对策和建议。一是探索特色发展路径。全力打造富有临高特色的乡村旅游产品,是临高发展乡村旅游的第一要务。既要注重旅游特色的挖掘与打造,又要保护乡村独特的风土人情,保留乡村旅游资源的原汁原味,特别是要保护好临高乡村的水、树林、植被等自然资源和农耕民俗等乡村文化资源。要分别在特色人文、建筑、美食、商品、活动、服务等方面下功夫,致力于让临高乡村成为最具地方旅游特色的旅游目的地。在特色人文方面,着重挖掘临高的特色文化,策划设计旅游产品,打造特色旅游文化品牌。依托临高多年的历史文化,策划以文庙为代表的旅游景点,打造历史文化旅游品牌;依托临高角解放公园以及保留下来的灯塔等,挖掘解放海南登陆战文化,打造红色文化旅游品牌;依托临高县"长寿之乡"弘扬长寿文化,设计休闲养生景点和养生旅游商品,打造养生旅游品牌。

二是打造全域旅游新业态。要依托临高自然生态、名胜古迹、红色历史和独特的民俗文化,融合一二三产业,进行全域共建,打造全域旅游的新路子。坚持高起点规划,搞好顶层设计,按照临高"一县三地"的空间格局,着力构建功能定位清晰、资源高效利用、产业集群发展的乡村大旅游格局。持续挖掘打造人文景观游、休闲养生游等旅游项目,打造全季全时旅游业态,并发展夜间旅游项目,增加夜景观,发展夜经济。继续推进临高乡村旅游"珍珠链"建设,依托美丽乡村、绿色田园、渔家民俗和美食文化,精心打造乐豪、美伴、道德、头神等村庄旅游景点,培育集现代农业观光、农产品采摘、民俗体验、美食品尝为一体的旅游产品。

三是推进旅游设施标准化建设。旅游的快速发展,离不开硬件设施建设。要突出问题导向,加强乡村旅游景点的基础设施和配套设施建设,弥补乡村旅游发展的短板。要提高乡村旅游公路等级标准,原则上保证旅游大巴能够双向通行,开通乡村旅游客运专线,打通乡村旅游公路的"最后一公里",真正让游客能够安全进出、坐得舒服、看得舒心。要结合危旧房改造和农民新农村建设,对农村住房进行升级改造,完善其功能,使农村房屋变为民宿、客房。要依托当前推进的"厕所革命",按照城市标准规划建设乡村旅游规划区内的厕所、污水管网、污水处理设施等污水设施,打造清洁、健康的乡村旅游区,为游客提供卫生、清爽的旅游环境。要推进乡村酒店、停车场、旅游标志、购物、娱乐等吃住游为一体的配套设施标准化、规范化,不断提高旅游接待能力和水平。改善供电、供水、通讯、金融等基础条件,让游客玩得开心、住得舒心、吃得放心。

四是全面提升旅游管理和服务质量。加强旅游工作领导。实行乡村旅游景区景点包干负责制,全县乡村旅游景区要明确包干负责领导。严格落实各项工作流程和标准,不断加强服务意识,进一步制定服务标准,规范价格,提升保障能力,确保服务质量。要重点对乡村旅游的住宿餐饮场所、购物网点、客车、服务网点的服务质量、市场秩序、环境卫生、基础设施安全、食品卫生安全、消防安全等进行排查。加快建立乡村旅游综合协调管理机制,推动旅游投资主体多元化、融资方式多样化、资本运作市场化,把乡村旅游做出规模、做出品牌,增强市场竞争力,促进产业转型升级,将乡村旅游发展成持续增收的产业。

五是探索旅游营销新模式。要加强政府领导,充分发挥政府部门的组织、规划、协调、宣传等职能,引导乡村旅游经营者积极开展旺季营销工作,努力吸引游客,尽量延长旺季乡村旅游活动接待服务时间。相关部门要积极采取鼓励措施,支持乡村旅行社的发展,加强和旅游中间商的合作,激发大家的主动性与积极性。要举办体验营销活动,乡村游游客不仅期待观光,更期待乡村生活体验,因此乡村旅游产品的设计应注重体验、度假、休闲等生活元素。要举办各类节庆活动,利用节日来达到推广的目的,展示乡村旅游产品的多样性和特色,借助媒体大力宣传活动的运行效果,通过推广策略不断提高乡村旅游产品的知名度。

(四) 保亭县"全域旅游十乡村"模式

近年来,保亭县委、县政府高度重视旅游产业发展,坚定不移把旅游业作为支柱产业来打造和推进,在《保亭县旅游发展总体规划》《"十三五"保亭旅游发展规划》的引领下,编制了《七仙岭温泉国家森林公园总体规划修编》

《保亭县农乐乐产业发展规划》,启动了保亭美丽乡村旅游发展规划、保亭国际雨林温泉养生旅游目的地规划等,依托雨林、温泉、南药和民俗文化等丰富的旅游资源,定位打造"雨林温泉谧境,国际养生家园"的目标,做"山""村""绿"的文章,主动融入"大三亚"旅游经济圈,坚持"蓝绿互融、山海并举"的差异化特色高端发展的路子。保亭先后获得"中国最佳文化生态旅游目的地""中国最佳绿色旅游名县""中国最具民俗文化特色旅游目的地""全国休闲农业与乡村旅游示范县"、32 届香港国际旅游展"海外游客最想去的内地旅游城市""国家全域旅游示范区",以及国家园林县城、国家卫生县城、全国文明县城等荣誉称号。2019 年,全县共接待游客 225.93 万人次,实现旅游收入 9.39 亿元,同比增长 1.35%。其中,全县接待过夜游客 107.29 万人,同比增长 1.13%。

1. 保亭县旅游资源的基本情况

保亭县现有成型、成规模的景区共 4 家,分别是:呀诺达雨林文化旅游区为 5A 级景区,位于县南部的三道镇,也是国家级文化产业示范基地,是以"原始绿色生态"为主格调的大型生态文化主题景区,2019 年共接待游客 185.42 万人次;槟榔谷黎苗文化旅游区,位于县南部的三道镇,是中国首家民族文化型 5A 级景区,景区主要展示的是黎族和苗族原生态文化,是国家非物质文化遗产生产性保护基地,获得"全国民族团结进步模范集体"等多项国家荣誉称号,被列为"国家文化出口重点项目",2019 年共接待游客 135.04 万人次;七仙岭温泉国家森林公园为 4A 级景区,位于县北部的保城镇,境内拥有温泉、奇峰、田园风光、民俗风情等丰富的旅游资源及 11 家高端度假酒店,具有较强的旅游接待能力,2019 年共接待游客 9.13 万人次;神玉文化园位于县西北部的响水镇毛岸毛真水库,园区空气中 PM2.5 数值几乎为零,负氧离子达 1 万个/cm² 以上,水质达到国家 I 类标准,拥有山地湖泊、原始热带生态雨林等自然奇观,被评为"国家水利风景区",园区硬件配套设施以 5A 景区标准为建设目标,现已达到对外开放、接待游客的能力。

保亭县境内共有 4 个高尔夫球会,其中 2 个高尔夫球会均位于北部的七仙岭温泉国家森林公园,即保亭七仙岭温泉高尔夫球会和海垦七仙岭国际高尔夫球会;另外 2 家中,甘什岭高尔夫球会位于保亭县南部的三道镇,宁远高尔夫球会位于保亭县东部的什玲镇。4 家高尔夫球场都是按照国际标准设计建造的 18 洞 72 杆球场。

在文化旅游资源方面,打造七仙文化广场,该广场位于保城东河与西河的交汇处,有 7 根标有黎族传说中的谷仙、雨仙、酒仙、乐仙、舞仙、药仙、织仙的图腾柱,周围还有近 2 万平方米的绿化带及附属体育健身器材,是一座集休闲健身、绿化美化、民族风情为一体,具有独特人文魅力的活动场所。七仙文化广场不仅是召开大型会议及海南七仙温泉嬉水节活动的地方,也是保亭市民活动健身的好地方。还有和坊茶楼旅游打卡点,该茶楼地处保亭县城七仙大道南端东侧,毗邻保亭车站。该茶楼汲取明清建筑中阁楼的精髓与当地黎苗民族元素,由仿古阁楼、厢房、四柱七楼牌等建筑物有机组合而成,被誉为"两岸交流基地"。

在乡村文化旅游方面,按照"一村一景、一村一品、一村一韵、一村一特色"的思路,成立百镇千村及共享农庄领导小组,制定《美丽乡村建设三年行动实施方案(2017—2019)》,建成新政特色小镇和布隆赛、番庭村、什进村、排寮村等一批美丽乡村,正在组建绿水八村画廊、雅布伦美丽乡村等,南梗村"共享海南农庄"试点项目建设稳步推进。已建成以七仙、隆滨、秀丽山庄等为代表的民宿、农家乐 24 家,五椰级乡村旅游区 1 家,四椰级乡村旅游区 2 家,三椰级乡村旅游点 4 家。什进村被住建部和国家旅游局评定为全国特色景观旅游名镇名村。保亭县作为我国最适合种植红毛丹水果的宝地,2016 年荣获国家地理标志,2017 年正式启动以"畅享采摘季·乐哉乡村游"为主题的全域乡村旅游红毛丹采摘季活动,丰富乡村生态旅游。

在民俗文化节庆旅游方面,保亭依托历史文化资源和黎苗文化特色,拥有民族博物馆、黎族传统黎锦传习所、黎族竹木器乐传习所、海南省第一个非遗保护基地(甘什岭槟榔谷原生态黎苗文化旅游区)等黎苗文化研究馆舍,目前已有10项非物质文化遗产列入保护名录。依托浓郁的黎苗文化底蕴,保亭每年举办"三月三""嬉水节""重阳登山赛""自行车山地骑行赛"等旅游节庆及赛事,其中"七仙温泉嬉水节"被列为"中国十大著名节庆品牌",并入选"中国最具人气民间节会",同时也成为琼台两地人文交流交往的重要平台。"农耕文化节""山兰节""渔猎节"等节庆品牌的影响力也逐年提升,成为保亭县文化旅游的又一张名片。

在旅游配套设施方面,保亭县统一规划设计全县导行标识牌和服务中心,在县城主要街道、车站和旅游景区、宾馆、乡村旅游点等设置中、英、俄、韩四国语言对照标识牌、导览图及村庄标识牌和咨询服务中心。已建成景区内标识牌共4 673个,全域旅游标识牌355块,村庄标识牌439块。建成海汽车站旅游咨询中心、槟榔谷游客中心及大本旅游服务中心,在建新政驿站、响水驿站、全域旅游服务咨询中心等,完成了70座旅游厕所建设。另外,为加快发展智慧旅游,完善信息服务体系,保亭县大力推进旅游信息数据服务中心的建设,目前正在安装调试智慧旅游指挥系统,进一步推进"旅游＋互联网"融合发展。

目前,保亭县已经建成海榆中线、陵大线两条国道,开通公交线路19条,共投放运力62台,拥有跨市县客运班线10条,建成五指山至保亭至海棠湾高级公路。建成什玲—八村、六弓—什加、保城—七仙岭、响水—毛感、毛文—报什、河口—南林、三道—毛密等7条乡镇互通线道,全县行政村通班车率达100％,农村公路硬化覆盖率达100％。截至目前,全县共有宾馆酒店、社会旅馆等住宿接待设施79家,客房数2 955间,床位数4 620张,全县年住宿接待能力达166.32万人次。其中,以温泉养生度假为目的地的七仙岭温泉度假区有高端度假酒店如逸林希尔顿度假酒店、君澜温泉度假酒店等共11家,客房数为1 909间,床位数为3 093张;保亭县城有客房数1 186间,床位数1 898张;各乡镇拥有客房525间,床位数达838张;农家乐、民宿拥有客房 439 间,床位数达 710 张。

在旅游产品和特色美食方面,保亭现已开发黎锦苗绣、竹编、山兰酒、椰子油、南药、鑫鼎红茶、黎轩酿酒等特色旅游商品,并建成槟榔谷惠民一条街、七仙广场特色产品直销店等旅游购物场所。同时,陆续出台《保亭县旅游产业扶持办法》《保亭黎族苗族自治县农业产业化发展扶持办法》等,鼓励相关企业及个人积极参与旅游商品开发,丰富、升级旅游产品。特色美食以本地土生土长的物产资源为原料,野菜资源十分丰富,最常见的有 20 多种,如树籽菜、雷公笋、白菜花、雷公根、革命菜、车前草、四棱豆、野通心菜等。保亭的农家菜主要有“五条腿的猪”“不回家的牛”“会上树的鸡”和“会冲浪的鱼”,等等,名字有趣,入口美味,深得广大游客的喜爱。

除此之外,美丽之冠·甘工鸟文化旅游区、新政脚下河文化旅游区、菠萝蜜生态康养产业园等大型旅游项目已纳入全县蓝图。随着这些旅游项目的建设,保亭境内的旅游产品将不断丰富,并形成具有一定规模的旅游特色发展模式。

2. 存在的主要问题及原因分析

一是“大三亚旅游经济圈”统筹机制尚未建立,没有形成互补发展格局。根据《大三亚旅游经济圈发展规划(2016—2030)》,三亚、乐东、陵水、保亭将抱团发展,形成山海互动、蓝绿相连的琼南旅游格局。但一组数据反映了一个尴尬的现实:2019 年,三亚接待过夜游客 1 681.54 万人次,保亭接待过夜游客 81.8 人次,仅占三亚市总量的 4.86％,造成这种差距的主要原因是,以三亚为龙头的大三亚经济旅游圈合作框架虽已基本形成,但一体化意识还未真正树立起来,市县之间缺乏整体统筹规划,未建立有效机制,且由于存在交通瓶颈,旅游元素和资源之间的互联互通受到阻碍,严重影响“大三亚旅游经济圈”的抱团发展。保亭作为四个市县中唯一不靠海的县,其雨林、温泉以及黎苗文化已经成为极具魅力的旅游要素,但这些核心资源优势并没有充分发挥出来,对雨林、温泉、黎苗文化特色体验产品缺乏深度挖掘,以此为特色的旅游元素培育不精,对游客难以形成持续性吸引力,与三亚的产品尚未形成互补格局。

二是区域发展不平衡。从全县来看,保亭已逐步形成南以呀诺达和槟榔谷两个5A级景区、北以七仙岭4A级景区、东以绿水八村画廊、西以毛感石林景观、西北以神玉文化园为代表的旅游大格局,但东、西部旅游项目设施建设推进缓慢,仅有南、北部景区正常运营,且因区位优势和品牌影响力,多数游客冲着槟榔谷、呀诺达两个5A级景区而来,出现南部旅游独热的现象,但也因旅游产品单一,游客的逗留时间不长。据统计,2019年全县旅游接待人数达225.93万人次,其中呀诺达接待游客185.42万人次、槟榔谷接待游客135.04万人次、七仙岭接待游客9.13万人次。七仙岭接待游客人次仅为呀诺达、槟榔谷接待游客人次的2.85%,发展极不平衡。另外,乡村旅游发展滞后。保亭的旅游景区利用其经济条件、资源条件优势和相对完善的基础设施,在旅游发展水平上远远超过乡村旅游。乡村旅游虽然在资源上有一定的优势,但受到经济基础差、土地政策限制等因素的局限,其交通配套及其他旅游配套设施跟不上,旅游开发层次相对较低,与景区发展差距明显。

三是景区和相关配套设施匹配不合理。保亭县拥有丰富旅游资源,也具有一定的旅游知名度,然而景区与周边相应的旅游配套服务设施建设不相匹配,制约了游客消费需求。北部县城及周边地区拥有县内大部分的酒店资源,县内高端度假酒店群七仙岭温泉度假酒店群集中分布在北部七仙岭景区周边,加上县城周围有众多的民宿、农家乐,虽然食宿接待能力高,但是可玩景区仅有一个,除了登山和泡温泉,再无其他可玩项目,正是"有住、有吃、没得玩"。南部三道地区拥有两个国家5A级景区,是保亭县旅游重镇,每年接待游客数占全县半数以上,但食宿接待水平严重不足,酒店数量少,其他配套设施如娱乐设施、餐饮设施建设明显跟不上发展需要,与其丰富的旅游资源形成强烈反差,"好玩"但是"没吃住",导致游客"想留但没办法留"。游客留不住,逗留时间短,旅游经济仍然发展不起来。西北部已具备接待能力的神玉文化园风景美丽,可玩性强,但是远离县城,地方偏远,除仅有的1家住宿接待会所外,其他娱乐、住宿、餐饮设施几乎没有,客流量少,根本无法满足旅游发展的需要。

四是旅游产业融合不够。当前,"旅游十"成热词,旅游已渗透到各行各业,旅游业近年来在保亭县得到了快速发展,已逐渐成为全县第三产业的龙头。但从发展现状来看,保亭县旅游业还是主要以单一业态发展,与其他产业融合度不高。第一,农业观光旅游尚未形成规模。保亭县的农业旅游尚处于起步阶段,虽建成多个美丽乡村、农家乐,采摘游也颇见成效等,但因挖掘深度不够,项目内容单一,缺乏内涵和特色,农业旅游中的优势并未充分发挥出来,难以形成功能互补,不能形成规模效益。第二,旅游工艺品、旅游特色产品等旅游商品开发相对滞后。保亭县拥有丰富的民俗文化资源,黎锦、苗绣、竹木乐器以及南药等特色产品极具开发价值,但产品开发仍处于低层次阶段,主要还是停留在供游客观赏了解的层面,没有针对市场有意识地量产旅游工艺品、特色民俗文化商品等供游客消费,导致旅游经济的拉动作用不明显。第三,旅游餐饮不精。饮食是旅游六要素中的首要素,地位十分重要。保亭县拥有得天独厚的地理环境,且是少数民族聚居区,各样野菜资源以及传统黎苗等美食丰富,但对该方面缺乏深究和宣传推广,没有形成独具保亭特色的餐饮精品。第四,婚庆旅游、低空飞行、房车露营等旅游新业态发展缓慢,旅游产品单一。

五是旅游相关产业同质化日趋严重。主要表现在两方面。一方面是度假酒店主题雷同。目前,保亭县的高端度假酒店都是围绕雨林温泉、养生主题来发展的,都是同样的资源产品、相似的装修服务,没有体现出差异性、个性化特征,同行业间同质竞争日益严重,面对愈加复杂的行业环境和迅猛发展的旅游市场,发展愈加艰难。另一方面是农家乐体验项目千篇一律。农家乐是随着保亭乡村旅游发展而兴起的集食宿、采摘、黎苗风情体验、雨林观光为一体的旅游休闲项目。保亭目前共建成农家乐 46 家,休闲项目几乎千篇一律,经营理念雷同,无非是钓鱼、采摘、农家观光等,缺乏个性化色彩。另外,很多农家乐还停留在餐饮或住宿接待层面,发展层次低,产品单一,参与性项目内容单薄,亟需转型。

六是品牌推广效果不理想,保亭县虽已初步构建起全域旅游格局,但在宣传方面还缺乏整体形象宣传。对于品牌打造只注重节点,没有通过以点带面形成整体品牌效应,加上我县没有形成旅游精品路线,导致游客对保亭县可玩的景点景区没有整体概念,提起保亭,不知玩什么,如何玩。同时保亭县旅游宣传推广资金保障措施针对性和指向性不足,旅游宣传推广费用投入较少,以及宣传营销专业人才缺乏,导致保亭县宣传营销手段单一,缺乏亮点,产生的影响力有限,主要还是依靠个别规模较大、知名度较高旅游企业自主宣传,导致游客往往只是冲着某个知名景区而来,造成"识其一不知其二"、"识景区不知保亭"的现象。

七是旅游交通设施相对滞后。首先,旅游景区交通拥堵。随着保亭旅游知名度逐步提升,前往风景区的旅游车、自驾车数量日益增多,目前仅有的海榆中线、陵昌线两条国道远远不能满足交通流量激增的需要,加上跨市县和县内旅游直通车开通线路少、旅游绿道慢行系统建设滞后,尤其在旅游旺季,景区道路拥堵严重、各种交通事故多发等问题日趋突出;其次,各村虽已实现"公路村村通",但村庄道路狭小,且山路曲折,大中巴车辆无法通行,旅行团队出游受到制约,制约了保亭乡村旅游的发展。

八是政策机制保障不到位,限制旅游业进一步发展。首先,未建立互联互通的旅游大数据平台及旅游信息公共服务与咨询网上平台,旅游大数据利用不充分,为游客提供便捷高效的旅游公共信息服务的水平不高。其次,"跨市县一日游"政策没有放开,三亚到保亭一日游自由行交通受阻,且因旅游景点分散且相距较远,旅行社设置常规旅游路线的成本高,利润低,导致保亭缺乏高效的联通线路,精品旅游线路难以形成。再次,旅游产业特别是乡村旅游的发展缺乏有力的土地政策支持,在项目用地审批等方面仍然存在制度性和政策性障碍。随着乡村旅游的兴起,农村旅游用地需求大增,碍于生态保护及农用土地保护政策,保亭乡村旅游主体,如农家乐等,大多是租用农民自有宅基地开发形成的,不具有商业用地开发属性,导致无法建设相关配套服务设施,如住宿设施、停车场地,接待能力严重不足,发展受到掣肘。

九是全域旅游下旅游开发和生态保护关系把握不准。保亭拥有丰富的热带雨林资源,森林覆盖率达 85.2%,自然生态资源位于全省前列,是保亭旅游的核心要素之一。如何在现下森林覆盖率保持不变,将生态环境优势转化为旅游发展优势,将绿水青山变成金山银山,实现开发与保护并重,是保亭旅游发展面临的关键问题。目前在旅游开发中,保亭还未把握准开发与生态保护红线、底线之间的界线,以致个别旅游项目的开发与规划相矛盾,逾越生态红线,对当地环境造成不良影响。同时,旅游业与生态保护未形成相得益彰的发展局面,未能真正走上生态效益、经济效益和社会效益"三统一"的发展之路。

十是旅游人才相对匮乏。随着保亭旅游业不断升温,旅游服务问题逐渐增多,有关投诉有增无减,这种现象的产生逐渐暴露出一个问题,即保亭县现有的旅游从业人员已经适应不了当下迅速发展的旅游环境,突出表现在两方面。第一,具有丰厚的理论基础和实际操作经验的经营管理人员相对较少,专业旅游管理人才缺乏。保亭旅游的开发和研究均处于较低层次,对人才吸引力不足,县里也没有出台具体的人才引进及相关激励办法,人才的积极性、主动性和创造性得不到充分发挥。第二,是旅游行业服务人员素质普遍低下。目前,保亭旅游服务人员主要是大、中专毕业生以及当地居民,阅历较浅,服务技能不高,旅游教育和培训力度不够,缺乏旅游从业人员应具备的能力要求,人才匮乏严重制约了旅游业的发展。

3. 主要成效及意见建议

党的十八大以来,保亭县委、县政府把旅游业作为主导产业来谋划和打造,先后出台了《保亭县全域旅游示范区实施规划》《保亭国际养生度假目的地建设发展总体规划》等一系列规划,以打造"雨林温泉谧境,国际养生家园"为目标,走差异化特色高端发展之路,把保亭打造成具有浓郁海南民族民俗特色的全域旅游示范区。

一是拥有全国一流的生态环境。保亭地处北纬18°以南,四季"温而不热、凉而不寒、爽而不燥、润而不潮",森林覆盖率达85.2%,负氧离子含量每立方厘米高达8 000个,是名副其实的"天然大氧吧",环境空气质量优良天数比例达100%。近年来,保亭牢记习近平总书记"绿水青山就是金山银山"的科学论断,下大力气保护好生态环境。编制完成《保亭县生态县建设规划》,大力实施"绿化宝岛"等系列工程;全面开展生态保护六大专项整治行动,实现单位GDP能耗和工业增加值能耗双下降,"十三五"节能减排降碳约束性指标顺利完成;先后荣获"森林资源保护先进市县""最中国生态城市"、国家重点生态功能区建设试点示范县等荣誉称号,并通过国家水利部第二批水生态文明城市建设试点验收。

二是以黎族苗族特色文化走出一条差异化发展道路。保亭紧紧抓住黎苗这一特色,将县城打造成为海南最具民族民俗文化特色的县城,先后荣获"国家卫生县城""国家园林县城"等称号。在特色小镇、美丽乡村等建设中,也注入浓郁民族民俗文化特色,并将一批黎族苗族习俗、美食等打造成为独特的文化旅游产品,如迎宾的竹竿舞、山兰酒;黎族织锦及五色饭、鱼茶等都成为备受游客欢迎的海南特色旅游商品和特色美食。槟榔谷文化旅游区是海南唯一一个展现地方民族民俗文化的5A级旅游景区,也是海南接待高端旅游团必到的景区。

三是旅游产业发展势头良好。保亭拥有2个国家5A级景区、1个国家4A级景区,拥有的5A级景区数量仅次于三亚市;同时,还拥有神玉文化园、布隆赛乡村旅游区等高品质旅游项目;打造了甘什村、番庭村等一批美丽乡村,成功创建全国休闲农业与乡村旅游示范点2个、省椰级乡村旅游示范点 11 个,并获"全国休闲农业与乡村旅游示范县"荣誉称号;呀诺达被确定为联合国教科文组织"善行旅游"项目合作调研点和全国旅游标准化试点单位,槟榔谷被确定为国家非物质文化遗产基地和全国旅游标准化试点单位,神玉文化园入选国家水利风景区;完成海榆中线等旅游干线公路景观改造和提质增彩工作,完成全县旅游景区、村庄标识系统建设,建成大本等5 个旅游咨询服务中心,推进"五网"基础设施建设。在成立旅游发展委员会基础上,建立"3+1"旅游综合执法体系,并于 2019 年荣获"国家全域旅游示范区"荣誉称号。

从当前发展来看,保亭县要抢抓海南自贸港建设机遇,依托优越的旅游资源,探索"全域旅游+乡村发展"模式,形成城乡协调联动发展格局。一是要抢抓"大三亚旅游经济圈"战略机遇,找准角色定位。牢固树立全省一盘棋理念,明确在"大三亚旅游经济圈"中的定位,做到优势互补、产业衔接。注重利用保亭山地雨林、温泉养生和黎苗文化的非沿海特点,打造具有海南民族民俗特色的全域旅游示范区,突出保亭"中国热带雨林温泉旅游目的地""国际热带山地旅游城"的差异化特征,打造具有鲜明特色的生态旅游、黎苗族文化旅游品牌,提升保亭作为海南最具生态性、民族性、民俗性的形象知名度;建立开放的区域合作机制,与周边的五指山、陵水、三亚等市县共同搞好旅游开发,依托三亚旅游集聚效应,形成"借船出海"、抱团营销,互联互通、互利互补的全域旅游发展格局。

二是注重点、线、面相结合,打造全域开放式大景区。完善全域旅游的空间发展格局,推进"点、线、面"建设,全力把保亭打造成全域开放式大景区。首先是"点"的建设。注重景区、村庄、公共服务场所等的规划建设管理,精心打造每一个景区、景点。积极培育呀诺达、槟榔谷、七仙岭等旅游景区的匹配性基础设施与产业功能模块,重点配套住宿、商业、文化演艺等服务设施;推进特色产业小镇、黎族苗族美丽乡村及共享海南农庄建设;积极推进甘工鸟、脚下河、探戈坞魔幻谷等重点项目建设。其次是"线"的建设。

依托 G224 国道和县道,整合道路两侧旅游资源,注重沿途雨林景观、田园景观、村落景观打造,以黎苗文化包装和休闲服务节点建设。以特色化、旅游化完善提升县城中高端休闲购物、娱乐消费设施,打造功能完善的旅游产业集群和特色小镇。围绕"游"及消费者需求,开发特色鲜明的民族民俗主题文化体验产品,培育乡村旅游的主导产业。最后是"面"的建设。系统培训从业人员,帮助树立全域旅游的战略思维。积极改善乡村人居环境,修缮或新建传统黎苗民居,打造乡村旅游核心吸引力,培育乡村产业支撑。加快实施交通扶贫六大工程,推进骑行漫道建设,打通全县旅游交通网络。

三是发挥"旅游+"功能,促进旅游产业大融合。整合现有资源优势,积极延伸拓展旅游产业链条,着力打造城市与乡村互动、旅游业与其他产业融合发展,推进旅游景区(点)的建设和改造升级,逐步形成有高附加值和溢出效应的泛旅产业结构。推进"旅游+文化""旅游+康养"等产业融合,继续办好"嬉水节"等民族节庆文化品牌活动以及"保亭红毛丹"等采摘活动;借助天然温泉、传统医疗手段和黎医苗药,发展具有海南独特黎族苗族特色的康体医疗旅游;同时,发挥旅游业拉动力、融合能力,推动旅游新产品的开发,为相关产业和领域发展提供旅游平台,形成新业态。

第六章
海南自贸港乡村振兴发展存在的问题及政策建议

随着近几年海南经济社会的发展,海南城乡融合发展的路子越拓越宽,城镇化水平不断提高,美丽乡村的建设内涵也不断丰富,特别是随着"百镇千村"工程和乡村旅游的不断拓展,海南的乡村振兴呈现出可喜的变化。2020年,随着海南自贸港建设的推进,以及20个重点产业园区的落地,海南乡村发展又面临着一次重要的发展机遇期。从目前调研的情况来看,海南经济基础薄弱地区的乡村振兴还存在一些突出问题。

一、海南乡村振兴发展存在的问题

(一)乡村产业结构相对单一,产业基础薄弱

近几年,海南经济社会发展呈现出稳中有进的总态势。海南省GDP总量从2009年的1 654.21亿元增长到2019年的5 308.94亿元,增长3.2倍,年均增长11.2%。但从产业结构来看,第三产业呈现出较快增长趋势,生产总值从2009年的748.59亿元增长到2019年的3 129.54亿元,占全部生产总值的比从2009年的45.2%增长到2019年的58.94%;第一产业的生产总值从2009年的462.19亿元增长到2019年的1 080.36亿元,占全部生产总

值的比从 2009 年的 27.94％下降到 2019 年的 20.35％；第二产业的生产总值从 2009 年 443.43 亿元增长到 2019 年的 1 099.03 亿元,占全部生产总值的比从 2009 年的 26.8％下降到 2019 年的 20.7％①。海南经济产业结构呈现出三、二、一(58.94∶20.7∶20.35)的新型产业结构特征,其中第三产业占比超过国家平均水平,但离发达国家(70％以上的占比)还有很大差距。同时,海南第三产业主要以旅游业、房地产为主,产业结构相对单一;第一产业的发展在近 10 年中取得了一些进展,但相对于热带高效农业的发展要求来看,其发展还相对滞后;第二产业占比相对较低,由于工业体系起步较慢,海南高科技企业占比较少,其带动经济增长动能明显不足,就业吸纳能力还不充分。

从区域经济社会发展来看,海南形成了以海口、三亚为中心的经济辐射圈,但东、中、西部区域经济发展极不平衡。少数民族主要集中在中西部地区,且呈现出大杂居、小聚居的特点。大部分少数民族聚居在生态环境相对恶劣地区,生产产出经济效益低,经济基础较差,贫困发生率、返贫率较高。少数民族地区和落后贫困地区的乡村大多存在着经济收入低、集体经济规模小而散、产业结构单一、公共配套基础设施滞后等问题。目前中、西部地区主要以儋州、三亚为中心,总体经济产业结构以房地产和旅游业为主,经济产业结构单一,同时一二三产业融合发展的格局还未形成。以第三产业中的旅游业为例,海南省 2016 年出台了《大三亚旅游经济圈发展规划(2016—2030)》,试图打造以三亚为中心,以乐东黎族自治县、保亭黎族苗族自治县、陵水黎族自治县为腹地的大三亚辐射经济圈,形成山海互动、蓝绿相连的大区域旅游经济格局。但从旅游数据来看,2019 年三亚接待过夜旅游 1 681.54 万人次,保亭接待过夜游客仅 107.29 万人次,仅占三亚市总数的 6.38％。从整体上看,三亚、陵水、保亭各旅游景区特色不同,优势各异,

---

① 数据来源:国家统计局网站, https://data.stats.gov.cn/search.htm?s＝％E6％B5％B7％E5％8D％97。

如能抱团发展,必能形成较大的城乡经济发展圈。但各市县之间缺乏整体统筹规划,没有形成有效的互助机制,且碍于交通瓶颈和基础设施条件的不足,彼此之间的旅游元素和资源不能实现互联互通,旅游产品相对单一、旅游商品开发相对滞后,使得各旅游点周边并未能形成"吃、住、玩"相配套的旅游项目,大多过夜旅客参与深度游的意愿不够。同时,各市县乡村旅游发展相对滞后,虽然开设了共享农庄、农家乐、采摘游等项目,但内容单一、缺乏内涵和特色,具有民俗文化特色的旅游产品良莠不齐,大多处于较低层次的发展阶段,黎锦、苗绣、南药等特色产品没有形成一定的消费市场。从全省乡村旅游的发展来看,大多数乡村旅游产业都存在同质化的特点,如农家乐、民宿、采摘游、黎族风情体验、雨林观光等旅游休闲项目,由于发展层次较低、产品单一、参与性项目内容单薄,旅游规模效应难以形成。

(二) 乡村地区的公共产品供给不足

党的十八大以来,随着城镇化建设的不断推进,2019 年海南城镇化率达到 59.23%,同时随着海南自由贸易港建设的不断推进。全省路网交通体系和城市基础设施水平不断提升,城镇化水平不断提高,城乡交通辐射圈基本形成。但由于经济基础较弱,原有 5 个国家级贫困县和 5 个省级贫困县,全省 6 个少数民族市县都被纳入贫困县范围,少数民族乡村贫困范围广、贫困深度深。

为实现全面小康目标,海南省把精准脱贫与乡村振兴战略结合起来,通过教育扶贫一批、扶持生产和就业发展一批、移民搬迁安置一批、低保政策兜底一批、医疗救助扶持一批进行精准施策,截至 2020 年 12 月底,全省 10 个贫困市县整体出列,所有贫困村整体出列,累计退出贫困村 600 个,脱贫 64.97 万人,贫困发生率降至 0.01%,提前消除现行标准下的绝对贫困。

从经济基础薄弱地区的乡村发展来看,由于历史欠账太多,乡村公共基础设施和民生保障还存在一些短板,特别是农村危房改造、乡村厕所、垃圾处理、文化广场、教育和医疗等民生保障项目还有待改善。同时,随着地方政府财政压力不断增大,乡村公共设施的可持续性投入机制并没有形成,仅靠政府的单一投入难以为继,需要不断地激发乡村集体的内生动力。在我们走访调研的儋州、白沙、琼中、保亭、文昌、屯昌等少数民族贫困乡镇,加快贫困村"五网"建设和公共服务设施建设项目还存在较大资金缺口。

目前,在乡村建设方面,全省乡村的"村村通"和村内道路建设、卫生室、安全用水等基础设施条件改造还有待持续投入,在电网改造、光纤网络和4G 移动通信网络全覆盖方面还有较大的提升空间,在统筹推进镇域、乡村污水处理项目、农村生活垃圾、污水处理站等方面还有待提高。虽然在教育和医疗方面有较大提升,但与乡村村民的需求还有较大空间,海南通过教育扶贫移民项目把经济基础薄弱地区的乡村孩子整体移民到城镇上学,享受与城镇孩子同等的教育条件,但乡村学校大面积撤并,师资整体上移,导致大多数乡村教学点存在师资不足、教学质量较差的问题;同时由于乡村幼儿园建设滞后,大多乡村孩子没有条件上幼儿园。在医疗卫生服务方面,乡村卫生室和乡村医生还存在较大缺口,基层医疗卫生的标准化建设还有待持续提高。

(三)乡村发展内驱动力不足

长期以来,由于经济基础薄弱地区乡村建设滞后,基层党组织建设相对涣散,乡村集体产业存在同质化的特征,规模小而效益不高;大多乡村长期是第一产业占主导,当农业经济收入不高时,城镇化所产生的经济虹吸效应使大多乡村青壮年转向城镇就业,导致乡村出现了空心化和老龄化现象。近年来,随着精准扶贫和乡村振兴战略的持续推进,乡村建设取得了显著成绩,但经济基础薄弱地区的乡村发展仅靠政府的扶贫和政策支持是不可持续的,还需要充分调动乡村基层党组织的积极性,培育更多的乡村产业带头人,以带动更多农民致富。从目前经济基础薄弱地区的乡村发展来看,其内驱动力不足主要表现在三个方面。

一是村基层党组织建设还有待加强。目前,各民族贫困村第一书记都由省市县机关干部驻点担任,依托原单位的对口支持对乡村建设起到了重要作用,但驻村干部不可能长期进驻,要保障扶贫机制的长效性,就需要建立完善的基层党组织建设机制。同时,乡村党支部党员老龄化现象也很严重,乡村党支部骨干成员大多是"70后","60后"也占较大比例,由于乡村年轻人大多外出打工,年轻党员占比很小,我们在调研中了解到,有的村分配的发展党员名额几乎都用不完,如文昌潭牛镇大顶村每年有 2—3 人发展党员名额,近 5 年每年都会剩下 1 个名额。

二是大多乡村存在留才难、育才难困境。乡村的发展主体是农民,但大多数乡村青年人都选择到国内收入较高的城市务工,大学生基本不会返乡创业,乡村只有老弱妇孺,村庄"空心化""老龄化"现象严重,留守村民年纪大、文化水平低、职业技能水平不高,"等、靠、要"思想严重,生产和发展的积极性不足,乡村建设主体的严重缺失是乡村发展内生动力不足的关键问题。

三是乡村三产融合问题有待加强。目前,美丽乡村建设过程中涌现出一些典型和有效做法,靠着乡村致富带头人带动贫困户搞养殖、种植产业产生了一定的经济和社会效益,但大多乡村的集体经济和产业发展都处于较低层次的发展阶段,如乐东黎族自治县的佛罗村通过村里的产业带头人种植木瓜、哈密瓜打出了品牌,实现了增收致富,临近村庄就开始模仿,打造类似品牌,导致相互之间存在同质化竞争的问题。同时,由于乡村集体产业在人员能力素质、产业规模、产业链上下游等方面起步晚、发展慢,三产融合还有较大的提升空间,如文昌文教镇水吼村在发展农业规模化生产时,村民的意识和能力还停留在"小农经济"的观念上,不了解规模化种植的知识、技术和运作模式,对规模化种植后的农用物资采购、技术人才引进、农产品销售渠道等知之甚少,乡村集体产业抗风险能力较弱。另外,在乡村产业与旅游产业、重点园区产业相结合方面还有较大的提升空间,如琼海市少数民族美丽乡村加脑村是依托民族文化特色打造的美丽乡村,依托乡村旅游打造了旅游线路、开发旅游文化产品,衍生出民宿、特色农产品等项目,拓展了乡村旅游的内涵,但近几年由于主管镇领导的调岗,村集体旅游产业没有了主心骨和专业人才团队,外来游客骤减,使得原本投资近千万的加脑村呈现出一片凋敝景象。

(四) 乡村文化有待挖掘提升

美丽乡村不能缺少文化的根基,让乡村人扎根乡土、延续前辈的乡土文明应是乡村建设的应有之义。在发展乡村旅游业时,乡村民俗文化、传统技艺、乡村宗族文化、田耕文明等都是乡村文化的重要组成部分,乡村文化的挖掘整理和提升显得尤为重要,但目前乡村文化建设还有待加强。在调研走访的少数民族村寨中,乡村文化建设缺乏整体的规划和系统思维,村文化室、村活动室虽然都有配备,但却不能满足村民的需求,如文昌市大多乡村的文化室配备了很多上级单位的赠书,但很多书与基层群众文化水平并不相对应,还有些纯理论用书,出现了"村民看着乐器不会叫,拿着乐器不会凑"的尴尬场景。同时,本地文化受外来文化的冲击较大,本地文化的保护、传承、创新都不足,无法吸引更多的青年人学习。如黎锦、儋州调声、公仔戏、传统彩绘等传统文化由于资金短缺、传承人保护机制不完善、文化建设力量薄弱等,在外来文化的冲击下,创新不足,后继乏人,使得乡村文化的生存空间被不断挤压。由于乡村能人出走,乡土宗族文化和民俗文化面临着传承断裂的危机。随着乡村旅游的不断推进,要让乡土文化与乡村旅游进行融合和创新,需要重视乡村文化的保护、传承和创新,建立传承人机制,将乡土文化产业与乡村旅游深度结合起来,不仅需要政府的引导,也需要乡村主体文化素质的提升,需要长远规划、系统推进。

(五) 乡村社会组织的弱化

农民是乡村振兴的主体,但目前经济基础薄弱地区乡村所出现的人才困境,导致乡村的社会组织相对弱化,除村里的"两委"班子成员外,乡村社会群体组织不能成为基层党组织的重要辅助。从新加坡、中国香港乡村发展的模式来看,其自上而下的政策执行,关键在于乡村社会组织的配合和落实。由于贤能、中坚骨干和技能人才的出走,海南乡村面临人才智力严重不足的困境,并呈现出"空心化"和"原子化"的特征,除了村里"两委"班子外,大多数乡村社会组织相对弱化,而大多知识贤能和技能骨干都不住在乡村,他们在城镇工作和就业,户口和家庭却在乡村,属于城乡两头跑的乡村人。由于缺乏相应的组织机制和经济条件,这些乡贤大多不愿成为乡村社会组织的领头人,觉得这是费力不讨好的事,但他们又是乡村振兴战略的利益相关方。大多产业带头人是乡村重要的中坚力量,但他们大多不愿承担太多公共责任,觉得这应该是政府的事,而普通农民和贫困户在乡村振兴过程中又缺乏话语权,使得乡村社会组织难以成为政府的有益补充。在乡村振兴战略的具体执行过程中,广大农民由于眼光和思想意识的问题,过于看重自我的小利益,导致乡村社会组织的整合缺乏多方协调。因此,现有乡村社会组织的建设,需要政府创造更多的机制和条件,为乡村社会组织的成立和发展提供生存土壤,吸引更多乡村贤能、致富带头人和青年人返乡,搭建起乡村建设的平台,团结更多农民围绕着乡村发展献计献策,一起努力,共同发展。

二、海南自贸港乡村振兴的政策建议

党的十八大以来,围绕全面建成小康社会的目标和任务,全党和全国各族人民经过艰苦奋斗,全面打赢了脱贫攻坚战,彻底消除了绝对贫困,胜利实现了全面建成小康社会的任务目标,开始转向全面建成社会主义现代化强国的新征程。未来五年是全面建成社会主义现代化强国开局起步的关键时期。全面建设社会主义现代化国家,最艰巨、最繁重的任务仍然在农村。

党的二十大报告提出要全面推进乡村振兴，必须加快农业强国建设，扎实推动乡村产业、人才、文化、生态和组织振兴。

（一）加强脱贫攻坚与乡村振兴政策的有效衔接

实现脱贫攻坚与乡村振兴的有效衔接是未来一段时间我国农村工作的重点，也是全面建成社会主义现代化强国的重要任务。海南要抓住自由贸易港政策与乡村振兴战略的发展机遇，努力巩固拓展脱贫攻坚成果，助力乡村振兴的高质量发展。而巩固拓展脱贫攻坚成果，是脱贫地区全面推进乡村振兴的基础。由于贫困地区乡村内生动能不足，没有坚实的物质基础，返贫的可能性和脆弱性仍然存在，若没有搭建好长效机制和抵御风险的政策，规模性返贫现象还有可能出现。因此，要从政策扶持上做好有效衔接，建立健全促进有效衔接的机制。"十四五"时期，要在海南的脱贫地区认真落实五年过渡期政策，保持脱贫政策稳定不变，持续推进脱贫地区稳定发展，建立健全农村低收入人口、欠发达地区帮扶机制，把一些扶贫政策用于脱贫地区的乡村振兴。

第一，需要对低收入人口进行精准识别、分类施策，合理兼顾不同群体利益诉求和需求，解决好不断提高帮扶水平与防止产生帮扶依赖之间的平衡问题。第二，根据不同地区的具体情况需要，从原来政府主导的集中资源扶持模式转变为动员乡村主体和社会团体资源主导的模式，保持乡村扶贫政策与乡村振兴的有效衔接，出台更多激励政策，培育乡村发展的经营主体，从而激发乡村经济活力、增强乡村自身发展能力和抵御风险的能力。同时，还应建立返贫动态监测和救济政策，开展定期检查和监测，对脱贫不稳定户、边缘易致贫户，要做到及时发现、及早给予帮扶和救助。第三，要做好乡村扶贫项目与乡村振兴项目的有效衔接，保持政策的稳定性和持续性，实现扶贫项目的公益功能和经济功能的双效叠加。第四，要做好脱贫攻坚人员、资金与乡村振兴工作队人员和资金项目的有效衔接，保障乡村组织平稳交接、经济项目和各项工作提质增效。第五,要做好自贸港政策与乡村振兴政策的有效衔接,特别是自贸港建设中的政策优势如何转化为乡村振兴的具体举措,如将资金项目、货物贸易、人才流动和信息技术等方面的政策优势与乡村振兴的具体实施对接起来,使乡村成为自贸港政策的主要承接点,推动乡村发展融入城乡一体化建设,为乡村振兴的可持续发展提供政策保障和外驱动能。第六,要做好乡村振兴的统筹规划衔接,加大乡村地区的基础设施投入,推动基础设施优化升级,全面改善脱贫地区的软硬件基础设施,以及农村地区交通运输、水利电力、物流网络等基础设施条件。进一步推进新型基础设施建设,助力非贫困地区的乡村建设,满足农村居民对高质量农业生产、高品质美好生活的现实需要。按照美丽乡村的要求,因地制宜推进农村厕改、垃圾和污水处理,改善农村人居环境,提升村容村貌,充分发挥农村的绿水青山与广袤天地为农民增福祉的作用。此外,还要促进城乡之间互动,实现城乡之间资源、人才、数字、信息等要素的均衡流动,通过城乡两个市场的动态平衡发展,有效解决乡村建设资源供给的问题。

(二) 乡村产业振兴的政策建议

伴随着全面建成小康目标的实现,我国脱贫攻坚的重心将由解决绝对贫困开始向巩固拓展脱贫成效、解决相对贫困的目标转移,"三农"工作的重心将由打赢脱贫攻坚战转向全面推进乡村振兴,打造"产业兴旺、生态宜居、乡风文明、治理有效、生活富裕"的美丽乡村。其中,产业发展是乡村振兴发展的重要引擎,居于乡村振兴总要求的首位。正所谓"乡村要振兴、产业必振兴",发展产业可以为实现乡村的全面振兴提供持续的经济发展动力,强调产业发展的可持续性,对产业发展质量提出了更高要求。近年来,在短期目标的驱使下,一些脱贫地区存在发展短平快产业项目的倾向,虽然快速实现了对脱贫人口的产业覆盖,但也导致了脱贫产业同质化程度高、收益率不高、抗风险能力差,可持续性不强等问题,依赖产业脱贫的人口存在很大的返贫风险,难以为全面乡村振兴提供有力支撑。目前,海南乡村产业结构相对单一,产业基础较为薄弱。因此,海南乡村振兴要突出产业振兴的龙头牵引作用,推动乡村的高质量发展。从全省乡村旅游产业的发展来看,大多数乡村旅游产业都存在同质化的特点,如农家乐、民宿、采摘游、黎族风情体验、雨林观光等旅游休闲项目,但由于发展层次较低,产品单一,参与性项目内容单薄,难以形成一定的旅游规模效应。因此,实现产业振兴,需要更加注重脱贫产业的发展质量和可持续性,通过政策优化产业布局、延长产业链、推进一二三产业融合发展等方式,实现脱贫产业的提质升级。

一是要做好乡村产业的科学规划,依托地域特色、乡村优势,与自贸港政策项目进行对接,通过政策引导社会资金项目到乡村投资兴业,布局一批有特色、有示范效应的项目到乡村试点运行,带动乡村集体产业的发展。

二是要出台一系列乡村产业振兴的帮扶政策,可以设定一定规模的产业扶持基金,鼓励乡村多种经营主体积极参与产业项目竞争,通过引进第三方评估,对入选的乡村主体给予前期的资金支持和优惠政策,出台有针对性的产业扶持政策,调动乡村各类主体的积极性和主动性,使乡村振兴模式由政府主导向乡村主导转变,培育乡村产业发展的经营主体。

三是进一步完善乡村公共服务政策体系,从农户自身的需求出发,突出解决农民在资金、技术、经营能力以及应对风险能力方面比较弱的难题。如乡村产业的技能人才培训、乡村讲习所和乡村发展研究院的智力支撑,以及技能下乡、人才下乡和资金项目下乡等政策服务体系的建立,进一步完善乡村带头人和乡村各类技能人才队伍建设,为乡村发展提供人才、资金和政策支撑。

四是产业扶贫政策设计要照顾贫困农户,做好社会兜底,避免发生乡村农户的返贫风险。乡村产业政策要适度下移,面向特定地区的农户,以普惠性政策强化对农户的政策支持和帮扶,激发农户的生产热情,从而提高其自主发展生产的能力。把具有返贫风险的农户纳入产业帮扶体系,保障其基本收入和集体分红收益,带动其致富。

五是要加强对乡村产业的技术支撑,倒逼乡村传统产业向现代农业转型。通过技术帮扶和技术支持,村民能以良种化、信息化、标准化实现市场导向的高附加值农业生产。鼓励发展有机农业和智慧农业,将农户生产与现代农业有机衔接起来,在促进产业发展的同时保障减贫效果的可持续性,进一步促进乡村产业的兴旺。

（三）乡村组织振兴的政策建议

组织振兴是乡村五大振兴之一,是全面实施乡村振兴战略的总抓手,是产业振兴的前提条件和根本保障,又是人才振兴、文化振兴、生态振兴的先决条件和引导力量。组织振兴能够有效促进产业振兴、人才振兴、文化振兴和生态振兴,能确保乡村振兴战略的有效推进和乡村振兴战略目标的如期实现。因此,组织振兴是当前实施乡村振兴战略的第一要务。

由于民族地区和贫困落后乡村建设的滞后,海南出现了基层党组织建设相对涣散、乡村社会组织相对弱化以及乡村党支部党员老龄化现象严重等问题。因此,要进一步夯实乡村基层组织建设,为乡村全面振兴提供组织保障。

首先,要进一步加强农村党基层组织建设和人才的教育培训,让党员干部准确把握党中央关于推进乡村振兴的决策部署,精准定位乡村振兴与组织力提升的结合点,激发农村党员在基层治理中敢带头、能带头、带好头的潜力,打造坚强有力的农村基层党组织和得力能干的村委会,使农村基层党组织真正成为党在农村的领导核心和战斗堡垒,使村委会真正成为为民办事、组织带领广大农民实施乡村振兴战略的排头兵和中坚力量。在组织政策上,要突出选人任用政策导向,选优配强乡村振兴工作队伍,鼓励青年干部到一线锻炼,为其岗位晋升、薪酬待遇、职业发展提供发展平台。同时,在政策上要给予一定的主动权和话语权,在组织上要给予监督指导和支持,允许一定程度的试错,鼓励干事创业的积极性。

其次,要积极发展新党员,优化农村党员队伍结构。要严格按照党员发展要求,跨区域发动、吸收城乡先进分子入党。特别是有知识、有作为的返乡青年,要为其搭建平台,鼓励其返乡创业,并给予必要的条件和待遇,同时将他们吸纳到乡村基层党组织序列,让他们既能在乡村实现自我价值,又能安心为农村建设服务。

再次,积极动员群众,以群众需求为导向,推动乡村治理主体多元化。农村基层党组织要坚持创新服务方式,加强村民自治,提升农民群众自我管理、自我服务的能力。可以吸纳乡村德才兼备的党员、村民、企业家等高素质人才,成立乡贤委员会,制定村规民约制度,组建乡村集体议事会,真正让人民群众参与乡村事务管理,让多元治理主体明确各自的角色定位,形成互助协作的治理态势,从而不断完善乡村组织机制。

最后,培育乡村社团组织,拓展乡村基层党组织的社会功能。基层党组织可吸纳社会组织、热心村民组建志愿者协会,开展基层活动项目,依托村党群服务站设置红色代办点,吸收基层退休干部、社会组织、志愿者组建代办队伍,为农民群众提供常态化服务,让农民群众参与乡村振兴,激发乡村振兴新活力。

(四) 乡村文化振兴的政策建议

文化是乡村的流动根脉,它既是"乡愁",也是集体记忆。乡土文化记录了乡村生活以及乡村宗族血脉延续的文化记忆,讲述着乡村人的过往与现在,同时也是乡村赖以生存、不断持续发展的精神支撑。在乡村发展过程中,尤其要凸显乡村文化的制度设计,使其既彰显乡村特色,又蕴含着文化精神。从国际乡村振兴的案例来看,无论是韩国的新村运动,还是日本的造村运动,在乡村振兴的过程中都把文化振兴放在十分重要的位置上,都站在长远发展的角度进行整体性的规划,绝非随意发展乡村文化。以韩国为例,在发展乡村的过程中，由于人口流失，许多特色文化难以传承。政府针对这一问题，适时推出"归农归村"政策，在政府的整体规划下，通过改善乡村物质生活水平、提高经济收入等措施吸引人群回流。伴随着人口回流，乡村深入挖掘特色文化资源、打造特色文化品牌，如天堂文化村结合当地特色物产以及传统酿酒等特色活动，开设体验项目，积极传承传统的习俗与仪式。这些举措都为乡村发展提供了精神助力，同时也使乡村地域文化的国际影响力得到展现。因此，海南在乡村发展过程中，要充分借鉴其他国家或地区在保护发展乡村文化的经验，加强整体规划与顶层设计，突出文化制度设计，通过制定完善村规民约、加强文化基础设施建设、给予政策支持等方式来推动乡村文化资源的活化利用。

一是充分挖掘本地文化资源和特色文化，提升村民的文化认同。在乡村振兴过程中，要收集整理村志史料，充分挖掘本地特色文化资源，利用好乡村文化室活动室和文化下乡政策平台，鼓励乡村文化及传统技能传承人发挥文化建设带头人作用，积极开展系列宣传，建立文化传承的师徒培训机制，提高村民对于特色文化如黎锦、戏曲、彩绘等传统技艺的认同感、责任感与自豪感。同时，利用当地人才资源，通过文化下乡平台，邀请相关专家学者帮助解决发展过程中的问题，充分调动村民参与保护和传承传统文化和技艺，争取实现人人能上手、技艺有人承的美好愿景。

二是要做好传统文化的技艺传承和开发，让传统文化资源活化利用起来。建议出台乡村传统文化技能的扶持政策，进一步深化"文化＋"的发展模式，通过整合特色文化、产业、遗址等资源，针对其类型，通过多种方式发展建设特色文化产业，以市场为导向打造特色文化旅游产品，让特色文化资源的传承和开发项目搭上自贸港建设的顺风车，进一步盘活文化资源，增强乡村旅游竞争力。

三是依托文化资源优势，做好乡村文化规划，让显性的、静态的文化符号和文化资源通过保护和开发活化起来，如海南渔村的海洋文化、黎族特色文化、传统技艺等。鼓励文化特色产业发展,丰富乡村产业业态,将带动乡村特色产业发展、改善民生,并反过来推动文化得到更好的保护,形成良性循环。

四是加强乡村文化旅游产业的融合,鼓励村庄在特色发展的基础上实现多村联合开发,打造特色文化资源带和乡村特色文化产业集群,丰富体验项目以增强吸引力,从而实现整体的乡村文化振兴。

(五) 乡村生态振兴的政策建议

良好的生态是可持续发展的前提。在乡村发展过程中,海南省一直高度重视"增绿护蓝"的生态保护策略,积极打造绿色名片,在这一基础上,将生态与产业、旅游相融合,大力发展绿色经济。乡村振兴要以绿色生态为依托,以打造优美的环境、良好的空气质量、怡人的居住条件为基础,推动乡村产业发展,产业发展要坚持经济发展与生态保护并驾齐驱,以生态产业化和产业生态化为导向,科学推动绿色产业环保、可持续发展。

一是要做好"生态＋旅游"融合发展模式。充分利用乡村良好的生态资源,打造养生、健康、长寿的旅游品牌,以保护良好的美丽乡村为基础,大力发展生态旅游。同时,坚守生态保护红线,设立专项生态保护资金,进一步改善乡村人居环境,加强污水、生活垃圾处理等基础设施建设,减少污染,进一步提高乡村的物质生活水平。

二是要营造人与自然和谐共生的生活方式。在突出发展绿色产业的同时,坚持把人与自然和谐共生的可持续发展理念融入乡村人居的生活方式,进一步增强乡村人居的生态保护理念,让村民能够将其内化于心,外化于行,真正认识到生态保护的重要性,让每一个人在一言一行中都践行尊重自然、保护优先的发展原则。建立乡村生态保护的制度体系,使村民在发展乡村经济以及日常生活中重视污染物的减排减放,垃圾处理也要科学合理,尽量减少对于大自然的破坏。保护好绿水青山,才能将其转化为金山银山,实现经济与生态双发展,努力实现人与自然的和谐共生。

三是营造良好的人居环境,打造好"美丽乡村会客厅"。在乡村振兴过程中,要坚持规划先行,科学合理划定乡村发展的空间功能布局,对住宅、农田、休闲、产业区域进行整体规划,在打造宜居环境的同时,区分不同功能区,既要尊重自然规律,综合保护山、水、林、田、湖、草等,推动产业结构等绿色发展,又要做好生活功能空间布局,推动厕所无害化,对于粪便的处理也要实现无害处理与有效利用并行。进一步建设好"美丽乡村会客厅"建设,吸引国内外的游客来乡村进行休闲旅游和健康养生,以此促进美丽乡村经济发展。

(六) 乡村人才振兴的政策建议

乡村要振兴,关键在人才。习总书记多次强调乡村人才队伍的重要性,海南省政府也将乡村人才的培养纳入城乡人才统筹培养制度。为吸引人才,海南省政府先后推出了"百万人才进海南""双百人才团队"等行动,在人才就业、社会保障和平台发展等多方面给予制度保障,吸引全国人才来海南投资兴业,取得了较好的经济效益和社会效益。但由于城市发展的虹吸效益,乡村主要劳动力的外迁使得乡村振兴的人才缺口仍然很大。一方面,随着海南乡村振兴工作队的部分干部在乡村服务期满后返回原工作单位,乡村组织干部人才会出现一定程度的空缺。另一方面,当前仅靠乡村带头人发展产业导致的产业发展层次低、"小农思想"相对浓重、同质化竞争严重、规模化发展意识薄弱、专业型人才缺乏等问题仍然存在。因此,要提前做好乡村振兴人才队伍的建设和培养工作。

一是要在政府层面进一步加强乡村工作队伍的培养和建设,扩充乡村振兴工作队伍,充分利用高校资源优势,吸引大学生到乡村就业创业,在高校毕业生与乡村振兴之间搭建桥梁,既解决大学毕业生就业难的问题,又有效地补充乡村人才队伍,实现双向共赢。

二是积极发展年轻党员,改善党员年龄结构,发挥新生党员的先锋带头作用。可以通过考试、考核吸引青年人才返乡任职,也可以挖掘乡土人才和乡村"娘家人"回乡投资兴业,为乡村发展注入新鲜血液,进一步提高基层队伍水平。

三是充分利用好海南自贸港人才政策,依托产业政策,吸引国内外高精尖人才来海南发展现代产业,推动乡村产业结构进一步优化,促进一二三产进一步融合。

四是要进一步完善本土人才培养体系,重视教育的作用。当前,海南部分乡村中的农民依然存在着消极懒散的心态,缺乏积极性与主动性,买彩票、喝茶、打麻将等蔚然成风,内生动力严重缺乏。对于这一类人群,要加强思想教育,改变其"等、靠、要"的错误观念,让其明确"幸福是奋斗出来的",还要加强职业技能培训和教育,进一步提升其素质水平和工作能力,引导其积极参与乡村发展建设。同时,进一步完善乡村共建共享机制,利用好农村集体资金,在发展产业的过程中保障好农民的收益,调动农民参与的积极性,让农民与乡村产业实现共同发展。

五是做好乡村带头人、传统技艺传承人、乡村技能人才的培育工作,给予相关技能人才一定的政策扶持和资金支持,鼓励建立师徒制和开设个人工作室,通过进一步完善人才队伍的培育机制,为乡村发展不断培育内生动能。

"十年育树,百年育人",农民作为乡村发展中的主要力量,对于乡村发展建设有着至关重要的作用。乡村人才振兴并非一朝一夕就能完成的,要坚持乡村人才培养工作的持续性,不断壮大乡土人才队伍。

三、海南自贸港乡村振兴实践路径的意见建议

自 2018 年 5 月开始,海南自由贸易区(港)政策开始密集出台。截至目

前,海南共出台了 8 批次 100 多项制度创新改革,围绕着自贸港"三区一中心"的建设定位,推动海南经济社会发展实现了大幅增长,争取将海南打造成中国特色自由贸易港的国际样板。2020 年 6 月,《海南自由贸易港建设总体方案》出台。在当年"十一"假期期间,海南全省旅游接待游客 453.78 万人次,按同口径对比(2019 年国庆假日 7 天,以下简称同比)增长 9.3%;实现旅游总收入 66.20 亿元,同比增长 26.6%,仅离岛免税政策一项,8 天销售额达到 10.4 亿元。在乡村旅游方面,海南省 42 家乡村旅游点共接待游客 28.85 万人次,同比增长 6.87%,营业收入 864.24 万元,同比增长 73.01%。在特色民宿方面,海南省"金宿""银宿"级民宿平均入住率为 90%,336 家乡村民宿平均入住率为 76%,博后村是三亚乡村民宿最集中的区域,有民宿 38 家,客房近 1 500 间,10 月 1—6 日平均入住率达到 92.5%,共接待游客 1.96 万人次,收入 1 570 万元①。在乡村建设方面,海南省琼海市、澄迈县、昌江黎族自治县、三亚市海棠区入选国家数字乡村试点地区,计划在 2021 年底完成数字乡村建设,着重加强乡村数字经济、农业生产智能化建设,促进经营网络化水平,推动乡村创业创新,建立起乡村数字治理体系、乡村公共服务体系,繁荣乡村网络文化等。海南乡村建设赶上了重要的机遇期,但目前还面临着许多亟待解决的困难。如何充分发挥自贸港的制度优势,借鉴其他自贸港建设过程中的城乡建设经验,立足海南乡村建设的实际情况,走出一条适合自身发展的乡村建设之路,是海南自由贸易港建设发展的应有之义。综合海南民族地区乡村发展的情况来看,我们要充分挖掘海南自贸港建设的政策优势,立足民族地区乡村发展的痛点和难点,从制度集成创新的顶层设计出发,借鉴现有自贸港城乡建设发展的有益经验,积极推动海南经济基础薄弱地区的乡村发展。

---

① 2020 国庆中秋假日海南接待游客 453 万人次　同口径对比增长 9.3%.央广网,http://news.cnr.cn/native/city/20201009/t20201009_525289529.shtml.

（一）建立"政府主导、社会支持、村集体自为、村民积极参与"的乡村建设模式

从目前海南乡村发展的实际情况来看,乡村的"人、财、物"还存在一定程度的匮乏,其发展的内生动力有待加强,因此,需要建立起"政府主导、社会支持、村集体自为、村民积极参与"的乡村建设模式。

第一,政府要做好顶层设计,根据海南自由贸易港建设的总体规划和布局,做好产业谋划和城乡空间布局,把乡村纳入重点产业园区的产业发展链条,在制度设计、产业规划和资金项目方面给予乡村发展一定的倾斜。

第二,加强乡村一二三产业的融合发展,根据经济基础薄弱地区和民族乡村的区域特征,建议以第一产业为基本、以第三产业为重点,围绕第一产业打造"一村一品",拓展产业链,重点发展第三产业,形成合理的乡村产业发展结构。

第三,要争取更多的社会支持,吸引更多的项目资金到乡村进行投资合作。目前,大多乡村集体产业项目规模小、综合实力较弱,示范带动效应不足,可以通过引进现代企业技术和项目,充分调动地方乡贤和致富带头人返乡创业,以项目带动乡村村民致富。

第四,要突出乡村建设主体的地位。乡村发展的真正主体是村民,政府和社会企业精准帮扶不能越俎代庖、自说自话,把自己的善意强加给乡村村民,而是要帮助乡村主体实现其自我发展,把乡村村民的积极性和主动性调动起来,这样才可能实现乡村的可持续发展。在重大决策和项目落地前,要充分考虑村民的主体意愿,让村民有充分的决策权和参与权。

第五,探索建立"村集体+社会企业组织+村民""产业互助合作社+贫困户""现代企业+互助合作社+产业基地+农户"等乡村建设模式,也可依托乡村产业特色,精心打造"一村一品",通过引进现代企业的技术和资金,带动村集体企业的发展,把乡村村民和贫困户纳入生产链条,通过技能培训

和生产要素入股,既帮助其提高生产技能,又增加其生产收入,实现乡村共同发展。

(二)乡村地区要围绕海南热带特色农业和乡村旅游,打造产业衍生链

　　热带农业是海南自贸港建设的重要发展产业之一,除三亚、海口、儋州和琼海等主要城市以外,中西部大多数地区都具备发展热带农业的产业条件,目前驰名的热带水果包括:陵水黎族自治县生产的圣女果、荔枝、芒果;乐东的哈密瓜、莲雾;琼中的绿橙等。但由于海南现有农业产业规模较小,现代企业技术和产业链还没有形成,专业技能人才的储备不足,小规模种植并没有形成抱团发展规模效应,海南的热带农业发展还有较大的挖掘空间。同时,在大多乡村,农民缺乏种植技能,种植产业不仅不能满足市场需求,同时规模小、生产成本较高,导致很多农民宁愿闲置土地、外出打工,也不愿深耕热带农业。一边是热带农业产业的规模效应不足,不能满足市场需求,一边是农民缺乏种植技能,大量土地闲置,如何处理好两者之间的矛盾,是经济基础薄弱地区乡村发展的重要内容。建议紧紧围绕着海南热带农业的产业优势特征,打造海南热带农业的重点品牌。对于经济基础薄弱地区乡村的热带农业,要有整体考量和分析,确定"一村一品"的产业项目,鼓励现代农业企业技术进村下乡,盘活乡村闲置土地,让农民以生产要素入股的方式参与热带农业种植,让其既学习技术,又实现就业。以较高的农业产业标准精心打造"一村一品",深化产业链接,建立起以"种植、生产加工、销售"为一体的产业链,让乡村一部分农民种植,一部分农民生产,一部分农民销售,帮助经济基础薄弱地区乡村集体经济走上正轨,实现良性发展。

　　除热带农业外,要重点扶持海南经济基础薄弱地区的乡村旅游产业。目前,海南全域旅游交通网络已经构建起来,但呈现出以"三亚、海口"为中心的不均衡发展状态。要打造海口、三亚的大旅游经济圈,需要加强基础设

施建设，深挖乡村旅游的内容，让一日游与深度游相结合，精心打造以康养、运动、家庭和海洋等不同主题的旅游内容，满足不同层次、不同需求的游客。以三亚旅游经济圈为例，陵水、保亭、五指山民族特色鲜明、热带雨林气候宜人，但由于配套的基础设施条件不完善，如购物、餐饮、娱乐设施不足，深度游和驻留游客较少，大多游玩1—3日后就返回三亚、海口。因此，陵水、保亭、五指山等少数民族地区的旅游产业要依托"点、线、面"，精心打造深度旅游线路，为游客提供更多的体验选择。"点"就是以景点为中心，加强基础设施和配套设施的建设，围绕景点拓展深度旅游项目，如在景点周围打造乡村旅游点，让游客体验农家乐、民宿等，打造乡村旅游的餐饮和特色小街，让游客有深度游玩的兴趣。"线"是以城乡交通为线，把不同景点、城乡之间通过交通线连接起来，可以打造自行车栈道、乡村旅游线路等，让游客通过"线"体验风土人情，享受热带雨林气候。"面"是以城市为中心、乡村为包围圈，形成多中心城乡融合圈，构建起旅游经济发展的城乡共同体。

（三）建立旅游大数据平台和公共服务咨询平台，构建城乡发展共同体

高科技产业及大数据是海南自由贸易港建设的重点发展产业之一，也是助力海南实现跨越式发展的重要手段。海南自由贸易港要实现资金、人员、货物、运输的自由流动和数据的有序流动，必然对大数据产业有更高的要求。目前海南重点打造的生态软件园，在"十三五"期间达成收入500亿、税收100亿的骄人业绩。建立旅游大数据平台和公共服务咨询平台是助力海南产业发展和提升现代化治理水平的重要内容，这两个平台能动态地观测进出海南的资金、人员、物资和运输来往的相关数据，为政府决策提供依据。从乡村建设的角度来看，建立旅游大数据平台能动态观测旅游人数的分布情况，有助于建立全省旅游产业联盟，为政府旅游产业规划和发展提供参考，动态调动资源分流，监测重点地区旅游压力，精心打造深度旅游线路，

建立城乡旅游经济圈,通过产业带动经济基础薄弱地区的乡村旅游产业发展。同时建立公共服务咨询平台,可以高标准、严要求提升旅游行业服务水平,对强买、强卖等影响旅游形象的景点和个人要给予严厉惩罚,计入旅游"黑名单"范围,加强对旅游产业的监管和保护。加强对经济基础薄弱地区旅游景点的推介和宣传,精心打造民族旅游品牌,通过公共服务平台推荐海南旅游品牌,让旅游宣传涵盖海南全岛域、城乡各景点、各民族特色乡村等,建立起多层次、多维度、多需求等海南旅游大联盟产业。

(四)加大乡村人才的培养与支持力度,培育内生动力

经济基础薄弱地区乡村发展的内生动力重点在于人才,乡村人才的匮乏导致乡村发展的内生动力严重不足。要持续加强乡村人才的培养和支持力度,多措并举实现乡村人才的回流和城乡人才的双向流动。

第一,在组织建设上,要重视乡村基层党组织队伍的建设,选优配强驻村第一书记,要能解决群众的关键问题,选择想干事、能干事、干成事的年轻干部到乡村历练。第二,要建立能干事、愿干事的氛围,出台一系列鼓励乡贤精英、致富带头人和青年人返乡创业的激励机制,政府负责搭台,村集体和村民唱主角。政府可以对全省乡村进行分类评比,排名靠前的可以给予资金支持,通过制度鼓励村集体赶超竞争。第三,要加强村民的职业技能培训。建议以产业项目为依托,建立起以"现代企业招工、职业院校培训、合格即为录用"的村民培训机制,鼓励现代企业边招工、边培养、边上岗,让村民通过技能学习实现就业创收。

(五)加强乡村地区的文化建设

乡村文化是乡村建设的重要内核,乡村建设缺少了文化,就像建筑少了灵魂,缺少生气和活力。因此,乡村文化是乡村建设的重要指标,经济基础薄弱地区的乡村建设更要挖掘和突出民族文化的时代特征和内涵。

一是要大力挖掘和整理乡村民族文化的遗存,如建筑、技艺、语言、曲艺、图腾等,通过整理和挖掘,把具有民族文化的符号镶嵌到乡村文化的建设之中,如文化广场、非遗文化和技艺产业等。二是要重视经济基础薄弱地区乡村教育。乡村教育是乡村发展的根本,要培养具有国家意识、民族情结和乡土文明的接班人,特别要加大经济基础薄弱地区的乡村教育投入,通过教育改变贫困落后地区贫困人口的观念,让尊重知识、尊重教育成为乡村文化的重要组成部分。三是要加强乡村文化建设。乡村文化建设是乡村建设的重要内容,要不断加强乡村文化室、文化广场等基础设施条件建设。政府要出台一系列激励经济基础薄弱地区乡村文化传承的制度和机制,鼓励年轻人学习黎锦、陶艺、调声、歌舞、山歌等传统文化和戏曲,做好民族文化的保护和传承工作。四是要依托高校建立乡村发展研究院,对民族乡村的技艺进行挖掘性考察,打造具有一定民族特色、历史文化底蕴的少数民族村寨,让民族乡村文化在乡村建设中不仅得到保护和传承,更彰显出时代特色。

(六) 培育乡村社会组织,加强乡村的公共产品供应

在乡村发展的过程中,我们以往过于忽略了乡村社会组织的发展。从与新加坡和香港乡村发展过程的对比中可以看出,乡村社会组织是政府决策和执行的重要助手,也是基层党组织建设的重要补充。在调研的过程中,我们发现,经济基础薄弱地区的乡村在教育、医疗卫生、养老、文化等方面还存在很多亟待解决的问题,单靠党的基层组织无法做到方方面面兼顾。如果乡村社会组织愿意担当起部分职能,将会有对经济基础薄弱地区的乡村发展起到重要的助力。例如,大多数乡村都配备了乡村卫生室,却没有配备医生,而城镇县市级医院的医疗水平尚不足以满足需求,乡村的医疗资源就更加紧张。经济基础薄弱地区的乡村的基础条件相对较差,不仅很难吸引医生,更无法保障乡村公共卫生的基本安全。建议:

　　一是鼓励村里有一定威望、德高望重的老人，长老、乡贤、致富精英等牵头成立社会组织，由政府、村集体基金、社会资金和村民共同出资，组织主要着重于村里养老、医疗卫生、教育、文化等方面的建设。二是社会组织是村集体的有益补充，鼓励每个村民遵守村民规约，如保持乡村公共卫生、鼓励孝道、尊老爱幼、崇尚教育等，把乡土文化融入乡村建设，使得乡土文化成为乡村建设的软实力。

　　社会组织是政府和村民之间的重要桥梁，也是政府政策执行的关键力量。乡村社会组织既能从大众利益出发，最大化地团结村民，推动利益共识的形成；也能把政府的政策转化给村民，使政策获得最广大的认同，团结村民一起努力，补齐乡村公共产品的供给，助力经济基础薄弱地区的乡村建设。

图书在版编目(CIP)数据

振兴之路:新时代海南自由贸易港乡村振兴实践模
式研究/谢君君著.—上海:上海人民出版社,2023
ISBN 978-7-208-18437-4

Ⅰ.①振… Ⅱ.①谢… Ⅲ.①农村-社会主义建设-
研究-海南 Ⅳ.①F327.66

中国国家版本馆 CIP 数据核字(2023)第 140571 号

责任编辑 史桢菁
封面设计 谢定莹

振兴之路
——新时代海南自由贸易港乡村振兴实践模式研究
谢君君 著

出 版 上海人民出版社
 (201101 上海市闵行区号景路 159 弄 C 座)
发 行 上海人民出版社发行中心
印 刷 上海新华印刷有限公司
开 本 720×1000 1/16
印 张 16.5
插 页 2
字 数 216,000
版 次 2023 年 8 月第 1 版
印 次 2023 年 8 月第 1 次印刷
ISBN 978-7-208-18437-4/F·2827
定 价 75.00 元